科技创新与产业转型
——全球化知识经济背景下的深度研究

■ 何燕子 高国辉 著

东北师范大学出版社

图书在版编目(CIP)数据

科技创新与产业转型：全球化知识经济背景下的深度研究 / 何燕子, 高国辉著. -- 长春：东北师范大学出版社，2017.5
ISBN 978-7-5681-3256-5

Ⅰ.①科… Ⅱ.①何… ②高… Ⅲ.①技术革新－关系－产业经济－转型经济－研究－中国 Ⅳ.① F124.3 ② F121.3

中国版本图书馆CIP数据核字(2017)第137664号

□策划编辑：王春彦
□责任编辑：卢永康　时星燕　　□封面设计：优盛文化
□责任校对：柳爱玉　　　　　　□责任印制：张允豪

东北师范大学出版社出版发行
长春市净月经济开发区金宝街118号（邮政编码：130117）
销售热线：0431-84568036
传真：0431-84568036
网址：http://www.nenup.com
电子函件：sdcbs@mail.jl.cn
河北优盛文化传播有限公司装帧排版
北京一鑫印务有限责任公司
2017年9月第1版　2017年9月第1次印刷
幅画尺寸：170mm×240mm　印张：15.25　字数：290千

定价：53.00元

前言|PREFACE

随着中国经济发展进入新阶段，科技创新变得至关重要。仅仅依靠固定资产投资已经很难实现曾经的惊人辉煌，而要维持经济发展，就必须依靠知识的力量来大幅度提高生产率。可喜的是，中国拥有不少享受科技发展益处的好机会。一方面，全球技术开发能力在不断提高；另一方面，技术传播的障碍又在不断减少。同时，作为一个规模庞大、发展迅速的经济体，中国还能借助大众创业的力量自主开发技术，为世界做出贡献。

本书运用产业经济学、国际贸易理论和竞争优势理论等，从理论层面和实践层面进行了深入研究。尤其最后一章的实例分析中，对未来中国发展大方向上的六项重要环节——云计算、物联网、大数据、移动互联网、3D打印、自动驾驶汽车技术，进行了深入分析和探讨。希望本研究能为祖国未来产业结构的转型和发展贡献自己的一分力量，也希望能对阅读此书的读者有所帮助。

目录 | CONTENTS

第一章　绪论　/　001

　　第一节　科技创新与产业转型的相关研究综述　/　001
　　　一、科技创新领域的研究　/　001
　　　二、产业转型领域的研究　/　003
　　　三、科技创新与经济增长或产业转型之间关系的研究　/　006
　　　四、产业转型趋势的研究　/　007
　　第二节　科技创新与产业转型的相关概念界定　/　007
　　　一、创新、科技创新与技术创新　/　007
　　　二、产业、产业结构及产业分类　/　008
　　　三、产业转化、产业升级与产业转型　/　009
　　　四、经济转型与产业转型　/　010
　　　五、结构转换与产业转型　/　010

第二章　科技创新的系统结构与内在机制分析　/　011

　　第一节　科技创新的内在系统与外部环境　/　011
　　　一、科技创新的内在系统　/　011
　　　二、科技创新系统的外部环境　/　016
　　第二节　科技创新系统与经济系统之间的互动关系　/　018
　　第三节　市场主导型科技创新与政府主导型科技创新　/　020
　　　一、两种机制的具体含义　/　021
　　　二、两种机制的进一步比较　/　022
　　　三、对中国的启示　/　026

第三章　从科技投入到产业转型　/　032

　　第一节　科技投入与经济发展阶段关系研究　/　032

目录

第二节 基础研究与产业创新的关系 / 036

一、基础研究的概念与内涵 / 036

二、基础研究对产业创新及经济发展的影响及路径 / 041

三、政府资助产业基础研究的合理性 / 047

四、企业投资基础研究的动因、影响因素与投入模式 / 049

第三节 中国基础研究投入失调现象分析 / 053

一、基础研究与经济发展阶段的关系 / 053

二、中国基础研究投入中的三个结构性"比例失调"现象 / 058

第四章 全球化知识经济背景下对产业转型提出的新要求 / 062

第一节 经济全球化的概念 / 062

一、经济全球化的历史轨迹 / 062

二、关于经济全球化的争议 / 065

第二节 知识经济 / 067

一、知识经济的由来——两条线索 / 067

二、知识与知识经济的内涵 / 070

第三节 对产业转型提出的新要求 / 071

一、重视跨国公司的技术国际转移和自身自主创新能力的提高 / 072

二、发展主导产业，改造传统产业 / 074

三、产业转型中的政策取向 / 075

第五章 全球化知识经济背景下的新兴产业发展模式探讨 / 078

第一节 发达经济体新兴产业的发展态势概述 / 078

一、美国通过发展新兴产业，确保科技优势和产业领先地位 / 078

二、欧盟以低碳经济理念推动新兴产业发展 / 080

三、日本在新兴产业的发展中寻求经济增长新动力 / 083

第二节 金砖国家新兴产业的发展态势概述 / 084

一、俄罗斯新兴产业发展态势 / 084

二、印度新兴产业发展态势 / 085

三、巴西新兴产业发展态势 / 087

四、南非新兴产业发展态势 / 089

第三节 主要经济体新兴产业发展的特点 / 090

一、将新兴产业发展纳入国家战略 / 090

二、重点发展的新兴产业主要集中在新能源等领域 / 091

三、增加研发投入,夯实创新基础 / 091

四、调整科技人力资源政策,吸引更多的科技人才 / 092

五、政府营造良好的创新环境,公私联手促进新兴产业发展 / 093

六、遵循新兴产业发展规律,提供更加有效的政策支持 / 093

第四节 科技创新与第三次工业革命 / 094

一、三次工业革命的分期 / 094

二、第三次工业革命的新特征 / 095

三、第三次工业革命对全球制造业生产方式的影响 / 096

第五节 新兴产业的发展对未来全球产业格局的影响 / 097

一、新兴产业将重塑产业发展格局 / 097

二、强化发达经济体在全球价值链中的优势地位 / 098

三、为新兴经济体向价值链高端跃迁提供了机遇 / 098

第六节 对中国战略性新兴产业发展的思考 / 099

一、政府营造创新环境,市场引领产业发展 / 099

二、合理选择关键领域,大力支持技术创新 / 100

三、认识新兴产业发展规律,有序促进新技术的产业化 / 101

四、通过新兴产业的渗透,推动传统产业升级 / 102

第六章 全球化知识经济背景下的科技创新引领产业升级的具体方法研究 / 103

第一节 从要素、投资驱动转向创新驱动 / 103

一、产业结构优化升级的经济增长效应 / 103

二、工业化国家产业结构优化升级的一般趋势及阶段性特征 / 105

三、工业化初期要素、投资驱动产业结构优化升级 / 107

四、工业化中后期产业结构优化升级的挑战与机遇 / 110

五、科技创新引领产业结构优化升级的路径机制 / 114

第二节 从招商引资转向招才引智 / 121

一、招商引资与招才引智的技术效应分析 / 122

二、海归创业的阶段性特征 / 124

三、我国海归创业进一步发展的思路 / 127

第三节 创新产学研合作视角下我国战略性新兴产业发展对策研究 / 129

一、概述 / 129

二、基于战略性新兴产业发展的产学研合作制度创新 / 130

三、战略性新兴产业不同发展阶段的产学研合作创新 / 133

　　　四、日本VLSI产业技术创新联盟的经验分析 / 136

　　　五、创新产学研合作推动战略性新兴产业发展的对策建议 / 137

　第四节　传统产业高技术化 / 139

　　　一、问题的提出：法尔胜从麻绳、钢绳到光绳的跨越 / 139

　　　二、传统产业高技术化的目标取向和路径机制 / 141

　　　三、传统产业高技术化的国际经验 / 144

　　　四、我国传统产业高技术化的战略选择 / 148

第七章　全球化知识经济背景下的产业转型经验与教训 / 152

　第一节　对国外主要国家和地区产业转型的考察 / 152

　　　一、美国的产业转型促进了经济的持续增长 / 153

　　　二、日本的产业转型滞后使经济增长停滞 / 154

　　　三、欧洲国家的产业转型及其经济增长情况 / 156

　　　四、东亚国家和地区的产业转型趋势及存在的问题 / 158

　第二节　世界产业转型的未来演变趋势 / 160

　　　一、高新技术产业化与产业结构高级化将是全球产业转型的主要发展方向 / 160

　　　二、第三产业比重趋增且产业结构软化将是世界产业转型的最终目标 / 161

　　　三、以高新技术改造后的传统产业将赢得新的发展空间 / 161

　第三节　科技创新提升产业竞争优势的微观战略：持续创新 / 162

　　　一、持续创新概念的渊源及含义 / 162

　　　二、持续创新的战略选择 / 165

　　　三、持续创新体系的构建 / 166

第八章　从世界科技革命案例看产业结构转型 / 169

　案例一　云计算 / 169

　　　一、概念及核心要素 / 170

　　　二、国际国内发展现状 / 170

　　　三、对产业的影响 / 172

　　　四、中国面临的机遇与挑战 / 178

　　　五、应对策略 / 180

　案例二　物联网 / 181

　　　一、概念及核心要素 / 182

二、国际国内发展现状 / 183

　　三、对产业的影响 / 185

　　四、中国面临的机遇与挑战 / 190

　　五、应对策略 / 193

案例三　大数据 / 194

　　一、概念及核心要素 / 195

　　二、国际国内发展现状 / 196

　　三、对产业的影响 / 198

　　四、中国面临的机遇与挑战 / 204

　　五、应对策略 / 205

案例四　移动互联网 / 207

　　一、概念及核心要素 / 208

　　二、国际国内发展现状 / 208

　　三、对产业的影响 / 210

　　四、中国的差距和机遇 / 215

　　五、应对策略 / 216

案例五　3D打印 / 217

　　一、概念及核心要素 / 217

　　二、国际国内发展现状 / 217

　　三、对产业的影响 / 218

　　四、中国的差距和机遇 / 222

　　五、应对策略 / 223

案例六　自动驾驶汽车技术 / 224

　　一、概念及核心要素 / 224

　　二、国际国内发展现状 / 225

　　三、对产业的影响 / 225

　　四、中国的差距和机遇 / 229

　　五、应对策略 / 230

参考文献 / 233

后记 / 234

第一章 绪论

产业转型是产业发展的一项重要战略。随着全球化步伐的加快,以及知识经济的到来,改造传统产业和发展新兴产业成为产业转型的两大重要议题,同时也是经济发展的核心问题。产业结构优化问题一直是我国经济体制改革的重要问题。科技创新作为产业转型的动力之源对产业结构的优化起着重要作用,因此,将科技创新与产业结合起来进行研究,对于选择产业发展方向、制定产业政策等都有非常重要的理论意义和现实意义。

第一节 科技创新与产业转型的相关研究综述

一、科技创新领域的研究

关于科技创新对一个国家经济和社会发展的影响力,各国都有着基本一致的认识。科技本身的发展迎来了产业革命,迎来了社会的转机、转型,因此,无论是学术理论界,还是国家政府部门,各个国家都把科技本身的发展提高到国家的决策层,相关研究较多,成果也相对丰富。

1. 科技创新理论的形成

从亚当·斯密、大卫·李嘉图到卡尔·马克思,从马歇尔、熊彼特、凯恩斯和罗伯特·索洛,历代经济学家几乎都公开地或隐含地将劳动生产率的提高与技术变革和组织联系了起来。但是,以一个统一的理论体系和概念框架来系统地研究技术进步促进经济增长的内在机制,是从熊彼特开始的。按照熊彼特的观点,创新是新技术、新发明在生产中的首次应用,是建立一种新的生产函数和供应函数,是在生产体系中引进一种新的生产要素和生产条件的新组合,是生产函数的变动。熊彼特的观点为后人的研究提供了理论依据。

2. 科技创新理论研究的发展

根据学术界在技术创新研究中所使用的理论假设不同，西方学术界在长期的研究工作中，不断取得新的进展，并先后形成技术创新理论研究的三种流派，即技术创新研究的新古典学派、新熊彼特学派和国家创新体系学派。

（1）新古典学派：新古典学派关于技术创新问题的研究是建立在市场失败的假定之上的，他们认为政府干预技术创新的合理性主要是因为在技术创新过程中存在着"市场失败"，即在市场机制充分发挥作用的情况下，用于技术创新的经济资源不可能得到有效配置。公共品、创新收益的非独占性、外部性以及规模与风险等经济活动对于社会整体的边际价值和对于私人部门的边际价值不相等，导致自由市场在资源配置上的非优。在这种情况下，政府干预可以极大地促进技术创新活动的进程，由于学术传统上的差异，主流经济学家在技术创新问题上的研究长期以来主要是围绕两个方面进行的：一是分解技术创新对于现代经济增长的贡献率，二是将技术创新纳入主流经济学模型。这两者的共同特征是，它们都将技术创新视为同资本、劳动力、自然资源一样的经济增长要素。

（2）新熊彼特学派：新熊彼特学派秉承经济分析的熊彼特传统，强调技术创新和技术进步在经济增长中的核心作用，承认企业家是推动技术创新的主要动力，企业是经济的主体，承认经济结构对于技术创新的促进作用。在技术创新政策研究上，他们主要是将技术创新视为一个相互作用的复杂过程，并在分析过程中采用模型分析方法。

（3）国家创新体系学派：国家创新体系学派兴起于20世纪80年代末期和90年代初期，美国经济学家理查德·R.纳尔逊和英国经济学家克里斯托弗·弗里曼在1987年首先提出使用国家创新体系这个概念，他们认为，政府、企业及研究开发机构的作用，教育、培训与产业结构的作用，共同组成了网络系统，它们的活动和相互作用促进了技术创新的扩散。因此，将技术创新与组织创新和制度创新结合起来是十分必要的。到20世纪90年代初期，国家创新体系成为技术创新领域研究最为热门的话题。其共同学术特征是将技术创新活动视为一个复杂的国家系统，强调从社会经济的宏观角度来研究不同企业的技术创新行为的差异。在方法上更多地借用新制度经济学的有关理论与研究方法。

3. 国内外经济学家与学者的观点

关于科技创新的含义，美国学者 N. 格里高利·曼昆认为，可获得的生产技术决定了在给定资本和劳动的条件下产出，经济学家用生产函数来表达可获得的技术，生产函数表达形式为：$T=F(K, L)$，由此可以发现，技术变革改变了生产函数。美国学者 F. M. 谢勒认为"技术创新是经济增长的最关键动力"。我国清华大学傅家骥教授指出："技术创新是科技进步中最活跃的因素，它是生产要素一种新的组合，是创新者将科学知识与技术发明用于工业化生产，并在市场上实现其价值的一系列活动，是科学技术转化为生产力的现实过程。"

关于技术创新动力模式的划分，长期以来一直是以引发技术创新活动的诱因为标准，国内外学者一般认为，科技发展和市场需求是技术创新的主要动力，技术创新的动力模式主要有三种：技术推动型、需求拉动型和综合作用型。美国麻省理工学院管理学教授唐·马奎斯于1982年研究了美国工业中500多个成功的技术创新项目，他的结论是市场需求对技术创新的拉动力要比科技发展对技术创新的推动力大得多。

关于技术创新的类别，根据技术创新对要素节约的影响，英国著名经济学家希克斯将技术创新分为节约劳动力的创新、节约资本的创新和中性创新；根据创新的性质、程度和规模来区分，英国苏塞克斯大学科学政策研究所（SPRU）将技术创新分为渐进型创新、根本性创新、技术系统变革和技术—经济范式变革；根据创新的应用对象不同，厄特巴克等人将技术创新分为产品创新和过程（工艺）创新；根据创新战略及企业通过创新形成的市场地位，技术创新可分为自主创新、模仿创新和合作创新。

二、产业转型领域的研究

我国学术界对转型的研究涉及的领域：一是经济体制的转型，即计划经济向市场经济的转变。二是经济形态的转型，如从高经济增长向环保的可持续增长型转变。另外就是"产业转型"，这方面的研究主要集中在两个方向：第一，资源型城市产业转型及资源型城市转型；第二，全国及地方的产业结构调整与升级，多是三次产业间的调整，把产业转型（Industrial Transformation）作为研究对象，现有的国内外文献资料都相对缺乏。对产业转型的研究，无论是内涵界定、理论基础，还是实践方向，都仅处于探索阶段，尚未形成系统的研究体系。

1. 国外学者对产业转型的研究

国外对产业转型的研究始于20世纪中期，日本第二次世界大战后重建的成功经验，经济复兴所出现的"产业复兴——产业结构高度化——战略产业发展"的转型轨迹，引起了各国的广泛关注，产业转型研究被提上各国产业发展议程。到目前为止，国外学者的研究较多地集中在转型的影响（决定）因素、转型方向和途径等实际应用层面，对产业转型内涵的探讨相对较少。

Roy W. Shin 和 Alfred Ho 指出，产业转型是产业在内外部因素（如市场需求、物料供给、科技需求和政府政策）的影响下，改变生产技术、市场分布、产品及其定位的过程。

Ronny Noren（1998）认为，产业转型主要取决于国内运作盈余率（Domestic Operation Surplus Ratio），这又受汇率、劳动力成本以及产品附加值等影响。

Theo J.N.M.de Bruijn 和 Peter S.Hofman 研究环境保护与产业转型的关系，指出产业转型应追求生态效率，使损耗最小化，有效利用资源及增加社会产出。

Rachel Parker 对比研究了奥地利、挪威、瑞典和日本四国的产业转型，指出前三国产业转型的滞后在于缺乏促进变革的产业政策，政府没有及时推进产业向大中型以及高技术方向转型，日本政府与产业之间始终保持密切联系，不仅扶持衰退产业发展，而且通过有针对性的产业政策以及鼓励企业联合，积极推动产业转型，形成高技术产业竞争优势。

Manwoo Lee 通过对韩国和中国台湾产业转型路径的探讨，论证了成功的产业转型离不开政治因素，即要促使一国主要利益集团的利益及其社会责任协调一致。

Colin J.Butler 提出，战略联盟（Strategic Alliance）是产业组织转型的重要途径，战略联盟在高科技产业被广泛应用并具有重要影响力，英国企业积极参与跨国战略联盟，尤其是与美欧企业联盟，既有助于进入当地市场，也能获取科技成果、共担成本及风险。

2.国内学者对产业转型的研究

国内学者对产业转型的研究相对较晚，始于20世纪90年代中期，是在可持续发展的纲领性文件《中国21世纪议程——人口、资源和环境白皮书》（1994）出版后，最初是针对资源型产业和资源型城市的转型问题。产业转型作为产业发展的一个重要战略，至今仍没有被广泛应用到各产业的研究上。产业转型的内涵，也没有达成共识。

学者张谷指出，产业转型着眼于产业演进和发展的供求因素，包含产出结构、技术结构和产业组织的变动、调整及优化，狭义的产业转型只包括中国经济发展和产业演进中产出规模和所占比重增加最显著的产业，尤其是工业和服务产业转型问题；广义的产业转型则指中国国民经济所有主要产业全部的转型问题。学者隋映辉认为，产业转型是为实现一国经济可持续增长而对产业要素、规模和资源的结构调整、升级置换和优化配置。学者杨国良指出，所谓产业转型，是指资源存量在产业间的再配置，也就是将资本、劳动力等生产要素从衰退产业向新兴产业转移的过程。学者刘平持相同观点，认为产业转型是生产要素的重新组合，是对原有产业的破坏性创造，其实质是产业创新。学者于立等则指出，产业转型应包含产业类型的转变及企业成长方式的转变这两层含义。

对产业转型的研究，目前主要集中在以下几个方面：一是资源型城市产业转型。学者张米尔提出，转型的模式有产业延伸、产业更新和复合模式，资源型城市应建立产业转型基金，扶持替代产业的发展。刘玉劲等指出转型的基本思路是用高新技术提升资源性产业以及发展高新技术产业。齐建珍等则认为要脱离资源依存化，实现产业创新和结构升级。辽宁工业转型研究课题组提出，辽宁煤炭产业转型应实施差异化战略，对衰老矿区实行多元转型模式，对中型矿区要主动转型，而新采矿区则要采取规避转型战略。二是产业转型与经济增长。学者凌文昌、邓伟根论证了经济增长速度指标和质量指标与产业转型指标成强正相关关系，指出产业转型是加速经济增长和提高增长质量的重要手段。徐振斌认为产业转型是从旧的产业结构布局转向以高新技术产业为先导、基础产业和制造业为支撑、服务业全面发展的产业新格局。三是区域产业转型。学者丁萍提出青海产业结构转型要与所有制结构调整紧密结合，并强化政府的主导作用。杨国良认为产业转型是资源存量在产业间的再配置，西部地区产业转型存在产业要素缺口障碍及产业进入和退出障碍。四是上市公司产业转型。学者陆国庆指出产业转型中市场风险远大于技术风险，上市公司产业转型主要采取收割战略和迅速退出等战略，基于技术创新、管理创新和营销创新的产业创新是企业转型成功的基本保证。刘平持相同观点，认为产业创新是企业持续成长的关键。

对于产业转型的内涵，齐建珍认为，"转型的本质是创新，是一场产业创新和产业结构升级，以及由此引起的全方位社会变革"。对于资源型城市转型，就是将城市主导产业由现存的不可再生性自然资源的开采和加工的产业转向其他产业，使城市发展摆脱对原资源型产业的依赖，从而规避衰败以实现城市的可持续发展。产业转型的内涵包括"资源结构调整及资源取向的转化；主导产业、支柱产业、优势产业的再选择、再配置；市场取向的调整；生态环境的修复；劳动力的转移培训与安置；人文价值观的转变等"。

梁启东认为产业转型是经济战略调整的过程，通常需要几十年的时间，不仅涉及衰退产业如何撤让、替代产业如何发展的问题，而且涉及整个社会资源的重新配置和劳动力的重新就业问题。可以说，产业转型是一个结构调整的过程，也是一个制度创新和机制再造的过程，同时也是一个观念转变的过程。

杨宜勇等认为产业转型是"一国或地区在一定历史时期内，根据国际和国内经济、科技等发展现状和趋势，通过特定的产业、财政金融等政策措施，对现存产业结构的各个方面进行直接或间接的调整"。

邓伟根等认为，产业转型是"在一国或地区的国民经济主要构成中，产业结构、产业规模、产业组织、产业技术装备等方面发生显著变动的状态和过程"。

凌文昌、邓伟根认为，产业转型的实质是主导产业依次更替的过程，他们运用实证研究方法，通过比较我国产业转型指标和经济增长指标，发现经济增长速度指标和质量指标与产业转型指标均成强正相关关系,说明产业转型对经济增长速度和经济增长质量均有明显的促进作用,产业转型的速度加快,则经济增长率和经济增长质量均呈上升趋势;产业转型的速度减缓,则经济增长率和经济增长质量均呈下降趋势。

总的来说,目前国内外对产业转型的研究多侧重于实践方面,对于产业转型的理论基础缺乏深度探讨,具有一般指导意义的理论成果相对较少。没有形成系统的理论体系,是目前产业转型研究的一大缺陷。另外,把产业转型运用于具体产业发展方面,资源型产业一直是最主要的研究对象。尽管近年来有学者涉足科技产业的转型问题,但没有得到广泛响应。产业转型作为产业经济学的一个纵深分支,需要在不同类型产业研究上取得突破,如劳动密集型产业转型是现阶段我国产业升级所急需解决的问题,具有重要的研究意义。

三、科技创新与经济增长或产业转型之间关系的研究

由前面所述的技术创新与生产函数之间的关系,我们可以推出技术创新与产业转型之间有着这样一种间接关系,即技术创新改变了生产函数,生产函数变化的直接结果是反映了资源的重新配置、产业结构的升级转型和产出的变化。

从学术界对产业转型的研究中可知,产业转型主要研究的是对产业结构的各个方面的调整。国内外研究表明,科技创新是一个国家或地区进行传统产业改造,并促进其转换与升级的主要推动力;市场对该产业产品及加工产品的需求结构转变及需求规模扩展,是一个国家或地区进行传统产业改造,并促进其转换与升级的主要拉动力,科技创新推动产业转型有以下几种情况:

第一,当一国或地区处于产业衰退时,产业发展就处于停滞状态。如果在正常情况下,该产业的生产和销售持续处于下降趋势,而且看不到任何转机,那么该产业自然应该退出,政府应该采取相应的退出政策。如果在正常情况下,该产业生产和销售的下降只是暂时的现象,或者是属于衰而不亡的情况,并且通过运用高新技术可以完全或局部改造传统的衰退产业,使之获得新生,那么该产业就没有必要退出,而要尽可能通过技术创新使该产业优化升级。

第二,当一国或地区处于产业兴盛时,必须对其进行培育,并促进其发育与成长。促进新兴产业发育与成长的基本方式有三种:一是高新技术向该产业及其相关产业领域转化、渗透形成新兴产业。例如,以色列通过推广节水灌溉等高新技术,培育形成发达的蔬菜、果品、花卉等现代农业产业。二是对特色资源进行深度开发形成新兴产业。例如,新中国成立后,我国政府通过组建生产建设兵团和国有农场等方式,对东北三江平原等地区的宜农荒地资源进行深度开发,并建成集农产品生

产、加工、运销等产业于一体的、现代化程度较高的农业产业体系。三是高新技术的发展及新的市场需求孕育新的产业诞生，如软件业的发展就是如此。

因此，产业转型不只是新旧产业交替的现象，即新兴产业替代衰退产业，产业转型也是衰退产业获得新生，传统产业升级换代以及新兴产业延伸发展的现象。例如，传统农业改造为现代农业，传统印刷技术转变为现代激光印刷等，都是衰退产业获得新生，或者说传统产业升级、转型的典型。

目前，我国学术界相关研究领域主要集中于技术创新与经济增长、技术创新与经济结构调整、技术创新与产业组织演变等领域。例如，南开大学经济学系陈英教授在《技术创新与经济增长》一文中，将技术创新划分为生产过程创新和产品创新，并认为生产过程创新提高生产率，因而能够推动经济增长速度的提高；而产品创新改变产品的质量和差异性，不一定加速增长。

周叔莲、王伟光在《科技创新与产业结构优化升级》一文中，从科技创新影响产业结构变迁的内在机理、科技创新促进产业结构调整的具体途径以及产业结构调整对科技创新的推动作用等方面，阐述了科技创新与产业结构优化升级之间的互动关系。

张耀辉在《技术创新与产业组织演变》一书中，得出技术创新与产业组织之间关系的基本命题是"技术创新会改变产业组织，技术创新是产业组织演变的中间变量"。

四、产业转型趋势的研究

学术界一般认为当今国际产业发展趋势呈现集群化、融合化和生态化三大趋势。而杨国安认为，未来产业转型主要有五大趋势：一是从硬件制造到软件创作的转型；二是从制造业到服务业的转型；三是从劳动密集型到脑力密集型的转型；四是从生产效率到创新效率的转型；五是从有形资产到无形资产的转型。

第二节 科技创新与产业转型的相关概念界定

一、创新、科技创新与技术创新

创新是指人们为了发展的需要，运用已知的信息，不断突破常规，发现或产生某种新颖、独特的有社会价值或个人价值的新事物、新思想的活动。创新的本质是突破，即突破旧的思维定式、旧的常规戒律。它追求的是"新异""独特""最佳""强势"，并必须有益于人类的幸福、社会的进步。

科技创新是科学原创和技术创新的总称。科学原创是人类在认识自然现象及其运动和发展过程中，发现和发明带有规律性的新知识及其作用的器具；技术创新是人们为了改造自然而进行制造和操作的过程中，总结发明或发现的新知识和发明的新技艺。科技创新是科技知识的创新、生产的物质技术条件的创新以及人力素质和劳动技能的创新。

基于国内外学者对技术创新的本质特征和功能的科学认识，中共中央、国务院在《关于加强技术创新、发展高科技、实现产业化的决定》中，将技术创新定义为"运用新知识、新技术和新工艺，采用新的生产方式和经营管理模式，提高产品质量，开发、生产新产品，提供新服务，从而占据市场并实现市场价值的过程"。

随着科学技术的飞速发展，科学与技术之间的相互渗透，出现了科技一体化的趋势。19世纪以前，科学和技术之间是分离的，而且科学理论一般都落后于生产技术。在科技水平高速发展的今天，科学和技术之间原来分离的关系发生了很大的变化：技术上的创新一般都是建立在一定的科学理论的基础上，同时科学理论的发展又紧紧依赖着技术的进步。科学与技术的关系出现了一些新的特点，即"技术科学化，科学技术化，科学技术一体化的发展趋势，使科学与技术相互渗透、相互转化，共同发展"。

从应用的角度理解，本研究认为科技创新主要侧重技术创新。因此，本书对科技创新与技术创新不作严格区分。

二、产业、产业结构及产业分类

"产业"的英文意思同工业、行业、制造业等都可以称为"Industry"，一般来说，产业是国民经济中按一定的社会分工原则和生产要素的密集程度等原则，为满足社会某种需要而划分的、从事产品和劳务生产及经营的各个部门、行业。"产业"这一概念描述的是介于微观经济细胞（企业和家庭）与宏观经济单位（国民经济）之间的若干"集合"。相对于企业来说，它是同类企业的"集合"；相对于国民经济来说，它是国民经济的一部分。

产业结构是指"特定条件下各产业在整个国民经济中的比重及其各产业之间的技术经济联系"。产业结构的形成首先要基于一定的产业分类。产业分类就是对整个国民经济体系按一定的方法和标准进行分解和组合。它有不同的划分方法和划分标准。主要包括马克思的两大部类分类法、三次产业分类法、联合国的标准产业分类法、生产结构分类法、工业结构分类法、要素集约度产业分类法、增长率产业分类法及经济发展战略的不同需要进行的分类等。

尽管产业划分的方法各不相同，但都是为了研究不同产业之间的相互关系及其演变规律。上述对产业结构含义的理解是从静态的角度来考察产业之间的相互关系的，如果从动态的角度来考察，产业结构是不断变化和发展的，并且是按一定的规律演变的。

本书所研究的产业结构，主要依据的是要素集约度及根据经济发展战略的不同需要对产业进行的分类。按要素集约度划分产业，主要是根据生产过程中对特定生产要素依赖程度的不同，将产业划分为劳动密集型产业、资本密集型产业和技术密集型产业；根据经济发展战略的不同需要对产业进行归类，主要归类为主导产业、支柱产业、基础产业、幼稚产业、新兴产业等；另外，还有增长率产业分类法，即按照产业增长率的变化可以将产业划分为发展产业、成长产业、成熟产业和衰退产业。

三、产业转化、产业升级与产业转型

产业转化也叫产业轮转或产业转换，是指一个国家或地区新、旧主导产业呈现更迭的正常现象。如果产业转化的速度慢于产业升级或外移的速度，则该产业将逐步陷入衰退之路，产值萎缩，成为夕阳产业，国内产业发展停滞，失业率增长。如果新的主导产业产生的速度快于传统主导产业衰退的速度，表示产业转化获得成功，则国内产业升级、转型顺利进行。

产业升级就是"在特定的国内外经济环境和资源条件下，按照一般的产业结构演变规律和产业发展的内在要求，采取一定的措施，不断地提高产业的结构层次和产业的发展水平，保障国民经济能够长期地持续增长的一种经济活动"。

从上述学术界对产业转型内涵的解释，我们可以发现，产业转型的研究焦点主要是产业结构的调整，也就是说，产业转型是产业结构优化升级的结果，产业结构优化升级既是提高国民经济整体素质的基本手段，也是国民经济整体素质提高的基本标志。产业结构优化升级包括两个层面：一是不同产业间的优化升级，包括当前讨论较多的三次产业间的优化升级，即"二三一"结构向"三二一"结构的转变；二是产业内优化升级，即在传统产业内部，随着经济技术水平的提高，在低技术生产到高技术生产的各层次中，后一层次的比重逐步大于前一层次的比重，直至后一层次替代前一层次。产业结构优化升级的基础在于技术结构升级，技术结构升级的重点则在于科技创新。

通过对上述概念的理解，我们可以看出，产业转化与产业转型既有区别又有联系，产业转化是不同产业之间的转变，产业转型则是不同产业之间的结构调整或同一产业内部结构的调整与升级，所以，产业转型与产业转化有可能同时发生、相互渗透。至于产业升级与产业转型，则是一个问题的两个方面，产业升级包括产业结

构合理化和产业结构高级化。从三次产业结构演变的角度来说，它主要表现在由当前的"二三一"结构向"三二一"结构的转变，从全球产业价值链的角度来分析，它主要表现在产业由低技术水平和低附加值状态向高技术水平和高附加值状态转变的过程；产业转型不仅体现在产业升级上，同时更多地表现在产业结构的优化调整上。当然，产业升级并不是产业结构水平绝对地越高越好，它应该是与一国或地区现阶段的自然资源条件、经济发展水平、科技发展水平、国际竞争态势以及未来经济发展需要等相适应的，能够发挥比较优势或取得竞争优势的产业结构选择，因此，产业升级与产业转型也存在交叉，这可能也是很多学者不对"转型"与"升级"作严格区分，而是直接用"产业转型升级"这一提法的原因。

四、经济转型与产业转型

经济转型是20世纪末期使用最广泛的一个概念。在国内，不少经济学家，尤其是从事制度经济学研究的学者，通常认为经济转型是经济体制转型，特别是指由计划经济体制到市场经济体制的转变；也有学者认为"经济转型是指技术转型、产业转型、增长方式转型、金融及经济体制转型的合成变动，这种转型是整个经济结构的提升，至少是支柱产业的替换，因而是一种阶段性的质变或飞跃"。在西方市场经济国家中，制度转换在经济转型中的成分很少，经济转型主要指产出结构及档次、就业结构和技术结构等的变动。换句话说，西方经济学中的经济转型，在相当程度上指以产业结构和组织变动为主的产业转型。可见，对经济转型的定义尚未达成一致，本研究认为，产业转型应当是经济转型的一个重要组成部分，或充当经济转型的"触媒"。

五、结构转换与产业转型

经济发展必然伴随产业结构转换。所谓结构转换，是指随着人均收入增长而发生的需求、贸易、生产和要素使用结构的全面变化。在经济发展过程中，由于需求升级、技术创新和贸易一体化等，产业结构呈现出由劳动密集型为主→资本密集型为主→技术、知识密集型为主的演进轨迹，这一转换过程的实质是产业转型。因此，结构转换的核心是产业转型，但产业转型不仅包括结构转换，而且包括产业的组织转型，即企业间关系的转变。

本书所研究的产业转型，主要是指依靠科技创新推动的产业内部结构的调整、竞争力的提升和产业的可持续发展等。

第二章 科技创新的系统结构与内在机制分析

对科技创新的研究已引起理论界的广泛关注,但从现有研究成果来看,无论是学术论文还是专著,都缺乏对科技创新的系统研究,有的学者着重分析科技创新的意义、障碍因素、体制特征及运行机制等,有的学者从可持续发展的角度探讨科技创新与经济发展的相互作用,有的学者从不同学科角度研究科技创新,如科技创新的制度分析、哲学思考、心理学分析等,更多的学者是基于企业或区域范围探讨科技创新,在企业层面上侧重于技术创新能力,在区域层面上侧重于科技创新体系,并以实证分析作为支撑。总的来说,目前对科技创新的研究仍处于局部探索性阶段,还没有上升到系统研究阶段。本研究认为,采用系统研究方法对科技创新进行探讨,不仅能更全面地认识科技创新的内在构成及运行体系,更有利于理顺科技创新内部与外部环境的关系,建立科技创新系统与其他系统之间的密切联系,准确地把握科技创新在经济发展中的地位与作用。

第一节 科技创新的内在系统与外部环境

一、科技创新的内在系统

科技创新的内在系统包括科技创新的内部构成、运行模式、运行机制以及保障体制等。

1. 科技创新的内部构成及其关系

从内涵上看,科技创新包括科学创新和技术创新两个方面。学者路甬祥指出,科学创新是技术创新的基础。科学创新认识客观规律,为技术创新提供知识基础,为可持续发展提供科学根据;技术创新则改造世界,创造新的生产力。科学创新是通过科学研究获得新的基础科学和技术知识的过程,解决客观事物是什么和为什么的问题；技术创新则是通过学习、革新创造新技术、新商品的过程，解决如何做、如何得到满足社会需求的商品的问题。从社会变革的角度而言，科学创新既是一种知识体系的革新，也是产生知识体系的社会活动的革新，还是文化革新的组成部分，其重大理论突破将导致人们观念更新和思想解放；技术创新将引起生产力水平的提高、经济结构和生活方式的变化，创造巨大的、直接的经济利益。总体来看，技术创新来源于科学创新，如果把技术创新当作是经济增长的发动机，那么科学创新就是这台发动机的"燃料"，离开科学知识基础，技术创新就没有源头、没有后劲；而科学创新也要得到技术创新的支撑和市场的拉动，许多科学创新课题来自于经济发展的需要。因此，科技创新更有利于科学与技术的互动，有利于科技与经济的结合。

  从作用范围的层次性来看，科技创新又可分为企业科技创新、区域科技创新和国家科技创新。企业科技创新是在企业层面进行的，以市场为导向，以产品为龙头，以提高企业经济效益、增强市场竞争力为目标，通过新技术的开发应用带动企业科技力量的有效集成和科技资源的优化配置，最终实现科技成果的商业化应用。企业科技创新必须与营销创新和管理创新紧密结合，才能真正创造效益。区域科技创新是在一定区域内，依托区域科技创新实力，有效利用区域科技创新资源（如人才、知识、投入），协调区际科技合作与竞争，实现区域内创新资源的高效配置与结构优化，促进区域科技创新活动的广泛开展和创新成果的应用、推广及普及，从而创造和发展区域的竞争优势，保证区域经济发展。国家科技创新是从国家战略安全出发，由公共部门和私营部门的各种机构组成网络，其活动是为了创造、扩散和使用新知识和新技术，其中企业是技术创新的主体；高校、科研院所是科学创新源；政府机构是科技创新的推动者和服务者，必要时还担当组织策划者的角色。总体上看，区域科技创新是企业科技创新与国家科技创新的"桥梁"和"纽带"，其创新决策从属于国家宏观创新职能与政策的控制，对其下属众多的部门与企业具有因地制宜的全局导向作用，在一国的创新纵向链条中起着承上启下的中间媒介和中端调控作用。三者的区别表现为：企业科技创新遵循经济效益导向，侧重于技术的开发和应用；区域科技创新以促进区域内产业升级和经济高质量增长为目标，侧重于培育技术开发、转移、应用及扩散能力；国家科技创新以降低"市场失灵"和"系统失灵"为己任，强调知识的流动是创新过程的关键，更注重知识创新体系的构建。

  2. 科技创新的运行模式及类型

  科技创新是一个动态过程，不仅是技术发明、技术进步，而且将发明首次引进工业生产体系并产生利润，进而在科学的指导下，使技术商品化。科技创新是在科技推动或需求拉动的作用下，产生新技术或新产品的构思，经过研究开发，进行中间试验，再使产品商品化生产，最终实现商业化的过程，一般包括基础研究——应用研究——技术开发——商品化——产业化等几个阶段。以区域科技创新为例，其科技创新的运行模式是：第一，在组织创新环境下，创新系统的各组成要素（包括企业、科研机构、政府、中介机构等）进行分工合作、角色定位与优化组合，以适应科技创新活动的需要；第二，在制度创新环境下，各要素互相作用，形成具有特定功能的复合创新主体（主要是企业）；第三，复合创新主体在政策环境的支持和引导下，在条件创新的基础上，实施有效的技术创新活动；第四，通过对创新过程实施调控（包括政府的管理和企业自身的管理），保证技术创新方向的正确性、过程的稳定性；第五，良好、有效的技术创新推动了区域创新系统目标的实现。可见，区域科技创新就是一个从R&D开始到实现市场价值的动态过程。从其运行的轨迹来看，基础研究是科技创新的前提，应用研究是根本，技术开发是手段，商品化、产业化是过程，经济发展是目标。

上述运行模式的前提是科学技术已实现一体化，在此之前，科学创新与技术创新遵循着不同的发展轨迹。从发展演变的角度分析，科技创新可分为以下五种类型：一是科学技术分离型创新。19世纪以前，科学创新和技术创新是分离的，甚至谈不上科学创新。科学理论一般落后于生产技术，技术上的创造主要以经验的积累为基础。二是科学技术渗透型创新。19世纪后，随着科学技术的飞速发展，科学与技术之间相互渗透、相互转化、共同发展，实现了技术科学化、科学技术化，这就使得技术创新一般都建立在一定的科学理论基础上，同时，科学理论的发展又紧紧依赖于技术进步。三是从科技一体化到科学先导型创新。进入20世纪30～40年代，一批新兴技术——原子能技术、空间技术、电子计算机技术、激光技术等，则完全是以科学为基础，以科学为先导的技术，也就是说，在科技一体化的基础上，某些领域的科学创新处于领先地位，引导着技术创新的方向。四是网络型科技创新。20世纪90年代后，创新过程不仅表现为科技一体化的职能交叉过程，而且是多机构的网络联结过程，尤其突出合作企业之间更密切的战略联系。网络型创新必须借助于互联网络，实现跨部门、跨机构的合作创新，并促使企业组织机构发生重大变化，扁平与柔性化、网络组织、虚拟组织成为新型组织的特点。五是集成型科技创新。即大科学、协同创新与技术集成的集合。大科学是针对社会、经济、国防军事发展的需要，由国家组织或委托其他组织进行的跨学科、跨组织的协作科技攻关；协同创新是组织之间为整合各种分散的资源，使之充分配合以完成共同目标进行的科技合作；技术集成是大科学工程和协同创新的集合。科技创新集成既是实现一国科技战略、保持科技领先的需要，也是规避风险、综合利用科技资源，实现科技与经济结合的需要。

3. 科技创新的运行机制

科技创新的运行机制包括动力机制、风险机制、激励机制、扩散机制和互动机制。

（1）动力机制：由于科学与技术有着本质上的不同，科学是"好奇取向"，技术则是"任务取向"，因而科学创新与技术创新的动力机制各不相同。在科学界，知识生产者的贡献是与其劳动成果紧密相连的，无论是科研成果评价还是职称评定，几乎唯一地采用"同行评议"制，即"由从事该领域或接近该领域的专家来评定一项工作的学术水平或重要性的一种机制"，科学共同体是理论成果评价的"仲裁人"，科学创新的动力是要得到同行的认同，并被赋予"优先权"。技术成果则不同，由于其可迅速物化为生产力，唯有采用"价值评价"，即直接依据其实施后的效果来进行评价，才是最合适、最权威的。因此，市场是技术创新的造血机制和动力机制，技术成果一旦被市场所接受、推广并取得经济和社会效益，直接就说明了该成果所具有的水平，市场是技术成果的"仲裁人"。如果将专家认可（而非市场接受）当作对技术角色的社会期待，就会使技术成果的快速商业化得不到实现。目前我国科技成果大量闲置，通过鉴定之时就是打入冷宫之日，只开花不结果，皆与此有关。

（2）风险机制：创新是要冒风险的，科技创新更是一项高风险性的行动。风险机制的建立，为科技创新风险资本的退出提供了保障。资本市场是科技创新的重要条件，表现在以下方面：一是发达和完善的资本市场体系为创新企业提供了直接的融资场所，弥补了金融系统中间接融资与科技创新不能有效结合的制度缺陷；二是资本市场体系的形成和完善催化了风险投资的形成和发展，顺畅地退出渠道是发达国家风险投资（以退休基金、保险公司、各类基金会以及个人和家庭为投资主体）得到迅速发展的主要原因；三是股票市场的直接融资环境和财产加大的倍数效益在催生了一批又一批创业企业的同时，也催生了一批又一批企业家。我国科技创新尚未形成体系，与资本市场不完善及发育过慢有着直接的关系。

（3）激励机制：对于企业而言，其激励主要来自于市场，企业的创新行为受市场驱使，并受报酬递增原理的推动，即领先的会进一步领先，丧失优势的会进一步失去优势。当然，政府的激励措施（如优惠政策等）也起到了一定程度的促进作用。对科技人员而言，激励机制起着重要的作用，包括以下两方面：一是对科技人员的奖励，如物质奖励、技术入股、持股经营等，是对其劳动成果的承认，可激发其创新的积极性；二是给予科技人员专利保护。从本质上看，奖励制度更多的是属于行政手段，专利制度则是一种法律手段。在技术领域，目前各国逐渐采用以专利制度为主、以奖励制度为辅的方法，这是因为技术成果具有商品属性，应放到市场中参与竞争，按经济规律生存和发展。

（4）扩散机制：广义的科技创新不仅包括科研成果的商业化，还包括技术的扩散。扩散机制是创新主体的思想、知识和技术通过一定的社会流动渠道在不同主体间的流动和传播。扩散的结果是使这种知识和技术得到充分地吸收和利用，并迅速商业化。多数研究表明，广泛水平上的技术扩散对产业的生产率有着积极的影响。在当今快速变化的商业环境中，企业拥有关于科技发展以及更具竞争力的知识创新等最新信息非常重要。因此，迫切需要有效的扩散机制来促进科学、技术和其他信息的流动，以达到充分利用的目的。

（5）互动机制：互动机制在网络型和集成型科技创新中尤为重要。互动机制促使研究机构、大学与企业等创新网络成员相互间的关联，打破相互封闭的状态，并产生合作的社会关系网络，从而使得科学研究注重实际问题，使产业活动与最新的科学研究融为一体。合作创新成为一种必然选择，成为科技创新的主流模式。

4.科技创新的保障体制

科技创新的顺利进行离不开相应制度的支撑。其运行机制本身就带有制度安排的内容，制度创新是科技创新的基础和保障。制度创新的关键是转变政府管理职能，创造有利于科技创新的科技管理体制。从我国科技发展的情况来看，科技发展十分缓慢，其原因是多方面的，除了受传统文化和市场缺位的影响外，更在于计划体制下科技制度的根本缺陷，其表现在：科技经费的投入主要由国家财政拨付导致创新投入不足；科技部门被当作可以计划的一个非产业公用部门，导致科技与经济相脱节，使成果转化率低下；科技成果的评价采取专家评审、开鉴定会的形式，缺乏科学性，导致成果判断的主观性太强，缺乏市场检验，这也是成果流产的主要原因；政府奖励制度不完善，导致科研人员注重通过论文发表或专家鉴定以申请奖励，不愿意通过申请专利获得知识产权来获取收益，这也使得政府的科研经费大量用于成果鉴定和申报奖励上，在申请和维持专利方面的经费欠缺，使知识产权大量流失。因此，要加快科技创新步伐，保障科技创新顺利开展，必须从制度上保证政府作为科技创新的"领导者"和"监管人"而非"参与者"的角色到位。

具体而言，创新制度应包括以下几个方面：一是在科技投入方面，其主要来源应该是企业而不是政府，政府在涉及基础研究的"公共物品"领域进行投资，而在应用研究和开发研究方面以企业投入为主。企业是市场经济的主体，最明确市场的需要，并能结合自身情况进行科技攻关。另外，吸纳民间机构的赞助和支持也是充实科技投入的必要途径。二是在创新主体方面，需要由政府主导型向企业主导型发展。尽管创新主体日益呈现多元化趋势，但企业作为科技创新主体的原则不能改变，只有这样，才能有效解决科技与经济脱节的问题，优化科技资源配置，促进科技成果转化。三是在科技成果评定和保护方面，尽量由市场去判断，并建立知识产权保护制度。这不仅从法律上保护了发明创造者的合法权益，实现发明创造的高风险与高收益的匹配，而且通过界定产权以有效规制产权交易，更有利于与国际接轨，促进国际技术交流及合作。创新产权虽然是一种财产权，但只有不断流动，才是创新产权增值的源泉，流动的前提是对产权的界定与保护。四是在科技管理和调控方面，政府的职能是提供基本的竞赛规则，提供市场竞争的框架。对于那些市场需求间接性的公共品或准公共品的研究，不必由政府直接运作，政府只需在该领域投放足够的"货币"，科学研究的主体仍然是企业，政府可通过委托—代理关系得到所需的科技产品。通过界定产权，国有与非国有的关系就从行政授权关系转变为基于产权的民商事关系。因此，政府资助科学研究也应采用市场手段。

总之，科技创新的保障体制应该是建立适应市场经济的科技管理体制，其改革的总体方向是：建立以政府间接调控为主、以市场交易为导向、以知识产权为纽带、以创新人才的激励和开发为根本，替代以计划为导向、以政府行政管理为主导、以部门所有为中心的科技管理体制。

二、科技创新系统的外部环境

科技创新系统的外部环境是与科技创新活动发生联系并相互作用的各种条件和力量因素的总和，它是由多个环境因素相互影响、相互作用而构成的动态系统。一般而言，科技创新环境包括"硬环境"和"软环境"两大类。

"硬环境"主要包括基础设施环境、自然地理环境、物质技术环境和邮电通信环境等。其中，科技创新的基础设施包括技术标准、数据库、科技情报信息中心与信息网络、大型科研设施、国家和地区重点实验室、科技开发与成果转化基地、虚拟科技园、孵化器、图书馆等基本条件。就我国的情况而言，当前要特别加快信息基础设施、大型数据库、重点实验室和科技成果转化与中试基地的建设。由于虚拟科技园是把互联网技术与科技园结合起来的网络园区，一方面通过互联网与创新中心联系，另一方面为科技创新活动提供地点，保证科技创新高效运行，因而受到国内外的广泛重视。技术环境是指一个国家的科技发展轨迹、现实科学知识存量和技术水平，它是本国企业创新和科技发展的基础。

"软环境"包括社会信用环境、社会文化环境、创新服务环境和法规政策环境等。美国硅谷、英国剑桥、法国索菲亚、印度班加罗尔以及中国台湾新竹等地区的世界著名科技园的发展经验表明，在科技创新的支持环境建设方面，"软环境"比"硬环境"的建设具有更重要、更长远的意义。

1. 社会信用环境

市场经济是一种信用经济，信用是企业乃至整个社会赖以生存和发展的基石。由于市场发育不完善以及企业及个体的信用意识淡薄，我国社会信用环境不容乐观，而且有日益恶化的趋势，主要表现在：企业造假售假现象十分严重，假冒伪劣产品泛滥成灾；企业三角债现象突出，商业信用日益萎缩；企业逃废银行债务严重，银行与企业之间陷入信用危机；会计造假事件屡有发生，会计信息严重失真。信用缺失是一种短期行为的普遍化，它不仅会给社会经济发展带来严重危害，而且日益成为我国科技创新能力发展的巨大障碍，体现在两个方面：一是增加了交易费用，延长了交易时间，降低了科技创新体系的运行效率；二是缩小了交易的选择范围，导致交易萎缩，甚至使交易中断，降低了科技创新资源配置的优化效果。因此，社会信用环境能否得到明显改善，将直接关系到科技创新体系建设的成效。

2. 社会文化环境

社会文化环境包括居民的风俗习惯和价值观念、劳动力资源平均文化水平、心理素质、主流的价值观念、社会风气等内容，它直接影响着人们是否有追求创新的热情，人与人之间能否建立起相互信任、相互合作的关系。Grabher认为，近年来，经济理论越来越重视社会结构和社会关系对于经济活动的影响，因为创新精神、合作关系、彼此信任等不能轻易地在相互作用中被转移。社会的影响不仅被看作是摩擦障碍，而且被看作是支持经济行为的外部力量。在西方，一些国家和地区的文化属于外向型或扩张型文化，而科学的发现和创新其实就是一个标新立异的过程，所以这种文化使这些国家和地区成为科学上生气勃勃的创新者，形成了一种鼓励冒险、进取性强、喜新厌旧、好标新立异等氛围。在我国，一些地区由于受到几千年儒家文化的积淀，已演变成一种利于守旧而不利于进取的文化，如重官轻民、重文轻技的价值观；抵制新事物、抵制变革的中庸之道；不愿冒险、小富即安的风险观等。在此基础上形成的坚固社会结构，极大地窒息了人们的创造精神。我国一些率先发展起来的发达区域，尤其是沿海区，其区内文化环境发育良好，合作氛围浓厚，一些新产品一旦被企业从国外引来，在新产品刚投入市场后，由于区域内的知识技术和信息等要素流动速度较快，区域内其他企业便可以迅速进行模仿和创新。所以，新产品带来的市场利润可迅速被区域内几乎所有的企业所分配，企业密切合作、交互作用的结果也有利于区域内自主创新产品的诞生和成功市场化。

3. 创新服务环境

科技创新依赖于市场的推动，取决于创新主体的努力，同时也需要良好的创新服务体系的支持和帮助。创新服务体系由一系列相互联系、相互作用的创新服务机构组成，是多层次、多渠道和多功能的服务网络。我国创新服务机构大体可分为以下五类：一是以技术、管理和市场等方面的知识为创新主体提供信息咨询服务的创新服务机构，包括科协组织、行业协会、情报信息中心、科技项目咨询机构等；二是为科技资源有效流动及合理配置提供服务的创新服务机构，包括技术交易市场、人才交易市场、知识产权交易市场、科技招标机构等；三是以促进技术成果转化为主的创新服务机构，包括生产力促进中心、工程技术研究中心、创业服务中心、大学科技园等科技企业孵化器；四是以金融服务为主的创新服务机构，包括风险投资服务公司、中小企业创新基金、风险信托投资公司、财务公司、专业性融资担保公司等；五是以提供各种评估和认证服务为主的创新服务机构，包括科技评估中心、无形资产评估中心、标准认证机构、信用评估机构等。创新服务机构是整个创新服务体系的核心，与各类创新主体和要素市场建立紧密联系，为创新活动提供信息交流、技术决策、资源配置、信息咨询等支撑性服务，对政府、各类创新主体与市场之间的知识流动和技术转移发挥关键性的促进作用，对降低创新成本、化解创新风险、加快科技成果转化有着重要意义。

4. 法规政策环境

科技创新的法规政策环境是指激励和约束科技创新活动的各种具有不同地位和作用的法律、法规、政策耦合而成的制度体系。20世纪70年代以来，运用法规政策手段来激励和保障科技创新活动已成为一种世界性潮流。世界上很多国家和地区的政府都通过制定财政金融支持、税收优惠、政府采购、人才开发和知识保护等一系列的法规政策手段，协调政府、企业、高校和研究机构在科技创新上的合作与互动关系，以不断激发科技创新系统的活力，进而达到提高科技创新能力的目的。科技创新的法规政策包括：一是税收优惠政策，用以降低创新各环节的投资成本和投资风险，增加投资者的预期收益；二是政府采购政策，政府通过公共采购政策的安排，创造和增加企业科技创新产品的市场需求，产生科技创新的"市场拉动"效应，使企业在市场开拓期有比较稳定的市场保证；三是人才开发政策，R&D人员是从事科技创新活动的重要力量，其数量和质量是国际上衡量一国或地区科技创新能力的主要指标，政府在人才教育、人才物质待遇、人才流动、技术职务评聘和科技奖励等方面制定一系列政策，对培养、引进和用好人才有着积极作用；四是知识产权保护制度，其实质是解决"知识"资源的归属问题，是一种激励和调节机制，有利于保护创造者的合法权益，保证市场竞争的公平、合理、有序。

第二节 科技创新系统与经济系统之间的互动关系

科技创新是经济增长的主要源泉，尤其是在知识经济时代，知识经济的核心是知识的生产、分配和使用，知识的核心是科学技术，科技创新是知识经济的强力支撑，经济发展表现为以科技创新带动的可持续经济发展。从本质上说，科技创新是整个经济系统的一部分，把科技创新作为一个系统独立开来，是为了更清楚地揭示科技创新与经济增长之间的互动关系。

经济增长主要来源于两个基本条件：一是投入生产的生产要素量的增加；二是生产要素使用效率的提高。一般来讲，前者取决于生产资源的成本，后者主要取决于技术变动。科技创新，尤其是技术创新在经济增长中的作用一般被看成是通过对要素生产效率的影响而作用于经济增长。科学创新由于不直接转化为生产力，只能影响技术创新的效果，从而间接影响经济增长，因此，对经济增长有着直接影响的主要是技术创新。技术创新又可分为生产过程创新（改变生产效率的创新）以及产品创新（改变产品本身的创新）。对于经济增长而言，生产过程创新通过生产技术和生产组织的变革提高生产率，使单位资源和时间范围内的产量增加，因此能够提高增长速度，这种生产率效益是一种供给效应；产品创新不直接作用于生产力，而是通过提供有差别的产品来开辟新市场，从而使生产总量扩大，这种产量增长表现为一种需求效应。需求效应能够使经济增长多少，取决于新产品市场的大小，这个潜在的新市场又取决于既定的国民收入水平及其分配，甚至还取决于消费者的偏好。从这个意义上而言，产品创新不一定能加速经济增长。发达国家经济增长的事实表明，在工业经济时期，生产过程创新是最主要的技术创新形式，并极大地推动了经济增长，而到了后工业经济时期，产品创新是主要的或最重要的技术创新形式，经济增长速度明显放慢。

总体而言，科技创新对经济增长的推动作用主要通过提高产品的技术含量、增强企业核心竞争力、优化和提升产业结构、烫平经济危机周期等途径进行。在整个经济系统中，产业系统是最核心的部分，经济增长本身就包括了产业系统演进的内容，科技创新是产业系统演进的基础和动力，直接推动着产业结构的优化和升级。

从影响产业结构的诸多因素来看，技术因素是其中最主要的因素之一。科学技术对产业结构的影响主要体现在科技创新对生产力构成要素的作用，以及对产业结构其他制约因素的作用上。这些因素对产业结构变动的影响，在很大程度上是与技术进步交融在一起的。技术进步主要借助科技创新（技术创新是其主要内容），从供给和需求两方面影响产业的投入产出状况以及生产要素的配置和转换效率，进而推动产业结构变革。从供给方面看，科技创新对产业结构的影响，主要是通过提高劳动者素质、改善生产的物质技术基础、扩大劳动对象范围、提高管理水平等途径来实现的，对产业结构的影响具有直接性；从需求方面看，科技创新对产业结构的影响，则是通过影响生产需求、消费需求以及出口，借助于需求结构变动来实现的，属于间接影响。

从对产业结构的影响来看，技术创新会产生三种效应：一是根本性创新带来的推动效应；二是产业内外创新扩散与模仿扩张产生的乘数效应；三是新技术基础上的产业竞争导致的选择效应。在这三种效应作用下，产业结构会发生两个层次的变化：第一个层次是以新产业生成和既有产业的技术升级为特征的产业结构高级化；第二个层次是形成新的主导产业群，并围绕新的主导产业群在新的技术基础上形成新的产业关联结构。从这个角度而言，技术创新是我国产业结构调整的关键。

科技创新与产业结构是相互影响、相互制约的。产业结构调整主要通过影响需求对科技创新产生推动作用，从而拉动科技创新。由于需求诱导，某一产业可能会出现快速增长的趋势，为了使整个产业的总产出水平能够保持适当的规模，以满足市场需要，同时，迫于市场竞争的压力，企业必须提高或改善产品和服务质量，在这些因素的促使下，该产业中的企业会加大技术投入，改善工艺流程，重新组合现有技术，掀起新一轮固定资产投资或更新高潮。这一过程必将对科技创新形成强大的需求，从而推动科技创新。从产业系统整体演化的过程来看，其演化过程也影响着产业技术体系的发展和技术创新活动。按照产业生命周期理论，在产业诞生阶段，技术创新呈现多样性；在成长阶段，主导技术出现，技术走向标准化，技术创新逐渐体现为利用规模经济和降低成本；在成熟阶段，创新活动下降；在衰退阶段，往往有重大技术创新出现，新的技术将取代旧技术。

总之，科技创新是经济高质量增长和产业结构高度化的关键。要与知识经济时代相适应，各国从企业到区域再到国家，都应该十分重视创新能力的培养和提升，并在市场规律和政府政策的推动下，形成一定地域范围内的科技创新体系。要增强我国的国际竞争力，加快社会主义现代化进程，必须从科技创新的内外部系统的构成要素上，清除阻碍科技创新的影响因素，保障科技创新工作的顺利开展，必须从深化思想认识着手，具体落实各项政策措施，来推进科技创新的快速发展，这样才能走上真正的"科技兴国"之路。

第三节 市场主导型科技创新与政府主导型科技创新

"科技"一词包括两个方面：科学与技术。科学是认识自然现象和社会现象，探索物质运动和社会运动客观规律所形成的基本理论、概念或原理。技术包括两个部分：一部分是一系列特定的设计和实践；另一部分是一套基本知识，这些基本知识为设计和实践服务，使人们明确事物是如何工作的。一个世纪以来，科学在技术知识中的作用与日俱增，科学与技术正在逐渐相互融合。现代经济中的技术进步越来越依附于科学知识的进步，或者说，技术的创新可以从科学进步（从热力学到生物学、电子学、量子物理、力学等）创造的机会中获得。

创新的概念有广义与狭义之分。从广义上来说，创新包括企业掌握和开展新产品的设计过程和制造过程，而不论这些过程对整个世界来说是否是全新的；狭义概念则强调该进程在全世界或全国范围内是首创性的。

人类社会发展的历史就是一部生产力和生产关系矛盾运动的历史。推动人类社会由原始文明发展到今天的现代文明，其真正的动力就是生产力的不断发展和与之相适应的生产关系的变革，这是一切社会发展所遵循的基本规律。生产力发展是矛盾的主要方面，对推动人类社会发展具有主要的决定性作用。马克思和恩格斯在《共产党宣言》中说："资产阶级争得自己的阶级统治地位还不到一百年，它所造成的生产力却比过去世世代代总共造成的生产力还要大，还要多。"自以蒸汽机问世为标志的18世纪产业革命兴起以来，科技作为第一生产力，对社会经济发展起到了巨大的推动作用。今天，以原子能工业、半导体工业、高分子合成工业、空间技术、计算机技术等为标志的第三次科技革命，更使人类的劳动生产方式飞跃到了自动化、现代化水平，劳动生产率得到了大幅度提高，社会经济结构和产业结构也发生了深刻的变化。技术革命每发生一次，社会生产力就空前提高一次。

一、两种机制的具体含义

一般而言，一个国家的科技创新内在机制，从载体上看，不仅包括企业、高校、科研机构，还包括政府部门、金融机构、信息中介机构及基础设施等；从内容上看，不仅包括知识创新、技术创新，还应包括制度创新、组织管理创新和市场创新等。如上所述的载体或内容之间相互协调，密切配合，才能在整体水平上产生出新质，即产生出更多的技术创新成果，从而推动国家的技术和经济不断发展。在促进科技创新推进产业开发方面，各国政府扮演的角色又各不相同。据此，可以将科技创新的内在机制分为市场主导型和政府主导型两类。

在实行市场主导型科技创新机制的国家，私人经济技术力量十分强大，政府长期奉行经济调节政策，不主张直接干预大学和私人企业的科技活动，而强调采用财政与货币等经济手段对大学和私人企业的科技活动进行间接调控。一般来说，西方老牌的资本主义发达国家属于此类，典型的国家如美国、英国。

实行政府主导型科技创新机制的国家相对收入较低，属于新近发展起来的追赶型经济体。一方面与先进国家存在差距，本国政府与民众都有加速发展经济的压力；另一方面在其发展过程中也可以借鉴发达国家的经验，少走弯路。该类国家的政府往往以行政手段对本国企业和本国经济进行干预，控制本国大学和企业的实验室，集中力量发展某些重点行业、重点企业。该类国家和地区多是东亚新兴工业国，如韩国、新加坡、法国等。

综上，市场主导型科技创新机制与政府主导型科技创新机制的比较如表2-1所示。

表 2-1　　　　　　　　　两种科技创新机制的比较

科技创新机制类型	代表国家和地区	机制特点	备注
市场主导型	美国、英国	科技创新主要靠市场自身的力量发展，政府只采用市场手段加以调节	多为老牌的资本主义发达国家
政府主导型	韩国、新加坡、法国	政府对科技创新影响很大，常采用行政干预的手段直接参与其中	多为新兴的工业国家

但就像其他许多经济学定律一样，这一规律肯定有例外。法国是最早发展起来的发达国家之一，但由于法国人由来已久的社会主义传统，法国政府对本国的经济进行了很多直接干预，同时波及了科技领域。意大利虽然除了在法西斯时期以外属于新发展起来的国家，但其政府作用很弱，因而属于市场主导型科技创新机制的国家。

这种分类是针对一国各个行业总体而言的，在某个特定的行业也会出现不同或是相反的情况。比如在国防工业方面，美国政府的支出无论是绝对数量还是占国民生产总值的比例都远大于韩国。但综合各方面来看，美国是市场主导型科技创新机制的国家，韩国却是政府主导型科技创新机制的国家。无论是哪种类型的国家，政府在科技创新中的作用都是巨大的。从实际经验观察，政府对创新活动的影响可以说无处不在。例如，政府的宏观政策影响到国家的总体创新效率，政府的科技政策影响到技术投入与创造能力，教育政策影响到国民创新能力等。近 30 年来，政府在创新中的作用总体上呈现出加强态势。在培育以创新为内核的经济竞争力方面表现得尤为明显：经济合作与发展组织（OECD）的报告明确强调了政府为企业提供商业环境并影响其竞争力的作用；世界经济论坛和瑞士国际管理学院在其每年进行的国家竞争力评估中，都将政府作为决定一国经济竞争力的 8 个基本因素之一。很多行业的科研都是主要依靠政府出资支持的，如国防工业、核能利用、空间科技等。各国政府领导人都非常重视科学技术，如美国、日本、俄罗斯、英国、德国、韩国、波兰、澳大利亚等国都先后成立了由总统或首相任主席的国家科学技术委员会或其他科技决策机构。各国还纷纷以立法的形式颁布国家科技政策，调动国家科技资源为经济与社会发展服务。

二、两种机制的进一步比较

1. 两种机制的优劣势

市场主导型科技创新与政府主导型科技创新机制不存在谁优谁劣的问题。政府主导型的科技创新机制的优点在于在全国范围内统一，集中精力从事某些有潜力的行业；市场主导型的科技创新机制则完全依靠市场体系自己来调节科研与产业方向。但问题在于，人们很难对哪个科技领域、哪个行业未来会有多大的发展做出准确的预测，或者说政府的预测往往是比市场来得慢。政府对本国的科技研究和产业选择给予多大程度的干预更像是一种赌博。市场的缺点则在于它的波动性，而且市场本身是否成熟也对科技创新有很大影响。

如果说韩国是政府主导型科技创新机制的受益者，那么印度就是该机制的受害者。政府的干预大大促进了科学技术的发展，但当政府的决策不符合科技生产力的性质时，负面效果更加凸显。印度政府的科技战略一直在不停地变化。20世纪50年代，印度政府强调科学技术的实用功能，支持成立许多研究开发机构，并大力培养科技人才，确实取得了很大成绩。20世纪60年代，印度政府大力推行工业化战略，优先发展重工业，进行"资本品积累"而不是"进口替代"。于是，技术引进得到提倡。20世纪70年代上半期，印度政府转向"以出口促发展"的开放性经济战略，科技政策的重点又转到依靠自力更生。20世纪70年代后期，在总结以前经验的基础上，印度政府提出了发展"适用技术和中间技术"，特别是促进农村科学技术的发展。到了20世纪80年代，印度政府的态度又发生了根本的变化，反思一贯把应用研究和技术开发放在首位的战略，开始以加强基础研究为主题。

政府干预不当造成的种种扭曲现象是发展的后遗症，包括以下方面：

一是资源的浪费。例如工业化时期的重复引进和盲目引进；又如印度建成了一个庞大的智力库，但由于教育规划的失误，学非所用，用非所学。科学与农学类毕业生有2/5找不到工作，同时社会又感到招不到人才。

二是政府政策的不配套导致社会不同子系统之间出现"分裂"的现象。如科技系统与工业系统的分裂，大量应用研究甚至开发研究成果无法应用于实际。又如20世纪60年代末以来印度初步完成了"绿色革命"，20世纪70年代更是大力发展农业技术，农业现代化发展较快，但由于没有相应的制度改革如土地改革，农村地区贫困问题一直未能解决。

2. 导致各国科技创新机制不同的因素

导致各国科技创新机制不同的因素主要有以下几个方面：

一是一国创新体系本身必然的连续性。在1990年，人们仍然可以从法国、德国、日本看到许多在1890年就具有的东西，尽管这几个国家的生活水平有了巨大的提高，产业结构发生了很大变化，并且德国、日本两个国家在"二战"战败后成了非军事国。1990年的英国也还保有着100年前的很多特征。科技创新体系变化最大的是美国。在"二战"后，美国政府担负了资助大学研究和国防R&D的职责，在此之前很少有这方面的举动。这连续的根源则是一国的文化传统和民族偏好。这也解释了为什么东亚受儒家文化熏陶的各国纷纷选择了政府对社会科技创新、经济发展的大力干涉；同时解释了为什么追求自由、平等、博爱的浪漫的法国人会走接近社会主义的道路。

二是一国资源禀赋的差异。一个拥有广阔土地的国家可以发展农业，出口农产品换回其他商品，如加拿大；一个拥有丰富资源的国家则可以通过矿产贸易支撑较高的生活水平，如沙特。而对于那些资源匮乏、国土面积相对又较小的国家来说，就必须发展以出口为导向的工业和支持这种工业的科技创新体制，用工业品换回资源和农产品。这类国家和地区对科技创新极为重视，投入的精力也很大，往往要靠政府的干预，比如韩国、中国台湾地区。

3. 两种机制的国家和地区实现有效创新的共同特征

从各国经验来看，政府主导型的科技创新机制主要为一些发展中国家和新兴工业国所采用，市场主导型的科技创新机制则主要为拥有完善市场机制的发达国家所采用。还有一点值得注意的是，东亚的一些新兴工业国家和地区几乎无一例外的都是政府主导型的科技创新机制。在科学技术越来越重要的今天，要想实现工业化，离不开由政府出面组织全国资源投入科技创新。无论是政府主导型还是市场主导型科技创新机制国家，要想实现有效的创新，都有一些共同的特征。

（1）要拥有在各自行业中具有极强竞争力的企业

这一般涉及产品设计和生产的能力，但也常常涉及有效的全面管理，了解消费者需求的能力，与上下游市场的联系。在大多数情况下，培育企业能力需要大量的投资。所有这些使得企业能够掌握竞争所需的相关技术和其他实战经验，能够跟上或领先新的发展趋势。虽然企业可以从外界发展中汲取力量，但要弥补不足、实现创新，需要大量的内部努力。随着现代市场机制的不断完善，企业已成为技术创新的决策主体、投资主体、开发主体和受益主体。人们普遍认识到，技术创新活动从研究开发实践，直到实现商业化的全过程，必须紧紧依靠企业，如果离开企业这个主体，技术创新活动就成为无源之水、无本之木。一些科技创新活动十分活跃的国家，都有一些十分具有竞争优势的企业和行业，像日本、德国、韩国等国家，都从科技创新中获益匪浅。日本的科技创新特点以企业创新为主导，科研经费企业占70%以上，而企业内部科研经费使用70%用于科研与开发研究，企业成为国家创新网络中的源头。

有竞争力不一定要变得规模很大。虽然在某些领域存在规模经济，要有竞争力规模一定要大，但在另外一些领域则不同。意大利、中国台湾地区和丹麦就有许多规模较小但竞争力很强的企业，变得强大也不意味着企业需要在正规的研发上大把地花钱。在韩国和中国台湾地区,电子企业主要以"回溯工程"的方式进行科技创新,也有上佳业绩。意大利的纺织工业在时装和设计上很强,而且在这方面颇具创新能力,但这些工作很少被看作是研发。一个有竞争力的企业通常是处在激烈的竞争中的,一国国内市场的竞争越激烈,该国的企业也往往越有竞争力,从而该国在某些行业也越有优势。例如日本汽车和电子企业相互之间竞争激烈,美国制药公司之间展开竞争,意大利服装生产企业之间也是如此。但对于一些小国而言情况有所变化,小国在某些行业可能只有一个或几个公司,如瑞典的爱立信,对于这些企业而言,主要是国际竞争。

（2）要有完善的教育和培训体系

科技以知识为本,知识以人力为本,这就决定了科技创新首要的是掌握科技知识和进行知识创新的智力劳动群体的培育及其积极性的调动。创新都必须以原有的知识、理论、技能和方法的认识掌握为起点和基础,这些却直接取决于创新主体自身的素质。此外,社会创新发生的广度和创新过程的深度与这个社会整体国民素质水平的提高有关,只能依赖社会文化程度的发展和提高。所以,"创新的关键是人才,而人才的成长靠教育"。19世纪下半叶以来,推动技术获得长足发展的工作主要依靠那些接受过大学教育的工程师和应用性科学家。技术进步已经依赖于人力资本的开发与提高。大学不仅要提供产业相关知识的教育,而且还要有意识地培养学生关注产业需求。在这方面,美国、德国与英国、法国形成了鲜明的对比。在19世纪20世纪交替前后,以科学为基础的产业不断涌现,在此期间,美国和德国迅速发展,超过了英国与法国。之所以如此,一个重要的原因就是美国和德国的大学体系比英国和法国的大学体系更多地在教育上对产业需求做出了回应。

尽管高科技方面的实力依赖于拥有受过大学教育的人才,但产业界除了需要从事研发的人才之外,更多的是需要大量有文化并精通多方面技能的员工,这些人或是由企业自己（如日本）或是由与企业相联系的外部培训体系（如在德国和瑞典的一些产业）根据企业需要进行训练。为提供所需人员,各国在公共教育培训体系和私立教育两者结合的程度上存在差异,这种差异有着重要意义。韩国、中国台湾地区与巴西之间的明显差异就可以说明这一点。

韩国、中国台湾地区及亚洲其他新兴的工业国可以看作是教育引导型增长的令人瞩目的成功例子。这些国家的企业从20世纪五六十年代生产相对简单的产品到20世纪80年代快速成功地转向生产复杂的高科技产品,这种能力的取得靠的是一批年轻的劳动者,他们接受了新工作所需的学校教育。阿根廷和以色列的例子表明,以自然而然的方式接受教育的劳动者,其数量是不够的。企业所面对的各种经济因素必定迫使企业关注市场,利用现有的熟练劳动力,与对手进行有效竞争。

（3）影响一国是否具有良好科技创新能力的因素是政府的财政、货币、贸易政策

首先，国家可通过税收、信贷等经济杠杆扶持企业进行技术创新和技术开发，尤其是对于一些高技术产业和新兴产业应给予一定的经济政策倾斜，以帮助它们进行新产品的开发；其次，国家应进一步完善技术创新风险投资基金机制，通过政府资助、个人投资、银行贷款、企业投资、利用外资等各种渠道建立起多元投资主体的风险资金融资体系，以便把风险投资基金投入到那些具有很大潜能和广阔市场前景的高技术开发机构和企业。如果这些政策综合结果是使得出口对企业有吸引力，那么这个国家的企业就会想方设法地参与国际市场，从而加大研发力度。如果政策综合结果是使得出口困难，那么企业就会只限于参与国内市场，而且在遇到麻烦时还会要求保护。对大多数国家来说，如果企业不参与国际市场的竞争，就不会出现激烈的竞争。但美国是一个例外，美国市场大得足以支撑国内企业的激烈竞争，这使得企业时刻保持警惕，不断创新。

国家和企业还应建立健全技术创新激励机制，强化创新意识，鼓励创新行为，奖励创新成果。这就需要制度创新和管理创新给予支持和保障。企业作为技术创新的主体，除了在创新经费上给予大量投入外，还应该根据各种技术研发人员在社会心理上、经济上、安全上、荣誉上、权利上等各种不同的需要（据马斯洛的需要五层次说），制定相应的技术创造发明的管理制度和管理条例。首先，通过制定相应的吸引人才政策，来吸引在某一技术领域的顶尖级人才，使之为企业服务；其次，不断壮大技术研发队伍，通过再教育培训，提高技术研发人员的技术创新能力；再次，肯定和奖励技术研发人员的技术创新成果；最后，营造一种富于想象、思维活跃、张扬个性、勇于实践、不断创新的技术创新文化氛围，充分发挥每个成员的创新潜能和才智。

三、对中国的启示

虽然自20世纪90年代以来，我国科技创新速度有很大提高，但与发达国家相比仍存在很大差距。瑞士洛桑国际管理开发研究院（IMD）发表的被国际学术界公认的权威经济报告——2016年《国际竞争力报告》显示：在亚洲排名上，尽管面临诸多挑战和显著区域内差异，亚洲经济体的竞争力整体向好。新加坡、日本、中国香港排名未变，稳定在全球十强行列。中国排在第28位，与去年持平，继续领跑金砖国家，仍是全球主要新兴市场中最具竞争力的经济体。报告建议，中国要想在全球排名中继续向上攀登，需进一步向可持续发展的经济模式转型。

我国作为一个发展中国家，在市场体系还不完善的情况下要想加快科技创新，需要汲取各国成功的经验和失败的教训，根据自己的国情，走出一条最适合中国特色的道路。以下几点是值得我们考虑的。

1. 深化科技体制改革并转变政府职能

在改革开放以前，科技体制是由国家集中统一管理的，研发活动主要是由国家、地方、部门所属的研究机构来进行的，企业除了与生产技术直接相关的技术问题外，基本没有真正意义上的研发活动，现在这种状况也并没有得到完全扭转。因此，必须改革科技体制，促进科技与经济的紧密结合。科技体制改革的重点在于建立一支精干的基础性研究、高技术研究、重大科技攻关和重点社会公益性研究的科技队伍，为此，必须相应地推进科技人事制度的改革，引入竞争机制，切实做好转岗分流工作，优化科技队伍，推动科技人才的合理有序流动。对于一些与经济建设密切相关的研究和技术服务机构，可以将其引入市场，促进其向科技型企业转化，同时鼓励并支持其研发活动，促使其成为技术创新的主体。

同时政府也必须转变角色，进一步推进政府机构改革，提高政府效率，精简机构，建立精干高效的政府组织，从过去曾充当的国企"监护人"身份，转变为市场的"仲裁者"和企业发展的"引路人"。政府应当为公平竞争制定法律、法规，维护市场秩序，并为企业发展和技术创新提供信息服务和各种指导，进行宏观调控，真正做到有所为，有所不为。完善科技创新的外部环境，鼓励企业加强相互间的技术联合，并积极参与国际技术交流与合作。首先，政府必须完善科技与技术创新立法，重视知识产权保护；其次，政府应通过立法打破垄断，创造良好的竞争氛围，给企业以创新的动力和压力，并为企业提供技术培训，为它们培养高级科技人才，增强企业的技术创新能力；再次，政府必须加强对知识经济背景下科技发展趋势与对策的战略性研究，为企业的科技创新提供方向性的指导；最后，政府要大力推进社会组织体系的创新，完善高新技术工业园区功能，为高新技术企业营造"硅谷土壤"，大力培育高新技术企业和企业家，使之成为高新技术产业和资本市场对接的载体。另外，政府还必须鼓励企业间的技术合作，加强科研项目的联合研究，并鼓励企业加强国际技术往来，学习国外的先进技术和管理经验，增强企业的自我创新能力。

2. 努力培养企业成为科技创新的主体

我国现行的科技研究与开发体制是在中央集权制体制背景下建立起来的，基本特点表现为以政府为主导，科技创新的源头主要在企业外部，政府集中了主要的科技资源，50%～70%的科研经费由政府提供，企业经费比重仅为30%左右；科技人员40%集中在政府所属的科研机构和高等院校，企业研究与开发人员不到人员总数的20%。这种科技研究与开发体制对市场变化反应的灵敏度和适应性较差，特别是企业进入国际市场，不断推出新产品的能力不足。

因此，我国必须继续深化国有企业改革，建立和完善现代企业制度，转变国有企业内部经营机制，摆脱对政府的行政依附，平等参与市场竞争使其成为技术创新的投资主体、利益主体、风险主体、研究开发主体和决策主体，形成一批自主技术创新能力强的大企业。我国要充实国有企业的科技开发力量。大中型国有企业应每年按销售额的一定比例拨出款项进行技术创新；目前尚无条件组建科研机构的中小企业，可与高校和科研单位加强联系，通过合作共建等形式提高企业的科技力量。

我国应培育和扶持中小企业的技术创新活动。根据国外经验，尤其一些发达国家如日本、德国的中小企业在科技创新中起着很大的作用。我国改革开放以来，中小企业已占相当比例，据统计，全国工商注册登记的中小企业已超过1 000万家，占全部注册企业总数的90%，中小企业工业总产值和实现利税分别占全国的60%和40%。发挥中小企业的技术创新活动对于促进技术进步、增强经济活力具有重要作用。与大企业比较，中小企业在科技创新方面具有机制灵活、决策程序简单、形成决策快、技术开发力量集中、战线短的优势。

因此，我国政府应该在资金、人才、税收等方面扶持中小型高科技企业的发展，保证其创新活动的顺利进行与企业的良性发展：建立中小企业科技创新基金，允许中小企业试点发行可转化公司债券；加强企业与企业、企业与科研机构及高校之间的联系与合作；此外，各级政府、金融部门和教育单位可以联合在全国各地组成中小企业孵化系统，以促进中小型科技企业的发展。

3. 加大对科技研发的资金投入

2015年，我国全国研究与试验发展（R&D）经费支出14 169.9亿元，比上年增加1 154.3亿元，增长8.9%；研究与试验发展（R&D）经费投入强度（与国内生产总值之比）为2.07%，比上年提高0.05个百分点。按研究与试验发展（R&D）人员（全时工作量）计算的人均经费支出为37.7万元，比上年增加2.6万元。

从活动类型看，全国基础研究经费支出716.1亿元，比上年增长16.7%；应用研究经费支出1 528.7亿元，增长9.3%；试验发展经费支出11 925.1亿元，增长8.4%。基础研究、应用研究和试验发展经费支出所占比重分别为5.1%、10.8%和84.1%。

从活动主体看，各类企业经费支出10 881.3亿元，比上年增长8.2%；政府属研究机构经费支出2 136.5亿元，增长10.9%；高等学校经费支出998.6亿元，增长11.2%。企业、政府属研究机构、高等学校经费支出所占比重分别为76.8%、15.1%和7.0%。

从产业部门看，研究与试验发展（R&D）经费支出超过500亿元的行业大类有7个，这7个行业的经费支出占全部规模以上工业企业研究与试验发展（R&D）经费支出的比重为60.8%；研究与试验发展（R&D）经费支出在100亿元以上且投入强度（与主营业务收入之比）超过规模以上工业企业平均水平的行业大类有9个。

从地区看，研究与试验发展（R&D）经费支出超过千亿元的省（市）有5个，分别为江苏（占12.7%）、广东（占12.7%）、山东（占10.1%）、北京（占9.8%）和浙江（占7.1%）。研究与试验发展（R&D）经费投入强度（与地区生产总值之比）超过全国平均水平的省（市）有8个，分别为北京、上海、天津、江苏、广东、浙江、山东和陕西。

因此，我国必须加大科技投入力度，尤其要加强对基础研究和国家重点项目的研究，并以对科技发展最具根本性影响，同时也是外部效应最强的基础性研究作为政府直接投入的主要对象。我国仍需进一步深化财税体制改革，理顺税费关系，清理各项乱收费，尽快建立起以税收为主体的规范化的政府收入分配制度；改革"撒胡椒面"的平均主义投资布局，采取有范围、有重点、有选择地进行拨款。为此，国家财政科技投入应逐步退出那些应用性和竞争性较强的技术创新领域，并向能为技术创新提供"公共物品"和提高国家整体竞争力以及保证国家安全的创新领域集中。另外，改革财政对科技的投入方式，应由对科研机构、科技人员的一般支持，改变为以项目为主的重点支持。资金的来源也应多元化，积极发展社会各界筹集资金，如成立基金会等社务团体，加大科技研发投入。

4. 改革金融体制

我国应该加强金融体制改革，为技术创新提供资金保障。首先，国家可通过税收、信贷等经济杠杆扶持企业进行技术创新和技术开发，尤其是对于一些高技术产业和新兴产业应给予一定的经济政策倾斜，以帮助它们进行新产品的开发。在过去计划经济体制下，国有企业没有科技创新的动力，只是盲目地在国家计划的指导下生产。从改革开放到现在，由于中国劳动力价格低，中国公司依靠的是成本的低廉来参与国际竞争。这在现在还是很有效的，但也存在着被其他国家告成倾销的问题。而且在将来，等到中国经济进一步发展，劳动力成本上去之后，中国的企业要再想跟其他国家企业竞争，就只有依靠强大的科技创新能力，推出高科技的产品。所以，我国在当前很有必要推动金融体制改革，为企业创新提供良好的环境。

其次，国家应进一步完善技术创新风险投资基金机制，通过政府资助、个人投资、银行贷款、企业投资、利用外资等各种渠道建立起多元投资主体的风险资金融资体系，以便把风险投资基金投入到那些具有很大潜能和广阔市场前景的高技术开发机构和企业。同时国家还应提供相应的法律支持，对资金进行担保；建立风险投资咨询与管理公司，为国内外投资者评估和推荐风险投资项目，并受投资者的委托对项目进行管理；考虑推行市场化利率，使民营科技企业与国有企业在市场上平等地进行融资。市场化利率一方面使有效益的民营企业获得了利率歧视下无法获得的发展资金；另一方面促使国有企业和民营科技企业提高资金使用效率，使资金得到有效的配置。另外，我国深圳针对高科技中小企业的二板市场的开通，使得一些很好的项目和中小企业可以融到资金，也是对科技创新的很好促进。

5. 发展教育，培养人才

科技人才是科技创新的根本。为此，我国在教育改革中，要扎实地推进素质教育，建构有利于高素质创新人才培养的新型教育模式；要转变校长、教师乃至全社会的观念，变单纯传授知识为知能并重，注重能力培养，以创新人才为培养目标和价值取向；要实行教学民主，建构新型的师生关系；要增强学生的问题意识，引导学生善于思考，勇于质疑，敢于挑战权威；要改革评价机制，把能力和综合素质纳入评价指标体系并予以倾斜；要改革教材，使之具有启发性、探索性；要坚持探索性教学原则，优化认知过程，培养学生的探索精神；要以发散思维的培养为切入点，求得聚合思维和发散思维的协调发展，培养学生的创新思维能力等，从而使我国的科技队伍后继有人，不断壮大，并在创新精神方面具有广泛的群众基础。

人才培养以教育为本，实施多能级培养方案，即高级科研人员、工程技术人员、生产操作管理人员多层次、多能级培养。高能级人才以硕士生、博士生教育为主，重点培养从事基础研究和开发研究的高能级人才；中级人才以大学本科生教育为主，重点培养工程技术人员；初级人才以大专及专业技术教育为主，重点培养从事企业实际工作的人才。在人才使用和管理过程中，应建立相应的政策体系，约定不同教育层次人员的就业领域和薪酬标准，保证人才使用效率。

6. 发展"官产学"联合机制，促进科技的发展

所谓的"官产学"联合机制是指政府以一定的组织形式介入，产学联合促进科技成果转化为生产力的机制。

在目前我国企业创新能力相对弱小的情况下，采用合作/联盟的模式开展技术创新，促进企业之间以及企业与科研院所高校之间的长期合作有着十分重要的意义。高等院校和科研院所的科研力量较雄厚，主要进行基础性研究工作，特点是掌握大量的行业技术信息，研究课题较前沿，不足之处是课题研究没有面向市场。对于大多数企业而言，情况恰恰相反，企业的研究工作一般是面对市场进行，但技术力量不足。因此，高等院校和科研院所与企业通过联合攻关，可以改善我国创新资源不对称分布的局面，提升企业的技术创新能力，同时也促进高校和科研院所打破封闭性和孤立性，达到优势互补的效果。自21世纪以来，由于企业与高校和科研院所合作的巨大潜力和经济效益较明显，企业的技术开发活动更多地采用联盟或外包而不完全是自己做的方式实现，使得通过"产学研"合作或联盟实现技术创新的趋势更为明显。不少企业，特别是大型企业和高新技术产业，纷纷与重点高校和科研院所合作，共建研究基地，在技术产品开发、市场研究、管理咨询服务以及人才培训上

进行长期的全面合作。国家也通过各种政策和措施，促进和鼓励大多数国有大型企业与高等院校、科研院所建立开放的、稳定的合作关系，通过成果转让、委托开发、联合开发、共建技术开发机构和科技型企业实体等，开展多种形式的联合，逐步形成以企业为主体、政府倡导和推动，高等院校和科研院所积极参与的"官产学研"联合体，促进高新技术产业化，以便用高新技术改造传统产业。

第三章 从科技投入到产业转型

第一节 科技投入与经济发展阶段关系研究

科技进步对经济发展的促进作用毋庸置疑，邓小平同志关于"科学技术是第一生产力"的论断是建设有中国特色社会主义理论的重要组成部分。科学技术飞速发展并向现代生产力迅速转化，日益成为现代生产力中最活跃的因素和最主要的推动力量。科技进步对一个国家经济社会的发展具有决定性的作用。作为科技进步必要条件的科技投入与经济发展之间存在怎样的关系，一直是学者们重点关注的问题。一种观点认为，中国产业创新能力低的原因是相比发达国家科技投入仍然偏低。而相反的观点则认为，中国的科技投入水平，已经达到较高的水平，如果产业创新能力低，应该是资源配置的低效率，而不是投入水平低造成的。还有一个重要的问题是要在这一基础上建设创新型国家，中国是否需要再增加科技投入，或者说，达到什么程度，才能确保中国成为创新型国家。科技投入水平与经济发展阶段应该是什么样的关系，即脱离经济发展阶段的高投入是否会带来低效率。

1. 波特的经济发展阶段论

迈克尔·波特以钻石理论为研究工具、以竞争优势考察经济表现，并从竞争现象中分析经济的发展过程，从而提出国家经济发展的四个阶段，它们分别是生产要素驱动阶段、投资驱动阶段、创新驱动阶段和财富驱动阶段。前三个阶段是国家竞争优势的主要来源，一般伴随着经济上的进步，而第四个阶段则面临一个转折点，经济可能由此开始衰退。

（1）生产要素驱动阶段：这是经济发展的最初阶段，几乎所有的成功产业都是依赖基本的生产要素，这些生产要素可能是廉价的劳动力，也可能是某些丰富的自然资源，如煤炭、石油等。在这个阶段的钻石体系中，只有生产要素具有优势。

生产要素驱动阶段具有如下特征：

1）在此阶段的本地企业，能够提供的差异化产品不多，所用的技术是应用广泛、容易获得的一般技术。企业本身能应用的技术主要是来自模仿，或是由外资引进，而产业的优势主要来自于生产要素的低成本或地理位置的优势。

2）产品主要是满足消费者较低层次的消费需求，此阶段是以食品为特征的满足温饱阶段。

3）相关产业和上游产业缺乏国际竞争力，产业的向前关联、向后关联和旁侧效应不能体现出来，产业之间缺乏交流，交互作用不明显。

4）企业很少能与产品的最终顾客直接接触，海外市场的贸易机会也掌握在外国代理商手中。因而，造成企业不具有国际竞争优势，缺乏创新能力，几乎没有能力参与国际竞争。

（2）投资驱动阶段：在投资驱动阶段，国家竞争优势源自政府和企业积极投资的意愿和能力。生产要素、企业战略、企业结构和竞争环境等因素又较生产要素驱动阶段有了明显的改善。

1）竞争优势很大一部分来自生产要素的改善，如技术工人和专业人才的增加、企业开始建立国际营销渠道、教育和研究机构等生产要素创造机制的顺畅运行。

2）这个阶段所产生的竞争优势主要来自供给而非需求，能够在投资导向阶段脱颖而出的国家，大多数是国内市场需求较高的国家。

3）和生产要素驱动阶段相比，处在此阶段的国家，已经能在更广泛的产业和产业环节中竞争，而且有些产业已有较高的进入壁垒。在此阶段，相关产业和支持性产业通常还未得到发展。

4）竞争优势还来自于从企业战略、企业架构到竞争环境的一系列改善。

（3）创新驱动阶段：创新驱动阶段的特征主要包括以下几点。

1）依赖生产要素而形成竞争优势的情形越来越少。企业除了改善国外技术和生产方式外，本身也有创造力的表现。许多产业因为接连出现新厂商而加速改善和创新的步伐，重要的产业集群开始出现世界级的支持性产业。大环境中，更高级的基础建设、研究机构与更高水平的大学体系也在形成中。

2）从以食品消费为特征的满足温饱阶段发展到食品和其他物质消费并重的小康阶段。

3）下游产业的产品竞争力会带动上游产业；同样的经济行为也可能是由上游产业延伸到下游产业，竞争优势在产业间扩散。这时，国家生产力的提高并非依赖极少数产业的出口表现，而是由各种类型的市场表现撑起的。

4）企业会转战国际市场的差异化环节。企业的竞争虽然离不开成本，但更强调先进技术的表现，竞争的焦点放在技术与产品差异上。受制造业发展的刺激，国内的精致化服务业也趋于国际化。政府最重要的影响力之一在于创造高级的生产要素，提升需求质量，如设定较高的产品质量标准、提高健康保险和环境保护等领域的水平。

（4）财富驱动阶段：财富驱动阶段的驱动力量源于所积累的财富。该阶段面临一个转折点，经济可能由进步而走向衰退。这个阶段的主要特征是：

1）过去成功积累的资金使国内资本市场结构出现改变，投资人的目标从积累资本变成保留资金。

2）人们对其他领域工作的兴趣远大于产业界。

3）经济活力开始下降，企业逐渐丧失其国际竞争优势、并购较多出现、生产规模开始缩小。

2.《全球竞争力报告》中关于经济发展阶段的划分

正像前文中提到过的，自1979年以来，总部设在瑞士日内瓦的世界经济论坛每年发布一份《全球竞争力报告》(Global Competitiveness Report)。该报告将经济发展阶段分为要素驱动（factor driven）、效率驱动（efficiency driven）、创新驱动（innovation driven）三个阶段。

要素驱动阶段是经济发展的第一个阶段，在这个阶段国家依靠它们具有的生产要素（主要是技术不熟练的工人和自然资源）进行竞争。企业主要出售基本的产品和商品，依靠价格进行竞争，由于生产力低下获得的回报也很低。在要素驱动阶段保持竞争优势主要依靠运转良好的制度，发达的基础设施，稳定的宏观经济环境，健康的、接受过基础教育的劳动力。

随着国家的发展进步，生产力将会提高，获得的回报增加，国家竞争力也会不断增强，国家的经济发展将脱离要素驱动阶段，进入效率驱动阶段。在这一阶段，国家必须开始发展更高效的生产流程并提高产品的质量。这时，竞争力的提升主要依靠：高等教育和培训、高效的商品市场、运转良好的劳动力市场、发达的金融市场、从现有技术中获利的能力、一个巨大的国内或国外市场。

最终国家经济发展会进入创新驱动的阶段，在这一阶段，只有能够生产新的、独特的产品的业务才能够继续生存。国家竞争力的主要来源为不断研发新的产品，利用复杂的生产流程制造新的、独特的产品。以上国家竞争力在不同经济发展阶段的决定因素。

《全球竞争力报告》在对主要国家经济发展阶段分类时，要使用两个指标：一个是市场汇率下的人均GDP水平，这个指标被认为是工资的代理变量，因为没有国际可比的工资数据（各阶段人均GDP的阈值如表3-1所示）；另一个指标是计算矿产商品出口额占总出口额的比例，如果这个比例超过70%则认为这个国家的经济处于要素驱动的阶段。

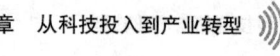

表 3-1　　　　　　　　　　　　　人均 GDP 的阈值

项目	经济发展阶段				
	阶段一 （要素驱动）	阶段一到 阶段二的 过渡时期	阶段二 （效率驱动）	阶段二到 阶段三的 过渡时期	阶段三 （创新驱动）
人均 GDP 的 阈值/美元	小于 2 000	2 000-2 999	3 000-8 999	9 000-17 000	大于 17 000

无论是波特的经济发展阶段论还是《全球竞争力报告》中关于经济发展阶段的划分方式都十分重视技术进步对经济增长的作用，认为不同的经济发展阶段对技术进步的需求是不同的，科技资源的投入强度需要跟经济发展阶段的需求相匹配才能发挥最大的作用。例如，波特认为在要素驱动阶段本地企业所用的技术是广泛流传、容易取得的一般技术，对技术的需求处于较低的层次，而且企业本身缺乏创新能力。这时过高的科技资源的投入并不能带来有益的技术进步，而只会过多地占用本应用作扩大再生产的资源影响经济的进一步发展。而在创新驱动阶段，企业会转战国际市场的差异化环节，它们的竞争虽然离不开成本，但更强调先进与高级的技术表现，竞争的焦点放在技术与产品差异上。在创新驱动阶段技术创新成为竞争优势主要来源，相应的充分科技资源的投入成为保持竞争优势的必要条件。

3.将技术进步视为外生作用的新古典经济增长理论

20世纪五六十年代，以 Solow（1956）和 Swan（1956）为代表的新古典增长理论开始重新思考经济长期增长的可能性，该理论是以柯布·道格拉斯生产函数为基本模型建立起来的。基于要素收益递减的假设，该理论认为如果没有某种外生因素的引入，以新古典生产函数为基础的新古典增长模型最终将无法避免零增长的稳定均衡状态。Solow（1957）提出中性技术进步假设条件下的余值法，即著名的"索罗剩余"（Solow residual），并根据其计算技术进步对经济增长的贡献率。但该模型只说明人均资本积累的动态变动过程，而无法解释引起长期经济增长的技术进步机制，因此该模型无法解释经济长期增长的真正原因。

4.将技术进步视为内生作用的新经济增长理论

以 Lucas、Romer 为代表的新经济增长理论则将技术进步内生化，认为在技术进步条件下资本边际效益递减规律可以避免，经济增长的持续性也可以保持。Becker 和 Murphy 比较 OECD 国家科技投入资金占国内生产总值的份额，认为科技投入与经济增长之间存在密切关系。Guellec 和 de la Potterie 对不同类型的 R&D 投入对生产率增长的长期影响进行比较。这些研究都证实了科技投入对经济发展的促进作用。但也有学者认为，经济的发展也会反过来影响科技的进步，经济越发达的国家，科技投入越会增加。

第二节　基础研究与产业创新的关系

如果说中国的研究开发投入的强度仍有待提高，那么原因可能以下两点：一是中国企业的科技投入方式有偏差；二是中国的科学发现与投入不能有效支持产业的创新。

根据Calvert区分基础研究、应用研究及试验发展的三个标准，本研究认为目前中国的基础研究（科学）主要受三种力量驱动：① 科学家好奇心驱动（curiosity driven），这是科学家为满足自己的研究兴趣而去获取新知识的研究，注重科学研究的自主性、探索性和超前性，是一种"天马行空"的研究，即所谓的纯科学，允许形成有争议的结论和成果，主要由国家自然科学基金支持；② 政府计划驱动（government programd driven），这是国家为适应战略发展需要，通过科技计划的方式开展的基础研究，这类计划关注国家层面的宏观需求，以满足国家需求为目的，是一种自上而下的推动模式，如"973计划"、国家科技重大专项；③ 产业需求驱动（industry demand driven）或任务定向（mission oriented）基础研究，这是根据产业发展和市场需求进行的技术研发，目的在于解决产业发展的关键问题，目前在我国主要是由产业自发投资，国家自然科学基金尽管也资助部分应用基础研究，但多数致力于解决普遍性的产业共性技术难题，并非从产业创新的特定需求出发。

一、基础研究的概念与内涵

R&D活动一般包括基础研究、应用研究和试验发展三个部分。从逻辑关系上看，基础研究不仅是研究与开发的基础和源泉，而且也是整个科技活动的基础和源泉。从20世纪40年代开始，对基础研究内涵的探讨成为科技政策领域的重要话题，从早期的单维论、绝对化的机械认识，到二维、相对化的系统认识，出现了"无约束研究""好奇心导向研究""纯基础研究""计划性研究""任务导向性研究"和"战略研究"等众多概念。

一般认为，基础研究（或根本性研究）是一种无国家边界、由好奇心驱动和不受资助资金与应用前景等现实状况所干扰的科学研究领域，没有可预见的产品、工艺用途或效用，旨在探索新的科学原理，了解某种现象和试验的潜在基础

(Dearborne，1953；Calvert，2007）。基础研究的本质是拓宽人们对某一科学领域的现象的认识，应用研究则直接面向个人、团体或社会的需求，其最宝贵的特征是减少实际操作中的经验主义成分。美国国家科学基金会（NSF U.S National Science Foundation）认为，基础研究是一种对科学知识进展的原始性探索，是一种不带任何直接商业目标的寻找新知识的研究，而应用研究是为了特定应用获得新知识的研究。与基础研究具有低程度的独占性而且旨在长期回报（熊彼特效应）不同，应用研究旨在将产业共性技术知识进行特定的市场应用，专用性强且能产生短期回报（达尔文效应）。

Bush（1945）在《科学：无止境的前沿》中首次对基础研究进行界定，认为基础研究是一种不考虑应用目标的科学活动，产生的是一般化的知识和对自然及其规律的理解，而应用研究是有目的地为解决某个实用问题提供方法的活动，基础研究和应用研究位于"一个杠杆的两端"，应该分别独立地由不同机构来承担。Bush进而提出著名的"科技发展线性模式"，即始于基础研究、终于创新成果的序列模式，认为从技术进步角度来看，基础研究先行于应用研究，并通过进一步的发展研究最终转化为技术发明，因而基础研究是技术进步的内在动力。

Bush的观点对基础研究政策产生了重大影响，直接促成了美国国家科学基金会（NSF）的成立。"科技发展线性模式"随后被NSF以政策性文件的形式加以推广，在冷战前后，对美国政府制定科技政策产生了巨大的影响，并逐渐为世界各国所采纳。但是，Bush模式也由于无法合理解释很多新的实践问题而备受质疑。一些学者认为该模式在理论上对基础研究与技术发明之间的联系做了简单化的处理，暗示着以"求知"为目的的基础研究先行地决定了应用研究和技术的发展，而后者对于前者的反馈作用被忽略了；还有学者认为在基础研究与应用研究在实践中无法被绝对地区分开，科技史上有许多贴有基础研究标签的项目具有明显的实用性，而一些被认为是应用研究的项目中也含有基础研究的成分。

美国学者Nelson在思考产业驱动型基础研究的过程中，提供了影响深远的见解，这体现在他早期关于基础研究的经济学分析、"企业研发组织耶鲁调查"、美国大学在经济发展中的地位的研究以及近些年与Mowery等开展的美国研究型大学技术许可发展等研究中。Nelson提醒人们，从经济学的角度分析基础研究的合理性是很必要的，可以从以下几个问题着手：为什么要对基础研究进行投入；应该对基础研究投入多少；为什么应该投入这么多；在什么情况下投入规律会发生变化；基础研究能力是否能用数字来解释，等等。

OECD对基础研究的界定常被学者和政策制定者所引用。OECD在1963年编写的用于规范科技活动测量的《弗拉斯卡蒂手册》及其修订版中，基本上都将基础研究定义为实验性或理论性的工作，目的是为了获取关于现象和可供观察事实的根本性基础新知识（揭示客观事物的本质、运动规律，获得新发展、新学说），不以任何特定的应用或使用为目的。将应用研究定义为：为了获取新知识而进行的创造性研究，但它主要针对某一特定的实际目的或目标。很显然，这种界定与 Bush 类似，仍然是主要强调基础研究的"科学性质"，即旨在探索客观事物的本质，揭示自然界中物质运动的规律，或者提出和验证各种设想、理论或定律，成果常表现为一般的原则、理论或规律，并以论文的形式在科学期刊上发表或学术会议上交流，一般由科学家及其团体来承担。当然，OECD 也意识到其关于基础研究的定义并不完美，承认"（关于研究性质的划分）暗含着现实世界中很少存在的（基础研究和应用研究的）序列和分离"。一些学者尝试对基础研究引入更准确的定义。例如，Stokes 提出基础研究应分为"纯基础研究"和"面向应用的基础研究"。而一些新的词汇如"转化型研究""基础性技术"则试图弥合基础研究和应用研究的鸿沟。实际上，基础研究的概念本来就较为模糊（表 3-2）。

表 3-2　　　　　　　　　　基础研究概念的多角度分析

项目	基础研究的主要内涵	反对声音和矛盾性
认识论定义	不可预测性或新颖性：发现一个新的概念或扩展现有认识的边界	持"普适性"观念的研究人员
	普适性：研究成果可以推广到一系列广泛领域	特定基因功能研究分子生物学家
	构建理论框架：阐述普遍性原则	实验物理学家
	还原论：按照最基础的实体对现象进行理解和解释，如按分子水平研究生命行为	
目的和意图	基础研究是由好奇心驱使而进行的研究	同样的研究成果如果用于不同的目的，将可能有不同的划分方式
与应用的距离	研究工作没有应用目的	无用论，但实践上有用；没有应用目的的研究并不都是基础研究
成果公开范式	研究成果的公开性，包括出版物、报告	受到地理位置和公开范围的制约，私人公司没有公开发布研究成果的基础研究被排除在外

Calvert 和 Martin 曾就基础研究的概念界定对英国和美国的 49 位科学家和政策制定者进行了访谈，结果显示被调查者对基础研究概念的各自理解存在着较大重叠，无法概括出能够精确表达基础研究内涵的特征。Calvert 和 Martin 还认为，正是因为基础研究的内涵界定存在这样的模糊性和复杂性，才使得实践中科学家（如巴斯德）能够把自己从固定的制度模式中解放出来，根据实际情况进行研究。Salter 和 Martin 也认为对基础研究过度精确的定义会限制研究的范围，限制研究和创新直接关联的多样性和异质性，更为适当的做法是将不同种类的研究和开发行为看作连续的、具有交叉性的活动，而不存在本质的差别。

事实上，基础研究和应用研究在现实中是难以区分的，从研究成果公开的范式来判断研究性质也有很大局限。两者之间的界限常常很模糊，如晶体管研究项目获得的成果既包括基础物理知识上的进步，也包括实际设备的发明和改进。由于公开范围和地理位置的影响因素，许多研究成果从其公开程度来看其实介于基础性和应用性之间。Salter 和 Martin 将基础研究视为包括为了获得新知识的"好奇心驱动"的基础研究和具有某些实际的应用背景，但不明确针对具体过程和具体产品形式的战略性研究，他们对基础研究的界定比较适于解释为什么有些企业从事基础研究而不是转而从外部获取知识。

如何更全面地理解基础研究呢？本研究认为：第一，研究目的和意图是个重要角度。例如，如果研究目的是产生可以进行应用的发现，无论这项研究的基础性的深度（如不可预测性和普适性）如何，同样可以将这项研究定义为应用研究。另外，研究意图也很重要，一项研究对于研究人员而言可能是基础研究，但对于其资助者则可能是应用研究。因此在研究意图概念框架下，面临的问题是需要确定到底是谁的"研究意图"。第二，从与应用举例进行划分是否为基础研究，逻辑上通常导致研究人员宣称的其研究工作没有研究目的，属于"基础研究"，但在需要公共资金资助其进行研究的时候，研究人员又提出其研究具有潜在的应用价值，从而导致同一"基础研究"概念在同一研究人员使用中的异质性。同时，一些没有直接、明显应用目的的研究并不一定证明这项研究具有"基础研究"的性质（科学技术部社会发展科技司，2009）。

OECD 对基础研究的分类对许多国家的政策制定具有深远影响。OECD 在《弗拉斯卡蒂手册》中将基础研究划分为纯基础研究和定向基础研究，后者明显朝着资助方的兴趣方向发展。不过，定向基础研究（oriented research）在 1980 年的修订版中被战略研究（strategic research）所取代。在 2002 年第六版的《弗拉斯卡蒂手册》中，OECD 将基础研究划分为：① 纯基础研究（pure basic research），指为了推进知识的发展，不考虑长期的经济利益或社会效益，也不致力于将其成果应用于实际问题或把成果转移到负责应用的部门的研究；② 定向基础研究，指目的在于创造广泛的知识基础，以解决已知的或预料的当前、未来或可能发生的问题的研究。定向基础研究是 OECD 的一个概念扩展，因为它的发现广泛存在着这样一类基础研究，本身并无"特殊的"用途，但却定向于或针对人们普遍感兴趣领域并以将来的广泛应用为目标。例如，为了给下一代技术做准备，私营企业也可能承担基础研究（比如燃料电池技术的研究）。当然，出于潜在商业应用的考虑，公司进行的基础研究一般都定向于对公司有利的某个领域。OECD 科技政策委员会在 2003 年的研究报告 Governance of Public Research 中则将基础研究分为由心中无特别用途的纯好奇心驱使（curiosity oriented）的基础研究（纯学术研究），主要是科学家为满足研究兴趣而去获取新知识（即古希腊式"为科学而科学"模式）；以及应用导向的基础研究（application oriented），即商业用途激发（尽管准确的产品或工艺用途还不得而知）的基础研究。这种分类方法的优点是把战略性应用导向下的"求知"科学活动纳入了基础研究的范畴，是基础研究内涵演变的反映，但在实际操作中，这种划分由于得不到数据统计上的支撑，因此并未得到应用。

一些学者提出有新意的分类方法。例如，Conant 反对将"应用研究"和"基础研究"分离的传统定义，将基础研究界定为在科学领域中寻求拓展知识的一切类型的研究，提出"无约束的研究"（uncommitted research）和"计划性研究"（programmatic research）。Waterman 认为 Conant 的"计划性研究"实际上是"任务导向的研究"（mission oriented research），这种研究旨在解决一些实际问题，但不同于应用研究之处在于研究者不受具体实用目标的约束，仍能按自己设计的方案进行研究。但也不同于"自由的"基础研究，因为资助机构对研究成果拥有使用权和支配权。Irvine 等提出"好奇心导向"（curiosity oriented）研究和"战略性"（strategic）研究两类基础研究，后者既可以由基础科学研究者承担也可以由应用科学研究者承担，关键在于研究结果应具有潜在应用性和长期性。Calvert 提出区分基础研究与其他类型研究的三个标准：推动研究的目的、研究人员的自主性和研究本身的认识论特征。从这三个标准出发，基础研究大致有三种定义方式：一是无明确应用目的的研究或好奇心驱动的研究；二是研究人员自主决定研究目标和方向的研究；三是探索新原理、新规律、新方法的研究，或者研究结果具有不可预测性的研究。

美国前总统科技政策顾问 Stokes 对基础研究的卓见具有重要的影响。Stokes 在 1997 年出版的《巴斯德象限：基础研究与技术创新》一书中提出有别于 Bush 的观点。Stokes 以大量的历史资料和现实数据证明，基础研究和应用研究分离的观点并不符合科学发展的历史，许多重要研究表明，研究过程中不断进行的选择活动往往同时受两个目标的影响。例如，19 世纪由巴斯德开创的微生物学的发展，以及英国的热物理学、德国的有机化学。他综合驱动基础研究的求知导向和应用导向两个维度，提出科学研究的二维象限模式，将基础研究细分为目前常见的三种类型：纯基础研究、纯应用研究、应用激发的基础研究。Stokes 由此得出一个新颖的结论：科技政策最应该关注的是巴斯德象限，即由应用引起的基础研究，而不是传统意义上的波尔象限，也不应该是爱迪生象限。Stokes 提出的应用激发型基础研究的（use inspired）（巴斯德象限）不同于 OECD 的"定向基础研究"和中国政府提出的"战略型基础研究"，并不应将求知定为唯一目的，面向应用的知识探索应是其核心。这种基础研究无法来自科学家的自由探索，似乎也难以来自政府的计划，而工业界或志在促进知识的商业化应用的人，最有可能成为主要推动力。

中国对基础研究的分类大致沿袭了 OECD 的做法，这体现在政府支持基础研究的相关政策和文件中。例如，科学技术部、教育部、中国科学院、工程院和国家自然科学基金委员会在 2001 年联合发布的政策性文件《关于加强基础研究工作的若干意见》中，将基础研究划分为三个层面：① 以认识自然现象、揭示客观规律为主要目的的探索性研究工作（即纯基础研究或自由探索型基础研究）；② 以解决国民经济和社会发展以及科学自身发展提出的重大科学问题为目的的定向性研究工作（即战略型基础研究）；③ 对基本科学数据、资料和信息系统地进行考察、采集、鉴定，并进行评估和综合分析，以探索基本规律的基础性工作（即支撑型基础研究）。科学技术部在 2003 年颁布的《科学技术评估办法》中，明确地将基础研究项目分为自由探索性项目和战略性项目两类，前者意味着该类基础研究无须受资助人约束，以认识现象和知识积累为研究目的；后者则意味着该类基础研究必须与资助人目标（国家发展战略）一致。《国家中长期科学和技术发展规划纲要（2006-2020 年）》则强调发展基础研究要坚持服务国家目标与鼓励自由探索相结合。

二、基础研究对产业创新及经济发展的影响及路径

基础研究与经济发展的关系受到创新经济学、产业经济学、科技政策学等领域的长期关注，越来越多的学者赞同基础研究对经济发展具有显著贡献，这种贡献可能是直接的或是间接的。

最早关注基础研究的经济效应的，是研究经济增长理论的一批经济学家。除了 Solow 首先将科学和技术发展作为"索罗余值"引入生产函数外（在 Solow 模型中，技术进步是除劳动和资本以外，对经济增长产生重要影响的外生变量之一），Arrow、Uzawa、Griliches、Romer、Grossman 和 Helpman 等经济学家都赞成经济增长的核心动力来自于技术进步和人力资本积累，将技术进步的"外生变量"内生化。这些早期的宏观经济研究（如 Griliches 提出的知识生产函数）大多关注公共研究投资的回

报率，勾勒出基础研究与经济增长之间的函数关系，并得出大体正相关的实证结论。

20世纪80年代以来，针对基础研究在多大程度上推动产业技术创新，以及经济收益在多大程度上反映在基础研究方面，涌现出大量的研究成果。Adams认为学术研究能够显著提升制造企业生产率，但至少存在30年的滞后期。Marchi和Rocchi指出基础研究是意大利制造业崛起的重要因素。Pavitt认为在现实中，基础研究对产业发展的贡献路径为直接或间接、隐性或显性的复杂路径，而且这种贡献在不同的产业和不同的时期也是不同的。Salter和Martin归纳出公共研发对经济增长的六个贡献：增加有用的知识存量、训练出有技能的学生、创造新的科学规则和方法、形成网络并推动社会互动、提高科学和技术问题的解题能力、创造新企业，并且认为不管是直接的还是间接的路径，基础研究对经济发展的贡献都十分显著。综上所述，基础研究不仅是显性信息的源泉，而且创造了新的技术机会，对促进产业创新绩效效果明显。企业如果在研发活动，尤其是在基础研究上投入过低，将会降低创新产出和经济绩效。

探索基础研究对产业创新及经济发展的影响及路径，在理论上主要围绕三条线索展开：一是创新的线性过程模式假说，关注基础研究对经济创新的源头作用及间接影响；二是突破性创新假说，强调基础研究对产业核心技术突破的根本性作用，技术上的突破往往来自于基础研究的突破；三是知识溢出与吸收能力假说，肯定了基础研究具有溢出效应，但否定了基础研究的"免费"观点，认为基础研究的一个重要方面是提高企业从外部吸收和利用创新成果的能力，进而提高技术转移的效率和效益。这些研究大多认为基础研究是产业技术创新的潜在的根本性变量，这种影响的存在是通过影响产业学习能力产生影响。关于实证研究的方法，传统上主要采用经济计量学中的问卷调查法和案例分析来考察学术科学研究对产业创新的影响及路径，而基于专利的研究方法近年受到越来越多的关注。例如，Kodama利用日本专利数据库，提取生物技术、纳米技术、IT和环境4个领域的专利引用科学论文数据，发现各产业利用大学研究成果的渠道有较大差别，以技术为基础的产业，更倾向于使用非正式的技术专业渠道。

1. 创新的线性模式假说

基础研究对产业创新影响的线性过程模型，来源于Bush在《科学：无止境的前沿》中最早提出的"科技发展线性模式"，认为基础研究是国家竞争力的源泉，把基础研究提到了国家战略的层面，一再强调基础研究最终会带来国家经济利益的提高，指出一个在基础科学知识上依赖其他民族的国家，将减缓它的工业发展速度，在世界贸易的竞争中处于劣势。这一假说的核心观点有二：一是从静态形式上看，基础研究的实施不考虑实际结果，如果基础科学受命于实际应用目标，将断送其创造力，因此基础研究与应用研究之间有着内在矛盾,二者具有内在分离性;二是从动态形式上看,基础研究是技术进步的先驱,基础科学被证明是技术进步的长远而强大的动力,通过应用研究能使基础研究的发现转化为技术创新。这两个观点对美国的科技政策产生了深远的影响,直接促成了美国联邦政府资助基础研究的制度化。

第二次世界大战后,许多国家开始模仿美国重视基础研究的潜在经济效应的做法,并反映在科技政策上。政府关心如何资助科技获得以建立基础研究设施和发展科学共同体,大学和公共研究机构作为基础研究的主体得到了政府在经费和人才培养上的持续和稳定投入。受 Bush 思想的影响,在实践中各国基本上将面向基础研究或应用研究的科技资源投向公共科研机构和大学,一些支持基础研究的机构或基金会开始涌现,如法国的国家科研中心、德国的马普学会、中国科学院、美国国家科学基金会、中国自然科学基金委员会等。

然而,从基础研究到经济创新的线性过程思想在实践中也遇到了巨大的挑战,因为单凭好奇心驱使的基础研究无法保证国家在世界经济竞争中获胜。英国政府在1993年发布的科技政策白皮书中就指出,单纯地相信基础研究的应用结果会自行出现,然后再为工业所用的观点是有缺陷的。产业技术创新的核心是开发相关的知识基础和技能,以解决用户的实际问题,这会涉及许多关于科研成果产业化的基础研究问题。Beesley 指出,由于科学家缺乏将学术研究商业化的创业技能,好奇心驱动型基础研究的商业化意识很低,本身不能保证企业获取所需的技术。Bush 倡导的产业技术创新沿着基础研究、应用研究到产品开发的"科技发展线性模式"并不足以有效地指导实践。事实上,以 Bush 为代表的学者把基础研究与应用研究之间的关系看成相互独立的关系,关注的其实是以自由探索和国家战略为导向的基础研究,而这些基础研究在本质上是游离于产业创新的实际需求之外的。因此加强研究者与产业的协作关系非常重要(比如通过建立联合研发中心来消除大学和产业的文化鸿沟)。

现实中,基础研究对产业发展贡献的路径是复杂的,有直接和间接的路径,也有隐性和显性的路径,而且这种贡献在不同的产业和不同的时期也是不同的。Mansfield 首次对产业的研发结构与生产率之间的关系进行了实证研究,通过分析美国 119 个企业在 1967～1977 年和 1977～1980 年的研发经费构成,尤其是基础研究的投入比例变化,以及效应的全要素生产率的变动情况,Mansfield 得出了结论:一个产业或企业在基础研究上的投入,与其全要素生产率的增长率,在统计上具有显著的直接关系。Jaffe 对美国 29 个州 8 年内跨领域科研机构与企业 R&D、企业创新之间关系的早期工作显示,特定技术领域内的基础研究对该领域的企业创新具有显著的直接影响(表现在企业专利申请上),而基础研究还通过影响企业 R&D 对企业创新产生间接影响。Adams 在以文献数据为基础的回归分析中也发现,尽管不能否认学术研究对于制造行业的作用是重要的,但基础科学领域的学术研究要花费30年才能突出其显著的效果。Stokes 提出了一个与 Bush 不同的科技发展模式。Toole 也发现,虽然医疗基础研究中的医疗仪器可以向商业技术转化,但这一转化需要很长的时间,可能是 17-19 年。Marsili 综合考虑产业内和产业间企业的差异,认为基础研究与产业创新的关系是复杂的,企业从公共基础研究中获取知识的方式也不同。

2. 突破性创新假说

大量的研究都表明,基础研究能力是企业实施突破性创新的根本。历史上,许多重要的创新都来源于企业的基础研究成果。Pavitl 和 Freeman 等则在创新经济学的相关著作中提出了"基于科学的技术"这一概念,以解释某些兴起于 19 世纪末,于第二次世界大战后迅速变革的工业发展演化。Nelson 指出"作为极度基础性的科学,化学、物理和生物在 19 世纪末的崛起,带来了很多发展,从而改变了工业技术创新的性质"。那些开始于 20 世纪 70 年代的所谓"新技术"的发展,尤其是信息技术和生物技术,已经激发了人们重新研究科学、技术及经济组织之间关系的兴趣。

Mansfield 是较早关注基础研究对产业突破性创新的影响的学者。Mansfield 等基于美国 7 个产业内 76 家企业高层 R&D 主管的调查数据的实证分析,发现在排除实质性拖延的情况下,如果没有基础研究,10 年内大约有 11% 的新产品和 9% 的新工艺无法产生,分别占企业销售额的 3% 和 1%。他们还研究了过去 15 年里企业得到过基础研究潜在帮助的新产品和新工艺,发现如果没有这些基础研究,占销售额 2.1% 的新产品和 1.6% 的新工艺将无法产生。Mansfield 对 20 世纪 70 年代美国大部分产业的基础研究强度和高风险项目支持力度同时降低感到忧虑,指出基础研究对某一企业或产业的全要素生产率(TFP)具有积极影响,这种影响从历史上看要超过应用研究带来的效应。Mansfield 在后期的拓展研究(1986～1994 年的数据)中进一步明确了基础研究对产业创新的贡献,发现在没有潜在延误的情况下,如果没有基础研究,约有 15% 的新产品和 11% 的新工艺无法被开发出来,而没有相应的基础研究就不会产生的创新产品或服务占到企业销售额的 5%,基础研究到产业界应用的时间滞后周期已经由原来的 7 年缩短为 6 年。

Narin 等的研究表明,产业专利越来越多地要参考科学杂志上的论文。Deeds 等以生物技术行业为例建立模型研究企业科学性能力(scientific capabilities)对企业首次公开发行时资金筹集量的影响,提出五个科学性能力的指示变量,并将公司顶尖研究人员的论文发表记录作为辅助考虑因素,通过对美国大量公司的实证研究证明两者之间存在显著正相关。Beise 和 Stahl 对德国企业的类似研究也发现约有 5% 的新产品产值与基础研究密切相关,基础研究对产品创新的影响比工艺创新大,但他们的研究没有考虑到产业差异对"基础研究 - 产业创新"关系的影响。Tijssen 对技术的科学依赖性（science dependence）进行论述，认为科学依赖性可分为两类：信息来源和研究环境，企业技术的更新改进离不开相关科学研究进展、企业科学知识和相关资源的积累。VanLooy 使用 USPTO 库中 8 个欧洲国家 10 个产业的专利数据，发现在生物技术、制药、有机精细化工、半导体这 4 个技术领域，基础研究强度对技术生产率有显著的正向影响，这 4 个领域应加强科学基础并鼓励科学与技术的关联，而农业和食品化学、光学、分析测量和控制技术、信息技术、基础材料化学、电信 6 个领域没有显著影响，这 6 个领域的创新更多的是基于技术演化而非科学前沿。

第二次世界大战以后，美国在基础研究方面的成就一直令人称颂，如诺贝尔奖获得数、科学论文和引用数。美国的企业和产业之所以取得惊人的增长，也直接地建立在基础性科学研究之上（如生物技术、信息与通信技术）。企业的突破性创新尤其需要基础研究的投入，基础研究是企业积累知识和发展能力的必要环节。随着突破性创新越来越注重对外部知识的吸收与再利用，基础研究能力强的企业具有更强的"吸收能力"，为企业学习提供了一个知识基础，这是促进企业最终形成突破性创新能力的关键。尽管从短期上看，应用研究能为企业带来较高的市场份额和产品竞争力，但这种竞争优势是不可持续的，因为这种绩效的提高是牺牲了企业从事根本性研究和创造基础知识的资源投入为代价的，甚至对整个产业也是有害的。智能手机作为一个突破性创新成功的产品，是美国开展的 5 个重要基础研究的结果。但是如何管理基础研究，实现突破性创新仍然是一个重要的问题。过于关注基础技术，就会形成过度的技术导向，像当年的施乐（Xerox）公司一样，囤积了大量的原创技术，但竞争力却在不断下降，因为突破性创新不单单是技术上的突破。但是，忽视基础研究，企业就会失去核心竞争力。在理论上，如何确定企业基础研究的方向和重点是一个令人困扰的战略难题，企业需要使基础研究与经营战略高度一致，并使基础研究成为企业突破性创新的重要思想来源。

3. 知识溢出与吸收能力假说

许多研究指出，只有当使用者具备理解信息的能力时，信息才能变成有用的知识，缺乏对这些知识积累的长期投资，企业就无法应用所获得的科学知识，尤其是其中的隐性知识。基础研究是一国产业通向世界知识库的"门票"，它使得一国企业有能力有效地嵌入全球知识网络中，吸收和利用其中的知识和技能，一个在基础科学新知识方面依赖于他国的国家，工业发展速度将减缓，并在国际贸易竞争中处于劣势。尽管吸收能力的核心是关注企业的外部知识，但这是建立在企业内部的知识与交流上。Cohen 和 Levinthal 将内部研发费用作为吸收能力的解释变量，强调基础研究在企业学习中的关键作用，认为基础研究创造了企业消化和利用外部新知识的能力，吸收能力建立在企业以往的知识能力基础之上，这是一个循环。

随着知识成为一种资源和资本，产业界正不断地将基础研究的成果运用到具体的生产领域，创造出一系列的应用性知识。Adams 认为，基础研究所产生的"知识储备"效应，对于企业创新具有巨大作用。公共基础研究能为产业界提供涉足专业知识网络的机会。研究发现，高科技公司往往与基础研究领域保持密切联系，其主要目的有两个：一是寻求专业领域的最前沿的知识以确保自身的创新能力；二是期望基础研究能为企业解决一些具体的技术的问题。随着学术研究和产业实践之间的关联日益紧密，基础研究开始从纯学术研究转向更多的应用研究和短期性项目研究，大学/科研机构与产业的互动也日益加强。Mcmillan 和 Hamiton 在医疗生物产业中的实证研究中指出，对大学在生物医疗研究方面的资助，能产生许多创新性的科技文献和专利，培养合格的科技人才，同时大学的这些基础研究也对美国涌现出大量新的生物科技公司起到了非常重要的作用。Salter 和 Martin 指出基础研究对经济增长有六个贡献：增加有用的知识的存量、训练出有技能的学生、提供新的设备和仪器及方法、建立专业知识网络图、解决产业技术问题、创造新企业。Calderinia 和 Garroneb 认为，内部基础研究有助于企业吸收外部知识，而基础研究对企业的贡献主要体现在提高了企业下游创新活动的质量。Beise 和 Stahl 指出，内部基础研究有助于提高企业吸收公共研发的成果并将之付诸产品/工艺创新，研发密度高的企业对那些远离自身的公共研发结果的引用，要比研发密度低的企业更频繁。

基础研究所创造的知识（以成果为载体）最终要实现溢出，有三方面的决定因素：一是空间距离，指知识溢出主体（如大学等基础研究主体）与溢出客体（如接受溢出的企业）之间的地理临近性；二是知识领域，指溢出知识本身的特性以及溢出主客体之间知识的兼容性；三是客体能力，指接受溢出的客体本身的吸收能力。这些因素共同影响着基础研究成果（知识）溢出的效果和效率。Beise 和 Stahl 发现，德国企业对于基础研究机构成果的引用体现了"本地化"趋势，但对于科学家个人成果的引用与空间距离并没有多大关系，他们的最终研究结果表明，就吸收基础研究溢出而言，企业投资内部 R&D 的意愿比地理空间距离更加重要。Maurseth 和 Verspagen 的研究发现，具有较高生产水平和相关知识储量的地区和企业更容易获取外部知识的溢出效应。这些发现表明，除了地理空间和知识异质性之外，基础研究溢出效应的实现还与溢出客体，也就是接受溢出企业本身的特性有关。根据吸收能力假说，知识的生产和传递具有很强的自我累积性和路径依赖特点，较多的知识存量意味着具有较强的研发能力去开发出更多的新知识，企业研发投入增强了企业对外部知识的吸收、学习和模仿的能力，使得企业拥有更强的技术能力去吸收外部知识溢出。此外，Abramovitz 的"社会能力"学说与"吸收能力"学说相类似，强调企业能动性对于吸收溢出效应的重要作用。Harabi 通过对 127 家瑞士制造业企业内 358 位

R&D 主管人员的调查，发现科学研究溢出的首要途径是发展企业内部独立 R&D，包括在产品创新中实施逆向工程，在工艺流程创新中利用出版物或是来自科技会议的信息等。总之，"吸收能力"和"社会能力"学说都强调溢出客体的现有知识存量、引进和学习新知识的学习强度、学习机制和研发投入对于基础研究溢出效应的重要影响力。

研究表明，只有基础研究位于世界前列的国家才能最大化地吸收和有效利用其他国家创造的科学知识。对于一个基础研究有待强化的国家，战略上只有通过进一步加强基础科学研究，才能消化其他国家的科学知识，但更重要的是，从科学自身发展规律来看，必须进行原始性创新才能站在科学前沿。因此，后发国家的产业技术政策需要考虑三个关键问题：自主研发、引进先进技术、国际性技术合作。

三、政府资助产业基础研究的合理性

从世界各发达国家来看，政府基本上都是基础研究资助的主体。通过政府支持公共研发以提高国家的基础研究能力，促进重大科技创新进而获得经济效益的思路，在理论上可追溯到 Bush 关于基础研究导致新知识进而导致实际应用的观点。Bush 指出，科学产出的知识具有明显的"公共物品"性质，任何人或机构都可以方便地使用它，致使企业或私人投资缺乏兴趣，基础研究按其本性来说基本上是非商业性的，如果把它交给工业，将得不到所需的关注，因此政府对资助基础研究具有不可推卸的责任。美国是推动政府资助基础研究制度化的先行者，美国联邦政府将 Bush 的"科技推动创新"观念作为支持基础研究的重要理论基础，并通过设立美国科学基金会（NSF）开了政府科技计划的先河。

新古典经济学家从经济学角度论证了政府资助基础研究的合理性。Nelson 和 Arrow 系统地分析了基础研究产出所具有的公共物品性质，认为由于基础研究存在市场失灵（market failure）效应，因此企业不可能全力投资于基础研究，这一职责必须由政府来承担。他们认为政府干预基础研究的合理性在于基础研究过程中存在着"市场失灵"。为了纠正市场失灵，新古典学派主张利用政府这只"有形之手"，平衡市场这只"无形之手"在配置创新资源和创新要素中的偏差。一般认为，基础研究与应用研究和技术改进相比，存在着更为显著的外部经济性，企业由于私人收益低于社会收益而缺少足够的动力，对基础研究的投入也小于最优的投入额。由于知识内生所具有的公共品属性或知识溢出效应，因此自 Arrow 以后，人们普遍认为私营企业没有投资于研发的动力。由于投资于基础研究也不能获取高程度的成果独占性，大型企业在规避风险和追逐短期利润的观念下，不可能把巨额经费投入结果高度不确定的研发活动，而且受制于资本市场的信息不对称性，企业也很难对研发计划进行投融资，角逐于利基市场的小型企业也通常无力构建大型研发实验室。总之，技术市场和资本市场的实效、研发活动的不可分割性和规模经济效应，导致了企业不愿意投入研发。因此政府投入进行公共研发是必需的，可以为私营企业开展创业技术创新提供科技成果。基础研究成果的公共产品特性决定了由财政提供支持已成为各国政府普遍接受的选择。

基础研究具有"公共物品"性质的观点得到了经济增长理论学家的广泛认可。他们认为，基础研究的作用本质上是提供具有非竞争性和非排他性的"信息"，私营企业由于无法独占这些"信息"所产生的效益，对基础研究投入缺乏动力，政府通过基础研究投资可以纠正这种"市场失灵"现象。企业基础研究往往被认为是与应用研究、实验发展、销售额、营销和基础性管理的开支相冲突。

但是，也存在反对政府对基础研究投入占主导作用的观点。Rosenberg 和 Birdzell 在研究"西方奇迹"时就提倡自由市场经济有利于产业创新对科学知识的吸收和利用。英国学者 Kealey 在《科学研究的经济定律》中提出了与 Bush 完全相反的观点，认为对基础研究的投资要实行高度自由的市场化机制，政府主导基础研究的投入是"低效"甚至是"无效"的。Kealey 认为，基础研究被证明是商业上高度获益的，企业对基础研究的投资越多，就会获得更大的利润，而政府资助的基础研究由于远离工业，将产生低效并对企业或私人投资科学研究产生替代或挤出作用。Kealey 反对由政府资助基础研究，认为基础研究是市场的事情，其观点主要是科学和技术是市场内生的、政府科技投入与企业科技投入之间存在替代关系、政府资助基础研究将导致经济低效等。Kealey 从经济学角度提出了基础研究的"两种商业利益"论，认为基础研究能产生"第一行动者利益"（先发优势，投资者通过率先发现某事物原理而抢占先机，赢得很好的商业价值，但其风险和不确定性过大，企业不感兴趣）和"第二行动者利益"（跟踪模仿，通过对前沿科技成果的研发产生的商机能给投资者带来巨大利益）。一般地，科学家对前者感兴趣，企业对后者感兴趣，但后者以前者为基础。Kealey 指出，从历史上看，是市场引导了技术，技术又引导科学，工业竞争离不开创新，要创新就必须做基础研究，基础研究能力强劲的企业终究会在经济上获利。而政府资助的基础研究过于注重自由探索或国家战略计划导向，大多偏离市场，引致经济活动的低效。政府资助基础研究将会提高总的投资成本，削弱企业的投资能力。国家之间的竞争不是纯科学理论的竞争，而是基于科学研究的经济竞争，英国和日本对待基础研究投入的不同态度，导致了两国不同的发展状态。

Joglekar 和 Hamburg 警告，不支持产业基础研究的资源配置行为是不明智的，他们还指出，政府采用种子基金（seed money）激励产业基础研究的做法是不可取的，因为这笔投入会降低产业对基础研究的投入。为了刺激企业投资基础研究，政府在政策上应提高企业间研发合作意愿、减少企业间的竞争，但提高产业间的竞争、提高产业集中度、对研发投入进行税收减免、不要过分关注产业的异质性（heterogeneity）程度。

总的来看，尽管从社会外部性上看，政府资助基础研究具有合理性，但支持科学的动力还在多元化，即随着科技与社会进步作用的凸显，不仅技术开发需要科学，科学的发展也离不开技术；基础研究既受到科学家好奇心的驱动，又因技术和商业的进步而丰富，市场需求成为基础研究的动力之一。因此，Nelson认为国家的技术政策需要回答三个基本问题：一是，对企业的应用研究投入，是投向单个企业，还是投向产业层面，这种应用研究计划如何治理；二是，产业关注型（industry focused）基础研究计划应该如何组织和治理；三是，这种公共性支持的研究计划的成果，哪些是公共的、哪些是专业的。

四、企业投资基础研究的动因、影响因素与投入模式

根据基础研究的定义及明显的外部效应，许多人怀疑企业是否应该参与或组织进行基础研究。实际上，利润导向的组织并不愿意在这类研究上进行投入，除非他们期望能在一个相对合理的时间范围内或知晓不确定性的合理边际范围，从基础研究中获得商业上的重大回报。新古典经济学家认为，因为市场在支持基础科学方面的失灵，所以政府必须对基础科学研究给予支持。但是，如果基础研究被看作是纯研究性的，那么支持它的热情之火就会熄灭。对一些企业自发从事基础研究活动的案例分析表明，这些企业在基础研究上投入了大量的财力和人力资源。

由于知识内生具有的公共品属性或知识溢出效应，因此自Arrow以后人们普遍认为私营企业没有投资于研发的动力。按照传统观点，既然大学和公共研究机构能提供产业界所需的基础研究成果，为什么仍有许多企业孜孜不倦地投入基础科学领域中？Mansfield的实证研究指出了一个重要的结论：基础研究对一个企业或产业的影响不仅是正向的，而且影响效应在实际上要超过相同投入的应用研究和试验发展。尽管从短期来看，应用和开发研究也能为企业带来较高的市场份额和产品竞争力，但这种竞争优势是不可持续的，因为这种绩效的提高是牺牲了企业从事根本性研究和创造基础知识的资源投入为代价的，甚至对整个产业也是有害的。20世纪80年代以来，每隔十年左右世界都会发生一次技术革命，而起主导作用的几乎都是企业。随着新科技革命的兴起，基础研究和应用研究之间日益融合，基础研究成为一种商业上可以获益的领域，加上商业竞争日益激烈，许多大公司开始直接从事或资助基础研究，以提高技术创新能力和市场开拓能力，源于基础研究的技术革命使企业从中得到了丰厚的回报，也提高了企业探索基础性科学的兴趣。

大量的实证研究表明，对外部知识的使用并不能取代企业自身的知识创造，使

用来自基础研究产生的知识的机会越多,就越会激励企业自身开展基础研究,以更好地开发产品、获取生产商和利用外部知识。企业对自身研发活动的投入越大,获得的外部知识就越多。Berman 发现,创新领先型企业即使在与大学进行研发合作后,还仍然保持很高的内部研发投入水平。Cohen 和 Levinthal 认为企业必须通过内部研发来构建吸收能力,以有效地将外部知识整合到新产品/工艺开发中。因此,内部基础研究投入水平高的企业更愿意和更能有效地从外部知识溢出中受益。

　　Gibbons 和 Johnston 认为企业介入基础研究的动因主要有两个方面:一个是从科学研究本身获得知识的需要,另一个是使企业能够明确产业技术变化趋势的需要。Callon 和 Pavitt 认为企业从事基础研究的目的不是为了研发特定的产品,而是为了获取相关知识并提供一般的背景知识。程鹏和柳卸林认为企业在进行技术开发性研究的同时,还进行大量的基础性研究的目的就是为了长期发展和战略竞争的需要。胡卫认为,之所以出现许多企业投资基础研究而不是坐等外部科学"公共品"的提供,是因为基础研究的成果能够突破其技术生产的瓶颈,为其带来大量的专利产品。企业基础研究获得科技知识不但不能受到专利制度的保护,而且易被竞争对手窃取,但投入基础研究的企业将基础理论应用于生产的时滞将明显小于其他竞争者,从而在专利申请和技术创新等方面占有较大的竞争优势。

　　基础研究具有巨大的社会回报,但其本身并不具有创新的反馈回路,如果没有强有力的企业 R&D 能力作为支撑条件,基础研究的经济效益永远无法实现。因此,企业开展基础研究是必要的。计量经济学的研究也表明,应用技术的增长受到基础科学知识储备的制约,如果没有一定的学术研究作基础,经济就不会有实质性的长期增长。事实上,产业界需要获得更为广泛的基础研究方面的知识,从而为其在更大范围内认识和开发新的商业应用机会提供基础。产业实践也表明,对于那些在市场上具有更大优势的企业,往往在基础研究方面的投入更多。当然,企业是技术创新的主体并不意味着企业是技术创新的投入主体,20 世纪 80 年代美国生物技术产业的兴起就是因为政府提供了将生物科学领域的应用研究和纯研究紧密结合的重要驱动力,这表明,企业从事研发一般先以政府引导和政府投入为主,在政府定向资助的作用下,企业逐渐成为研发的投入主体。

　　企业基础研究主要是为学习能力提供一个知识基础,学习能力是促进企业创新,最终形成自主创新能力的关键。基础研究水平决定了企业的学习行为和选择吸收外部知识的能力。由于科研过程是一个逐渐累积的过程,创新可能会导致新的研究产生,从而创新能力的增强也会提升企业基础研究的水平,如图 3-1 所示。企业投资基础研究的方式有二:一是企业组建自己的工业实验室,从事相关领域的研究探索;二是企业与大学合作,以委托课题的形式定向资助大学研究。

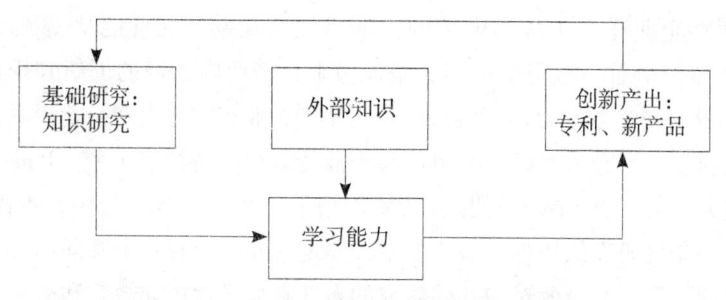

图 3-1　企业基础研究与创新能力的提升

在 20 世纪 80 年代和 90 年代初期，日本的许多大型企业对基础研究产生了浓厚兴趣，如日立、东芝、佳能、NEC，它们模仿美国的一些大型企业的做法，高度重视资助那些预计不能以某种方式立即应用的研究。这种基础研究更多的是致力于巴斯德象限而非波尔象限的研究。但由于基础研究存在投资回报的长期性和高风险性，因此企业内部开展基础研究主要是应用性研发项目而非科学知识的创造和发明。例如，日本企业从 20 世纪 60 年代中期开始开展了大量的基础研究，但这些研发活动基本是围绕企业的技术革新进行的研究，是在引进技术上的二次创新，这种模式的后果是后劲不足，对本国高技术的进一步发展形成阻碍，典型案例有 90 年代第 5 代超级计算机研制的失败。

当然，并不是所有的企业都能从基础研究中获得同样的产出。Marsili 综合考虑产业内和产业间企业的差异，认为基础研究与产业创新的关系是复杂的，企业从公共基础研究中获取知识的方式也不同。例如，外部环境尤其是产业环境和市场需求，在多大程度上影响企业基础研究的方向和资源投入，至今仍是一个谜。Calderinia 和 Garroneb 发现市场结构影响着企业对基础研究和应用研究的投资决策，在市场动荡（market turmoil）的环境下，企业往往具有很强的短期倾向，会将更多的资源投在应用研究和实验发展上。而不同行业的企业在基础研究投入上的动因也有一定的差异。Joglekar 和 Hamburg 研究了产业特征对产业研发资源配置的影响，发现研发投入高的产业表现出四个基本特征：可投入的资源巨大、企业间合作密切、风险规避倾向高、企业对基础研究投入高并较少依赖政府支持。Jaffe 和 McMillan 研究发现，制药业、生物产业、电子、光学、核能等领域的科学研究对于产业创新具有显著的影响，这类企业对基础研究也具有更大的兴趣和动力。Lim 认为在医药行业的创新与基础研究和应用研究是紧密联系在一起的，而半导体行业的创新，主要取决于应用研究。Acemoglu 认为市场规模是生物产业创新的重要驱动力，而不是基础研究获取的科学知识。而 Toole 认为，市场规模和基础研究都对生物产业早期药物的技术研究具有积极的作用。

大型企业是否比小型企业更具创新性一直是经济学界的热点话题，许多学者认为由于大型企业建立了规模庞大的内部研发实验室，因此能从基础研究中获得更多的创新知识，而小型企业更多的是模仿来自产业内扩散的创新知识。但 Acs 和 Audretsch 对这一传统观点提出了挑战，认为小型企业有时比大型企业更具创新性。此外，企业之所以选择开展基础研究可能与企业管理层的特征有关系。Buderi 分析了一些世界著名大公司（如 AT&T、朗讯、IBM、西门子、NEC、GE、施乐、惠普、英特尔、微软等）开展基础研究的历程及战略变革，发现这些企业有一个共同的特点：对基础研究高度重视。但这些企业对待基础研究的态度有差异性：如微软和施乐等公司对基础研究采取的是自由探索的精神，而英特尔和惠普等公司更重视应用引致的基础研究。

尽管基础研究具有巨大的经济增值潜力，然而如何鼓励企业投入或参与基础研究，长期以来深深地困扰着政策制定者和研究者，无论在发达国家还是在发展中国家，这都是一个巨大的难题。企业基础研究往往被认为是与应用研究、试验发展、销售额、营销和基础性管理的开支相冲突的。一些经济学家很早就指出自由市场体制不能使研发投入的资源配置最优化，政府必须担当起基础研究投入的重任。Arrow 指出私营企业对研发活动低投入的两个原因：一是由于研发活动的目的是为了产生新的知识信息，其结果不能事先确定，内在的风险性导致私营企业通常拒绝研发活动，但作为社会来说是风险中立的，因此政府愿意投资研发活动以提高社会福利；二是由于研发活动具有"有限独占"（limited appropriability）或"非独占"（inappropriability）属性，投资于研发活动的企业往往不能全部占有其回报，所以尽管研发活动对社会发展是有利的，企业也不愿意投资。同时，Joglekar 和 Hamburg 指出研发活动在结果的"有限独占"或"非独占"上程度不一，比如基础研究的"非独占"性最高，应用研究和实验发展尽管也具有较高的风险性，但专用性也相对较强。

总之，基础研究对产业创新和经济增长的潜在贡献已得到世界范围内的数据支持，不论是研究者、政策制定者还是企业家，都普遍认可基础研究的战略价值。从现有文献来看，反复争论的焦点大致集中在三个方面。

第一，基础研究"是什么"的问题。对基础研究提出一个普适的定义非常困难，这是因为"基础性"（basic）一词具有极大的不确定性。随着科学技术和生产的一体化不断加速，基础科学与应用科学之间的界限逐渐模糊。而且将实用性目的从基础研究中完全排除出去，也难以解释广泛存在的巴斯德式的研究活动。基础研究是否只是"从书本到书本"？"基础研究→技术创新"是否仅仅是单向关系？这些问题在学术上仍然不尽明朗。

第二，基础研究"谁投入"的问题。基础研究作为一种科学探索事业，其产出往往难以预先确定，这就涉及在实现基础研究投入和资源配置效率的最优化上，政府和市场扮演什么样的角色？支持政府投入基础研究的理论基础是科技创新信息模型和科技资源配置的"市场失灵"论。但 Rosenberg 和 Birdzell 和 Kealey 认为自由市场经济有利于产业创新对科学知识的吸收和利用。关键的问题是如何实现政府计划与市场机制在基础研究资源配置上的互补。

第三,基础研究"谁受益"的问题。这里涉及两个问题,一是既然认为大学和研究机构的基础研究成果可以为企业创新提供知识支持,那么利润最大化导向的企业是否应将重点放在如何获得这些研究成果的转移和溢出上,而不用自己开展基础研究。二是既然基础研究成果(知识和信息)是一种公共物品,可以在全球范围内传递,那么发展中国家是否应关心如何从国外引进和吸收这些研究成果,而没有必要与发达国家一样开展同样程度的基础研究?对这些问题的争论或不同看法导致了各国不同的科技政策,如美国(包括韩国)一直都非常支持企业从事基础研究,日本在追赶阶段也很重视基础研究,但中国在技术追赶阶段很重视技术引进,直到迈向自主创新阶段才开始加强基础研究。

企业如何在内部配置研发资源,在加强基础研究的同时,又不至于弱化应用研究和试验发展能力,长久以来是困扰企业的一大难题。尽管 Nelson 的早期研究彰显了对基础研究的公共投入在经济学意义上是合理的,但他在后期的经验研究中则强调了基础研究成果走向产业应用的路径是复杂的,其中包括直接的和间接的路径,显性的作用和隐性的影响,这些复杂的效果体现在基础研究的知识领域,以及时间的变化上。短期利益和长期利益、利润导向和创新导向之间的资源冲突,对企业的内部管理提出严峻的挑战。

第三节 中国基础研究投入失调现象分析

本章研究了经济发展阶段与基础研究的关系,通过实证研究发现,各个国家在快速经济增长中,对基础研究的投入应该是一个不断上升再下降的过程。但在我国的快速经济发展中,基础研究的投入比例在不断下降,尤其是产业基础研究缺乏,这是产业创新乏力的重要原因。中国基础研究投入存在三个主要的比例失调。在未来的科技政策制定中,中国需要不断校正这些失调。

一、基础研究与经济发展阶段的关系

令中国的科技政策学者和政策制定者常常感到困惑的是基础研究占 R&D 的比例到底投入多少为宜;基础研究是否投入越多越好,还是应该保持在一个稳定水平。为进一步思考基础研究投入历史变化中的一些规律,此处首先结合 SPSS 15.0 软件,

对中国基础研究投入强度，即全国基础研究经费（GEBR）与全国R&D经费之比，在1995~2015年的演化进行曲线拟合，观察这一变量随时间的变化是否具有非线性特征。经过多次曲线拟合检验，发现只有S曲线和二次方曲线（quadratic）的拟合参数指标通过了显著性检验。从两支拟合曲线与实际值的拟合情况来看，二次方曲线的拟合程度更理想，而且拟合优度也好于S曲线拟合结果。因此本书选择二次方曲线的拟合结果，如表3-3、图3-2所示。

表3-3　　中国基础研究强度二次方曲线的参数检验结果

系数	回归系数值	显著性（P值）
常数项	4.338	0.010
B_1	0.208	0.000
B_2	−0.010	0.000
R^2	0.601	—
F统计量	13.546	0.000

注：因变量，中国基础研究强度（%），N=21

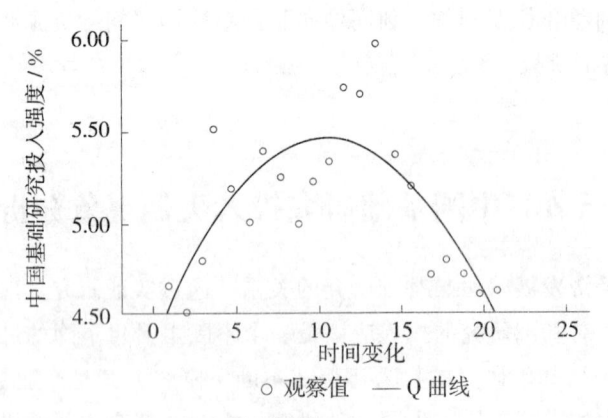

图3-2　中国基础研究强度的Q曲线拟合结果（1995~2015年）

注：基础研究强度＝基础研究经费/R&D经费，横轴的刻度以1995年为起点1进行了重新设定

根据统计结果，可以写出如下的拟合模型：

　　GEBR/R&D=4.338+0.208×t−0.01×t², t=1995, 1992, …, 2015

这意味着，中国的基础研究投入强度在近20年里呈现出"倒U形"发展轨迹，

从 1995 年开始连续上升，到拐点处（10.4，5.42）后开始下降，即基础研究投入强度在 2000 年左右达到 5.42% 后，总体趋势开始呈现下降趋势。原因可能是 2000 年后，企业开始成为研发投入的主体，但对基础研究的投入没有明显的增加，导致全国基础研究经费占 R&D 投入的比例呈现下降的趋势。

用同样的方法分析美国和日本基础投入强度的历史变化。在对美国 1997～2015 年的基础研究强度历史数据进行曲线拟合时，在选择了"Linear"模块时，发现线性关系、S 曲线和二次方曲线（quadratic）的拟合参数指标通过了显著性检验。但是从三个拟合结果与实际值的关系来看，线性拟合的各项指标均为最优。重新用一元线性回归模型对美国基础研究投入强度进行分析，发现不存在序列相关、异方差等问题，回归效果较好，因此选择线性关系作为拟合结果，如表 3-4、图 3-3 所示。

表 3-4　　美国基础研究强度线性拟合的参数检验结果

系数	标准化回归值	显著性（P 值）
常数项	13.241	0.000
B	0.196	0.000
R^2	0.772	—
F 统计量	91.284	0.000

注：因变量，美国基础研究强度（%），N=29

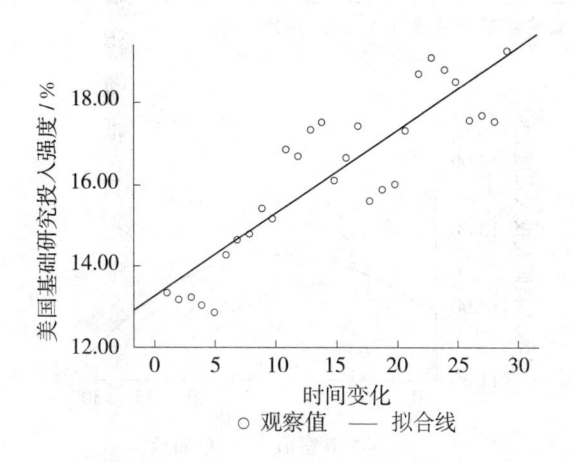

图 3-3　美国基础研究强度的线性拟合结果（1997-2015 年）

注：基础研究强度 = 基础研究经费 /R&D 经费，横轴的刻度以 1997 年为起点 1 进行了重新设定

根据统计结果，可以写出如下的拟合模型：

GEBR/R&D 经费 =13.241+0.196×t，t=1997，1998，…，2015

这意味着，美国的基础研究投入强度在近 30 年里大致呈现上升的趋势，从 1997 年就开始连续上升。这既得益于美国联邦政府长期对基础研究的重视，也得益于许多美国创新型企业在基础研究上的巨大投入。

对日本的基础研究强度历史数据进行曲线拟合，发现只有二次方曲线的拟合参数指标通过了显著性检验，S 曲线未通过模型的检验，其他的拟合曲线结果也存在一个或多个参数值未通过显著性检验。因此选择二次方曲线的拟合结果，如表 3-5、图 3-4 所示（尽管 Q 曲线拟合的模型检验的系数并不高，但只有它通过了显著性检验，不过 F 值并不高）。

表 3-5　日本基础研究强度二次方曲线拟合的参数检验结果

系数	标准化回归值	显著性（P 值）
常数项	12.031	0.000
B_1	0.111	0.039
B_2	−0.004	0.014
R^2	0.522	—
F 统计量	4.864	0.016

注：因变量，日本基础研究强度（%），N=29

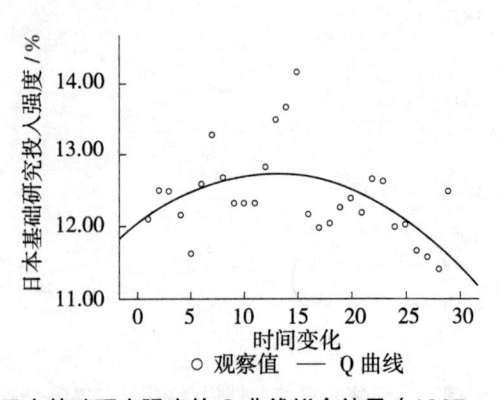

图 3-4　日本基础研究强度的 Q 曲线拟合结果（1997～2015 年）

注：基础研究强度 = 基础研究经费/R&D 经费，横轴的刻度以 1997 年为起点 1 进行了重新设定

根据统计结果，可以写出如下的拟合模型：

GEBR/R&D 经费 $=12.031+0.111\times t-0.004\times t^2$，t=1997，1998，…，2015

这意味着，日本的基础研究投入强度在近 30 年里也呈现出"倒 U 形"发展轨迹，从 1997 年开始连续上升，到拐点处（13.88，12.80）后开始下降，即基础研究投入强度在 2004 年左右达到 12.80% 后，总体趋势开始呈现下降趋势。

接下来，本研究用类似的方法对中国企业的基础研究投入强度，即企业基础研究经费（EGEBR）与企业 R&D 经费之比，在 1995～2015 年的历史变化进行曲线拟合。

同样发现只有二次方曲线的拟合参数指标通过了显著性检验，S 曲线、对数曲线及其他的曲线模型均未通过模型的检验。因此选择二次方曲线的拟合结果如表 3-6、图 3-5 所示（尽管 Q 曲线拟合的模型检验的系数并不高，拟合效果并不是很理想，但只有它通过了显著性检验。这可能是由于样本量较少，影响了拟合曲线模型的选择）。

表 3-6　中国企业基础研究强度二次方曲线拟合的参数检验结果

系数	标准化回归值	显著性（P 值）
常数项	0.447	0.012
B_1	0.085	0.025
B_2	−0.005	0.012
R^2	0.685	—
F 统计量	7.502	0.005

注：因变量，中国企业基础研究强度（%），N=20

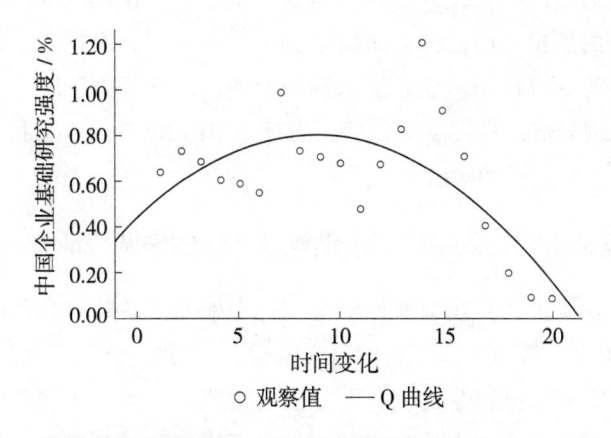

图 3-5　中国企业基础研究强度的 Q 曲线拟合结果（1995-2015 年）

注：企业基础研究强度＝企业基础研究经费 / 企业 R&D 经费，横轴的刻度以 1995 年为起点 1 进行了重新设定

根据统计结果，可以写出如下的拟合模型：

EGEBR/R&D 经费 =0.447+0.085×t−0.005×t^2，t=1995，1996，…，2015

这意味着，中国企业的基础研究投入强度在近20年里呈现出"倒U形"发展轨迹，从1995年开始有上升趋势，到拐点处（8.5，0.81）后开始有下降趋势，即基础研究投入强度在2001年左右达到0.81%后，总体趋势是下降的。

由上面的讨论大致可以得到两个结论。

第一，企业的基础研究能力薄弱，是中国与创新领先国家的最大差距之一。中国企业的基础研究投入在国家相应的比例以及在企业内部研发中的比例都偏低，企业基础研究强度并没有随着企业成为R&D投入第一主体而提高，大量的经费投向了试验发展，企业仍然忽视长期能力的培养。加强企业对基础研究的投入是当前需要关注的问题，因为中国的经济增长方式已开始从资源依赖型向创新驱动型转变，产业的技术创新模式也从单纯引进和模仿，转向自主创新，R&D投入的增长首先应该增加对基础研究的投入。基础研究的缺失，使中国产业的创新能力提高缓慢，创新绩效长期薄弱的问题得不到真正的解决。尽管在高技术产业和国际市场上涌现出许多成功的中国企业，但只有不到1%的企业申请了专利，并且只有大约2 000家国内企业（占全部企业的0.03%）拥有自己的知识产权。

第二，国家和企业的基础研究投入强度都表现出一定的规律。从本研究所能掌握的数据来看，美国的基础研究投入强度在过去将近30年的时间里呈现出稳步上升的趋势，还未出现增长的拐点。日本和中国的基础研究投入强度变化则呈现先增长后下降的"倒U形"曲线，日本在12.8%处开始回落，中国则在5.4%处就呈现下降趋势。

一国或企业的基础研究投入应该保持在一个适当的比例范围内，投入过高会成为国民经济增长的负担，后续的科研活动必定受到影响，但投入过低就会削弱科学创新对经济发展的支撑作用，引起国家和产业的国际竞争力下降。中国的问题是基础研究投入的比例偏低，且过早地收缩。而且，中国R&D投入增长速度偏慢，在一定程度上也影响了企业对基础研究的投入。

二、中国基础研究投入中的三个结构性"比例失调"现象

自20世纪90年代初，我国开始实施"稳定地加强基础研究"的发展战略。如前所述，近10年来，得益于国家自然科学基金、"973计划"、"863计划"、知识创新工程等科技计划对基础科学的支持，中国研发投入总量和比例稳定增长。但在中国研发投入的三大模块中，大量的经费投在应用研究和试验发展，基础研究所占比例一直没有突破6%，而且起伏较大。总体来看，中国基础研究投入存在三个结构性"比例失调"现象。

1. 全国的基础研究、应用研究、试验发展之间的比例失调

我国研发经费投入绝对值的增长速度较快，但相对比例的增长速度缓慢，结构也不合理，主要是基础研究活动经费比例过低。2010年，中国基础研究、应用研究、试验发展的投入比例为1∶12.8∶20，而2008年美国的这一比例为1∶1.3∶3.5，法国为1∶1.6∶1.6，意大利为1∶1.6∶0.9，日本为1∶1.7∶5.4，韩国为1∶1.3∶4.3，俄罗斯为1∶0.9∶3.7。从历史上看，中国在基础研究上的投入比例与发达国家相比也有较大差距。

尽管早在2007年OECD发布的一份研究报告中便已显示，中国研发投入总量已超过日本位列全球第二，但大部分科研资金都用于产品开发，以及根据快速增长的中国市场进行产品调整，并非基础性的科研工作。近年来，跨国公司从其全球战略出发，纷纷在华设立独资研发机构，不断提高从事基础研究活动的规模和强度，这对中国企业形成巨大压力。

2. 企业基础研究在其研发投入的比例和在国家基础研究投入的比例失调

尽管中国企业正逐步成为研究与开发的主体（企业R&D支出占全国R&D支出总额的比例由1998年的35.8%上升到2015年的81.0%），但企业的基础研究不仅投入总量偏低，投入结构也不合理，企业投入的研发资金主要用于现有产品和技术的完善，直接和间接投入基础研究的比例偏低。2015年中国的基础研究资源中有95.65%集中在高校和研究机构，企业基础研究经费只占全国基础研究经费的4.33%。而早在1991～1998年，美国企业界对基础研究的投入占全国基础研究总投入的平均比例就已经达到了惊人的25%左右。中国企业与世界创新领先国家企业在基础研究投入上存在着巨大差距。

目前，中国大学和研究机构仍然是基础研究的主要承担者，政府的研发支持也主要针对研究所和大学，而且研究所和大学的科研工作大部分是在没有企业参与的情况下独立开展的，企业参与国家基础研究项目过少，基础研究领域的产学研合作较弱，如从国家自然科学基金面上项目资助单位的分布和承担国家"973计划"项目负责人的单位性质来看，企业参与国家基础研究项目过少，而且主要是少数几家国有企业唱主角。2015年，政府投入研发经费共1 696.1亿元，分配给研究机构和高校的研发经费分别为1 036.5亿元和358.8亿元，两者占全部政府研发经费支出的82.3%，而企业仅获得236.8亿元的政府研发经费支持，占13.9%。随着跨国公司加快在华研发的布局，出现了越来越多的外资机构，研发战略也逐渐由产品的本土化研发向基础和应用研究转变，高校、科研机构与跨国公司在基础研究领域的合作进一步加强，在一定程度上对本土企业形成了挤出效应。

3.企业、高校、科研机构的基础研究投入和支出结构的比例失调

从职能定位上看，高校本应做更多的基础研究，公共研究机构应该做更多的应用基础研究，但从目前的情况来看，中国的大学投向基础研究的力度还不够，公共研究机构承担了过多的试验发展项目，而这本来是需要企业投入更多的项目。由于在中国企业普遍缺乏技术创新意识、动力和资源，政府为了帮助企业提高创新能力，动用了大量的科技资源开展产品开发，但实际上这样做的效率值得怀疑，因为在试验发展上企业的效率往往更高。

在改革开放以前，中国的基础研究、应用研究和试验发展的执行部门是不同的。国家大部分的基础研究都是由中国科学院和其他研究机构来承担，大多数应用研究和试验发展则主要是由各个行业的企业的研究部门开展。大学的主要职能是培训与教育。尽管大学也开展了数量有限的研发活动，但它们并没有固定的研发经费支持。1985年中央政府开展科技体制改革后，上述的情况有所改变。国家也开始大幅进行科技投入。近年来企业研发的快速增长，在很大程度上得益于一些公共科研机构转制成为企业实体，但这些转变往往没有为这些机构创造条件使其成为创新导向型企业。在1998—2003年年底，1 149家公共科研机构转型为企业，被转移到企业的20.4万人中，有11.1万人为科技人员，与留在科研机构的人员相比，他们的平均年龄较大，并且科研能力较弱。

2001年，中国加大实施从事技术开发的研究机构转制为企业的力度。然而，中国公共研究机构的改革也带来了一些负面的影响：一方面，一些研究机构往往将容易商业化的成果留给自己，而将不容易商业化的成果转移给企业；另一方面，过度商业化的研究机构倾向于将主要精力放在产品技术开发上，而不愿再承担基础研究带来的风险，在一定程度上降低了国家创新系统的效率。

在以企业为中心的国家创新系统中，公共研究机构的角色需要重新定位，要强调公共研究机构在基础研究和应用研究中的作用，因为这些研究将影响未来产业技术发展的方向。大学和研究机构应该帮助目前研发水平还很弱的私营企业提高其技术能力和创新能力，而不是替代本应由企业开展的试验发展。中国新的国家创新系统要进一步强调大学在基础研究中的作用，强调企业在整合所有创新要素、增加创新投入中的综合作用，强调产学研之间的联系与合作。在中国，由于研发经费和人员高度集中在公共研究机构与大学，科学家和工程师流动性不高阻碍了技术转移，造成了国家创新系统中研发功能与生产过程的分离。政策制定者和企业常常将公共研究成果视为"免费的公共产品"，注重将其转化为生产力。

通过对中国R&D投入及基础研究资源配置在其中的发展历史的分析，可以发现，尽管中国的研发经费投入增长迅速，研发经费来源结构合理，企业已成为研发

投入的主体，但同时仍然明显地存在着基础研究比例偏低的历史难题（基础研究的投入比并没有随着研发投入的增长而提高，为5%～6%，远低于发达国家）。

一方面，尽管中国高层非常重视基础研究的规划和资源投入，政府研发经费投入更多用于试验发展而非基础研究，这很容易形成低水平均衡的困境。虽然中国研发经费来源结构与美国、德国、瑞士、日本和韩国非常相似，但在研究类型上，花费在试验发展上的支出，比基础研究和应用研究增长得快，大量研发经费投向企业的试验发展，其次是应用研究，基础研究偏低。一般来说，试验发展就是利用从基础研究、应用研究和实际经验所获得的知识，为产生新的产品、材料和装置，建立新的工艺、系统和服务，以及对已产生和建立的上述各项作实质性的改进而进行的系统性工作；而基础研究的投资回报，要远远大于试验发展和应用研究。没有基础研究投入，就无法帮助中国获得更多突破性创新。

另一方面，面向产业技术创新需求的基础研究仍然没有得到足够的重视。中国的基础研究的执行部门主要是研究机构和高校，两者所占的比例超过90%，企业的基础研究过于薄弱。研究机构和高校的研发支出定位失衡，政府研究机构侧重应用研究和试验发展，而擅长基础研究的高校企业则侧重应用研究，两者都过多地替代了本应由企业开展的应用开发类项目，造成基础研究的执行主体虚化，产生 Kealey 所说的经济低效。这样的结果是，中国企业尽管成为 R&D 投入的主体，但仍然没有成为技术创新活动的主体，技术创新也没有成为企业生存和发展的内在要求。中国逐渐认识到企业创新能力的培养是建设国家创新系统的关键，但在科技计划中企业的参与程度偏低，中国未来的科技政策应是关注如何吸引企业介入科技计划，整合全国资源开展面向产业核心技术创新的基础研究。

第四章　全球化知识经济背景下对产业转型提出的新要求

第一节　经济全球化的概念

"经济全球化"在20世纪90年代开始广为人知。大众传媒和专业学术刊物都充斥着关于"全球化时代"的言论。新词汇的迅速流行通常是因为它反映了世界上正在发生的某种重大变化，当这种变化被人们明显感觉到的时候，新词汇应运而生。因此，若是把经济全球化看作一个过程，从历史的角度对其考察是有必要的。

一、经济全球化的历史轨迹

1. 1870年前的国际化趋势

西方学者认为，全球性经济诞生于欧洲。但是如果如亚当·斯密所认为的那样，进行交换的需要是一个自然的倾向，那么贸易的全球化现象就应该在远东或其他地方同样出现，并且逐渐将这些地区相互连接起来。早在2000多年前，中国与中亚以及中国与印度之间，以丝绸贸易为媒介，构成通达西域诸地的交通线路，成为沟通古代东西方之间经济、文化交流的重要桥梁。1430~1540年的百余年间，对黄金的渴求使身兼商人、航海者和征服者三职的欧洲人探查了非洲的所有海岸，并最终实现了环绕整个非洲大陆的航行。同期的中国人郑和于1405~1433年七次下西洋，经越南、苏门答腊、锡兰和亚丁等30多个国家和地区，最远到达非洲东海岸和红海沿岸。但是前资本主义的经济不是作为一个独立的领域存在，而且人们大多对公开谋利的行为表示厌恶。

2. 第一次经济全球化浪潮（人口流动、资金流动、大的工业和金融集团的出现）（1870年至第一次世界大战前）

始于16世纪的欧洲经济世界的扩展，导致一个世界规模的贸易网的形成，后来其他大陆经常是被武力征服加入进来。地理大发现之后形成的国际经济空间的扩张是同西方民族国家间的竞争分不开的。从 1840 年起，世界贸易加速发展，到 1870 年形成高潮。马克思认为："资产阶级，由于开拓了世界市场，使一切国家的生产和消费都成为世界性的了。"

大体发生于 1760～1830 年的英国工业革命使工业产量迅速增加，欧洲生产系统对初级产品的需求也大大增加，不断下降的运输成本和更加自由的贸易政策为富饶土地的开发和土地密集型产品的出口创造了机会。而初级产品的生产要求投入大量的人力。这一时期，个人有自由移民的权利，美国规定只有妓女、囚犯、精神病患者不可以移民，向其他所有人开放。1815～1915 年有 4 600 万人离开欧洲，其中 3 800 万人是在 1865 年以后离开的。这一时期经济融合的程度是惊人的。资本和利润的流动不再受任何约束。政府不再干涉财富的分配；以黄金为标准使发达国家和发展中国家的贸易按照统一的汇率核算。根据国际收支相关资料的最低估计，仅直接投资和有价证券投资两项（或海外赢利的再投资）形成的资本输出在 1870 年为 90 亿美元，1913 年为 440 亿美元。1913 年时，全球长期国外投资项目的股票市值已达到 440 亿美元，伦敦交易所 60% 的证券交易是海外资金。金融市场所必需的制度被移植到发展中国家，结合电报带来的信息进步，发展中国家和发达国家的资本市场联系起来，在 1870 年发展中国家的外国资本存量只有其收入的 9%，到 1914 年，这个比例上升到 32%。

凯恩斯在《和平的经济后果》中有关于这段时期形象的描述："这是人类经济进程中多么辉煌的一段啊，却在 1914 年的 8 月接近尾声……伦敦的居民一边躺在床上享用早茶，一边通过电话订购世界上的任何一种商品，并要求尽快送到他的门前。在做这些的同时，他可以决定将自己的财富投资在世界某个角落的自然资源和新兴产业上，并不受任何限制地品尝成功的收益；他还可以将财富的安全性和人们的良好信誉结合起来。最重要的是，以上这些在他的眼中再自然不过，除了将有的改进，一切都非常固定，而任何偏离的做法都是片面的，同时也完全能够避免。旨在颠覆人类生活的种种邪恶，包括军国主义、帝国主义、文化和种族对抗、独裁，限制和排外等对普通人来说，还不如一份日报来得重要，对实际上已经国际化的日常社会和经济生活并没有任何影响。"

3. 后退到民族主义

19 世纪末，国家间的对立与民族资本主义的竞争交织在一起，尽管技术的发展使运输成本持续走低：在第一次世界大战和第二次世界大战期间，海运成本下降了 1/3，但是贸易政策出现了倒退。Mundell 指出："20 世纪以高效的国际货币体系为开端。可在'一战'中，这一体系被破坏了；在'二战'期间，对国际货币体系的拙劣改造引发了大萧条。"各国政府以保护主义方式应对萧条，国际贸易出现倒退。资本市场由于大多数高收入国家采取了控制措施以抑制资本输出，到 1950 年，发展中国家的外国资本存量下降到只有国民收入4%的水平，甚至远低于1870年的水平。民族主义产生了反移民情绪，进入美国的移民从1870~1914年的1 500万人，下降到1914~1950年的600万人。

4.第二次全球化浪潮（第二次世界大战后至20世纪70年代后期）

"二战"后的20世纪下半叶的大部分时间里，"冷战"及其联盟结构提供了世界经济在其中运作的框架。战后凯恩斯式的民族资本主义国家调节成为应对民族主义恐惧的主要方式，只是这种调节局限在社会经济体制相仿的国家间的商品和贸易范围内，社会主义国家已经被放逐到"铁幕"背后。布雷顿森林体系、国际货币基金组织、国际复兴开发银行、关税及贸易总协定建立。随之而来的自由化是不平衡的，发达国家间的工业品贸易壁垒已大幅削减，广大发展中国家在农业和制造业领域面对的是严重的壁垒，大多数发展中国家也对其他发展中国家和发达国家设置了壁垒。从1950年至20世纪70年代末，海运费用再次下降了1/3，运输成本的持续下降再次推动了贸易壁垒的削减。贸易几乎恢复到"一战"前的水平，但国际资本和劳动力流动并没有恢复。对于发达国家来说，第二次全球化浪潮蔚为壮观，但是发展中国家受益有限，其结果是发达国家同发展中国家的差距拉大了。跨国公司在国际经济中发挥越来越重要的作用，但这里所说的跨国公司还主要是指美国公司。

5.经济全球化的最新发展（20世纪80年代以后）

从20世纪70年代后期起，开始有一些新的趋势渐渐涌动，20世纪80~90年代终于汇成第三次经济全球化浪潮，出现了许多新的特点。

（1）这一时期的经济全球化包含了贸易、金融一些重大的发展。据国际经济组织统计，从1983年至1990年，世界贸易平均增长9%，比同期国民生产总值的增长率（3%）高出两倍。结果，世界贸易额在世界国民生产总值中所占比重不断提高，从1980年的28%提高到1992年的33%。这就是说，目前，全世界的产值中约1/3是在国际交换中实现的。从20世纪70年代中期开始，放松金融管制和创造新的金融工具（如金融衍生产品），还有通信技术的发展，都有助于国际金融制度更加高度的整合。外汇交易量在20世纪90年代末每天大约达到1.5万亿美元，是1980年的8倍。

（2）全球化的说法变得名副其实了，最鼓舞人心的就是包括30亿人在内的广大发展中国家第一次成功地利用它们自身丰富的劳动力发展劳动密集型产品和服务。20世纪70年代，一批发展中国家采取了出口导向的发展战略，一跃而成为"新兴工业化经济"。在这些榜样的带动下，20世纪80年代左右许多发展中国家普遍经历了发展战略的改变，采取了更大范围的贸易自由化政策，大幅度削减关税。许多国家也解除了对外国投资的限制，通过巩固产权、建立强有力的法律规则来改善投资环境。1980年，在发展中国家的出口中，只有25%是工业制成品，到1998年，这一比例上升到80%；在20世纪80年代早期，商业服务占富裕国家出口总额的17%，只占发展中国家出口总额的9%。在第三次全球化浪潮期间，富裕国家出口的服务业份额略有上升，达到20%，但在发展中国家，这一份额几乎翻了一倍，达到17%。

（3）这次全球化浪潮中再次大规模出现了资本流动和国际移民。据统计，1983年世界对外直接投资总额为6 000亿美元，1990年已达17 000亿美元。1985～1990年，世界对外直接投资平均每年增长近30%，大大超过世界贸易的增长。世界对外直接投资和海外生产把各国经济更加紧密地结合在一起。同时由于前期发展中国家和发达国家收入差距的扩大，发达国家面临着巨大的移民压力。据估计，生活在美国合法的墨西哥移民有700万人，同时有大约300万名非法工人，这意味着大约10%的墨西哥人在美国生活和工作。

（4）国际经济组织的协调作用不断增强，世界银行、世界贸易组织和国际货币基金组织等国际经济组织在全球范围内协调国际经济关系，呈现出多样化和多层次的特点，协调的范围更加广泛，涉及宏观经济政策以及货币、金融、贸易、投资、科技和环保等领域。

在20世纪80年代中期，跨国公司（MNCs）开始对世界经济的几乎每个方面都产生了深刻的影响。跨国公司是以世界为对象进行活动的企业。如果从东印度公司和其他形式的"商业冒险家"算起，跨国公司和对外直接投资已存在几百年了，在20世纪80年代其他国家的公司也加入到跨国公司的行列中来，跨国公司在海外的扩张越来越使各国经济相互融合、影响，而且它们在制造业和服务业国际化中起到了带头作用。1980年，跨国公司的营业额为3万亿美元，占世界国内生产总值的5%，到1999年，跨国公司的营业额则达到14万亿美元，据联合国《2002年世界投资报告》统计，目前全球共有65 000家跨国公司，共雇用职员5 400万人，其年销售额是世界出口额的1倍多，达19万亿美元，其产值占世界生产总值的1/10，出口量占世界出口总量的1/3。

二、关于经济全球化的争议

1.经济全球化的概念与内涵

几乎每一个实行开放政策的国家都处于世界经济发生的巨大变化中。"经济全球化"的提法本身就存在着争论和困惑，正如沃尔特·奥肯指出的，"在建立一幅经济世界的科学图像方面，定义扮演着重要的角色"。同样，"经济与社会的全球化是一种新形象，它可以采取各种不同的形式与表现方法。有一些形式与表现方法在今后10～15年内也许会消失，或者失去意义。民族的因素、国民经济与社会的变化将不断受到全球化的影响。并没有一种行之有效的全球化模式。所以直到现在还很难找到一个得到普遍承认的定义"。

一般认为,"全球化"一词最初是由经济学家 T. 莱维在 1985 年提出的,他用这个词形容此前 20 年间国际经济的巨大变化,即商品、服务、资本和技术在世界性生产、消费和投资领域的扩散。因此,当人们讲到全球化时,其原意是指经济全球化。

法国的雅克·阿达认为,"可以说全球化是一个将近 1000 年前始于地中海,并随着 15、16 世纪地理大发现而取得决定性大发展过程的继续。它不过是重新恢复了资本主义那既是国际的,更是跨国的原始使命,这就是把疆界和国家、传统和民族统统踩在脚下,迫使一切都服从唯一的价值规律","与资本主义深刻而古老的天职相对应,全球化不应被看作一种状态,而是一种过程。当然在区域经济间发生重大危机时,它可能被局限于区域之内,同时它可能最终超越目前世界经济三分天下的进程"。

美国的罗伯特·吉尔平指出:"我用的'全球化'这个名词是指各国经济通过贸易、金融和跨国公司对外直接投资相互之间越来越密切的联系。"

目前比较权威的是国际货币基金组织所下的定义,经济全球化是指"跨国商品与服务贸易及国际资本流动规模和形式的增加,以及技术的广泛迅速传播使世界各国经济的相互依赖性增强"。即各国经济通过不断增长的各类商品和劳务的广泛输送,通过国际资金的流动,通过技术更快、更广泛的传播,形成相互依赖关系。

2. 经济全球化的动力问题

经济全球化的动力是一个不可回避的问题。马克思、恩格斯在《共产党宣言》中指出:"资本一方面要夺得整个地球作为它的市场。另一方面,它又力求把商品从一个地方转移到另一个地方的时间缩减到最低限度。资本越发展也就越是力求在空间上更加扩大市场,力求用时间更多地去消灭空间。"资产阶级创造的大工业"使每个文明国家以及这些国家中的每一个人的需要的满足都依赖于整个世界,因为它消灭了各国以往自然形成的闭关自守的状态"。它"既要克服民族界限和民族偏见,又要克服把自然神化的现象,克服流传下来的、在一定界限内闭关自守地满足于现有需要和重复旧生活方式的状况。资本破坏这一切并使之不断革命化,摧毁一切阻碍发展生产力、扩大需要、使生产多样化、利用和交换自然力量和精神力量的限制"。因此在马克思主义经典作家看来,资本追求利润最大化的冲动是经济全球化的原始驱动力。

另外,有些经济学家提出科学技术是经济全球化最重要的推动力。约翰·H. 邓宁(1996)所言:"除非有天灾人祸,经济活动的全球化不可逆转。这是技术进步的结果,而技术进步的趋势不可逆转。"世界公认的研究科学技术与社会相互关系的先驱是马克思,他最早对科学与技术的社会功能做出科学阐述。恩格斯在《马克思墓前悼词》中指出,马克思"把科学首先看成是历史有力的杠杆,看成是最高意义上的革命力量,而且他正是把科学当作这种力量来加以利用。在他看来,他所掌握的渊博知识,特别是有关历史的一切领域的知识,用处就在这里"。马克思提出"生产力中也包括科学""社会劳动生产力，首先是科学的力量"。他在《资本论》中指出："劳动生产力是由多种情况决定的，其中包括工人的平均熟练程度、科学的发展水平和它在工艺上的应用程度、生产过程的社会结合、生产资料的规模和效能，以及自然条件"。马克思还以手工织机被机械织机代替，早期机械织机又被新型机械织机所取代的过程，来说明技术进步是如何导致生产工具的变革，从而提高劳动生产力的。马克思强调科学是生产力中一个相对独立的因素，它对生产力的发展具有巨大的促进和变革作用。另据西方学者的一种观点认为，经济全球化的动力是自由化、私有化、放松经济管制。"这个自由化过程并不是在毫无问题、毫无利益冲突的情况下进行的。一般说来，国民经济最强大的国家总是要求最迅速、最广泛、最强烈地推进贸易、资本、人员、服务流动的自由化。但是这种自由化还造成了它的竞争对手的出现：贸易保护主义。这种贸易保护主义被自由主义市场经济理论家们看作是导致多数经济问题的原因而痛加谴责。""私有化的市场力量能够最好地满足生产者与消费者的双方利益，最好地进行现有资源配置。私人资金筹集与私人投资被看作动员人们的各种能力与创造精神的最佳途径。""只有市场力量才是在地方、区域和全球范围内调节民族经济、国际经济的一切职能所必需的。"所以，"对于经济中的国家垄断、国家干预，包括以各种规章、标准的形式进行的干预，都必须加以限制"。"为了在一个全球化的经济中加强产业部门、公司或者国家的竞争能力，存在私有化的迫切需要；为了加强地方产业部门与公司在全球市场的地位，存在市场自由化的迫切需要；为了促进私有化进程，为了促进地方公司与民族的（或区域的）经济，存在对于产业部门与市场放松经济管制的迫切需要。"

由此可见，全球化不应被看作一种状态，而是一种过程，其产生和发展都有内在的原因。在这一过程中，各国或地区的依赖关系加强，劳动力、资本、技术、货物和服务在全球范围内自由流动的速度、广度和深度都在全方位拓展。

第二节　知识经济

一、知识经济的由来——两条线索

1996年，经济合作与发展组织（简称经合组织，OECD）在《1996年科学技术和产业展望》的报告中提出"以知识为基础的经济"的概念，指出："OECD主要成员国国内生产总值（GDP）的50%以上现在已是以知识为基础的。"美国经济自20世纪90年代初起开始逐步走出不景气，进入健康的发展轨道并连年增长，1997年2

月，美国时任总统克林顿在一篇报告中也明确提出了"知识经济"的概念。"知识经济"这个名词一经提出，很快出现在各国政府研究报告和政府的文件里，在全世界产生极大的反响，"知识经济已被视为生产率和经济增长的推动力，这促使人们把新的注意力集中在信息、技术和学习上"。通过对知识经济的研究，大致可以发现理论的发展遵循两条线索：

1. 19世纪60年代以来西方学者对工业化以后新的经济或社会形态的探索和思考

早在16～17世纪，英国的弗兰西斯·培根（Francis Bacon，1561～1626年）和意大利的康帕内拉（T. Campanella，1568～1639年）就几乎同时提出"知识就是力量"的口号。1959年，彼得·德鲁克从对社会劳动力结构变化趋势的分析中预言了"知识劳动者"，即以知识来参与生产工作的人员将取代"体力劳动者"成为社会劳动力的核心，并开始普及"知识社会"这一概念，彼得·德鲁克在其1968年发表的《不连续时代》一书中指出："知识生产力已成为生产力、竞争力和经济成就的关键。知识已成为首要产业，这种产业为经济提供必要的和重要的生产资源。"20世纪60～70年代，丹尼尔·贝尔提出"后工业社会"的概念，在1973年发表的《后工业社会的来临对社会预测的一项探索》中认为："后工业社会是由知识技术形成的。如果资本与劳动是工业社会的主要结构特征，那么，信息和知识则是后工业社会的主要结构特征。"1970年，阿尔文·托夫勒在《第三次浪潮》中提出"后工业经济"的概念，随后在1980年出版的《作为后工业社会的信息社会》中提出"信息社会"的概念。1982年，未来学家奈斯比特在《大趋势》中提出"信息经济"的概念，指出改变未来生活的十个方向。1986年，福莱斯特在《高技术社会》中提出"高技术经济"的概念。1990年，托夫勒在《力量转移：21世纪的知识、信息和暴力》一书中明确提出一种以头脑（脑力）为基础的"创造财富的新体系"，他称之为"新的知识经济"。20世纪90年代初，美国阿斯奔研究所（The Aspen Institute）等联合组建信息探索研究所（The Institute for Information Studies），在其出版的《1993～1994年鉴》中，以《知识经济：21世纪信息时代的本质》为总标题，从6个不同方面审视了信息社会的特征和本质，并明确提出："信息和知识正在取代资本和能源而成为能创造财富的主要资产，正如资本和能源在300年前取代土地和劳动力一样。而且，21世纪技术的发展，使劳动由体力变为智力。产生这种现象的原因，是由于世界经济已变成信息密集型的经济，信息和信息技术具有独特的经济属性。"

2. 20世纪40年代以后西方学者对经济增长和可持续发展的解释

从18世纪后期开始，先是在英国，接着在西北欧和北美，出现了普通居民生活水平的持续上升，尽管20世纪前半期遭受两次世界大战的破坏，但在那些现属于经合组织的国家中，人均收入仍然史无前例地以1.4%的速度增长。当经济学家努力解释人类生产率和收入方面的这种持续增长时，他们发现为了把握这一复杂现象，需要把越来越多的因素综合考虑。

在20世纪40~50年代，经济学家强调资本对长期增长的重要性，他们假设增长依赖于资本积累（储蓄、净投资），哈罗德（Harrod，1939）和多马（Domar，1946）在假设劳动和资本的比率固定、储蓄率固定的条件下建立了自己的均衡增长理论，但是资本积累过程具有潜在的不稳定性。

到20世纪50年代，经济学界开始不满足于狭隘地以资本聚集来解释经济增长过程，经济学家提出了国民生产函数的概念，用以反映资本、劳动和技术一类投入与预期产出量之间的关系，索洛（Solow，1956）和斯旺（Swan，1956）在假设劳动和资本可完全替代、边际收益递减、规模收益不变的条件下，将技术进步概念引入模型，技术创新成为探索经济增长原因的研究者们集中关注的问题之一，这种理论虽然成功解决了哈罗德和多马模型中存在的均衡增长路径的稳定性问题，但是均衡增长率依然依赖于外生的劳动增长率和技术进步率，而且没有对技术进步做出合理的解释。

20世纪60年代的研究对这种探索做出了推动，经济学家开始强调更好的教育和技能培训的影响，"发展软件"（技能、技术知识和组织知识）能确保"发展硬件"（资本和劳动）变得更有效率。

在20世纪70年代，虽然有些观察家表示了对自然资源正在被耗尽的担忧，但是了解技术和知识的经济学家却持有一种乐观的看法，认为获取稀缺资源和节约可用资源方面的新的知识能够为发展开辟新的途径（Beckerman，1978）。

20世纪80年代，一些经济学家专注于收入水平的上升在经济活动的结构成分中导致的系统变化，认识到在总的宏观经济增长背后，事实上存在着各种有机演化的微观经济结构，微观经济学的这一关注重点与重新提起的、更复杂的对知识关键作用的关注是一致的，他们吸收了诸如约瑟夫·熊彼特和经济学中的奥地利学派在20世纪前半期所做的工作。罗默（Romer，1987、1989、1990）将知识引入生产函数，建立了知识积累型内生增长理论。他指出生产要素有四个：资本、非技术劳动、人力资本和新思想。其中知识最为重要，是驱动经济增长的动力。知识的生产是与物质资本投资、人力资本投资、教育和创新投资相联系的。在罗默的模型中，特殊化的知识和专业化的人力资本是经济增长的主要因素，它们不仅自身形成递增的收益，而且资本和劳动要素投入也产生递增的效益，从而整个经济的规模收益是递增的，递增的效益保证着长期经济增长。卢卡斯（Lucas，1988）和罗默（1989）内产生了狭义人力资本生成的知识，认为新知识是由研究技术投资即狭义人力资本投资生成的，新知识是经济增长的最终决定因素。

1990年，罗默进一步产生了广义人力资本生成的知识，认为经济中存在一个独立的教育部门,专门生产思想,以增加新知识。该知识可分为两部分:竞争部分为知识创新者提供垄断利润,非竞争部分为社会大众提供知识的外部性。可以认为,正是考虑到知识作为公共品所具有的外部性及知识对经济增长和可持续发展的决定性作用,西方学者才将这种经济社会形态称为知识经济。

二、知识与知识经济的内涵

在经合组织《以知识为基础的经济》报告中有关于知识经济内涵的界定,该报告指出:知识经济是建立在知识和信息的生产、分配和使用基础之上的经济。关于知识对经济发展的促进作用,以绿色革命可以佐证。在这项为期数十年、遍及世界的绿色革命中,新的农业知识被创造并得以传播。这场运动为提高农业生产率培育了许多新型品种,它是在战后早期若干年中由许许多多的机构和个人来推动的。英国经济学家托马斯·马尔萨斯在18世纪曾预言,任何国家的人口最终将超过食品供应所能达到的水平。但是绿色革命显示出,马尔萨斯低估了知识农业、交通运输和机械化等知识改变粮食生产状况的速度有多么快。

一般而言,可以将知识分为四个层面:一是关于"是什么"的知识,即"Know-what"。这一类知识的一部分叫作"可交流的知识",也就是可以用符号和语言表达出来的知识;另一部分叫作"不可交流的知识",即纯粹主观感受而无法言传的现象,如直觉、审美体验等。二是关于"为何是"的知识,即"Know-why",它是在"是什么"的知识所形成的抽象概念的基础上,通过逻辑推理和抽象思维所形成的关于事物之所以然的知识。三是关于"如何是"的知识,即"Know-how"。这一层面的知识要求认知者把"是什么"的事物具体地构建出来,涉及的是事物细节方面的知识。四是关于"谁可能知道"的知识,即"Know-who"。这类知识也很重要,因为随着分工的日益发达,我们每个人所知道的知识越来越窄和深化,而知识的分离越来越严重。只有知道了谁可能知道某些知识,我们才能依靠相互的知识生存下来。在这四个层面的知识中,前两类易于被转变为话语、被记录下来和以手册和教科书的方式传授下去,例如许多科学和技术原理方面的知识都可以在大学的课程中清晰地表述和传授,我们把它们称为可以言传的知识(Explicit Knowledge)。后两类往往存在于人们的头脑之中,我们往往用"诀窍"和"技能"这两个词来指这些知识,它们主要通过实践才能获得,也就是所谓的"边干边学",我们把它们称为不可言传的知识(Implicit Knowledge),很难想象一个人通过看一本书或者由别人口头传授就可以掌握计算机系统应用方面的知识,显然这些知识只有在实际操作中才能学习。

信息是任何能够数字化的材料,即使不能数字化,但只要有助于接送并便于人们理解而被处理了的材料就是信息。信息本身并不是知识,在当今社会中,只有那些使提高生产力成为可能的信息才是知识。

任何类型社会的存在都必须以知识和信息的生产、分配和使用为前提，但是只有以知识和信息的生产、分配和使用为基础的经济才能称为知识经济。在知识经济中，对经济活动最为关键的，是科学与技术的创新性知识。科学研究的产品是新知识，科学作为可以言传的知识，对应着知识的前两个层面（"Know-what""Know-why"），其成果主要是论文，它所提供的纯基础理论一般作为公共物品为社会公众所使用，具有外部性，不具有排他性和竞争性；技术（同兼有科学与技术特性的应用科学）一般作为不可言传的知识对应着知识的第三个层面（"Know-how"），它研究的产品具有实实在在的经济利益，其成果一般要严格保密，直到能取得保护其经济利益的专利为止。约瑟夫·熊彼特认为资本主义的本质现象是创造性的破坏过程，它不断从内部更新经济结构。实行这种创造性的破坏过程的力量，就是创新。熊彼特使用"创新"这一表达法来定义将新产品、工艺、方法或制度引用到经济中去的第一次尝试，主要包括以下五种：新产品、新市场、新的生产方法、新材料、新的组织。很显然，熊彼特强调的是技术创新，是直接作用于生产的新技术的采用。但是创新的含义远不止于此。科学的指数式增长是现代社会的一个重要特征，自17世纪以来，科学就一直以几何级数的方式快速增长，并且远远超过其他的社会发展指标的增长速度。科学活动的规模自17世纪以来已经扩大了100万倍，差不多每15年就翻一番。今天的技术本质上是科学的技术，是科学的某种应用。在古代甚至近代早期，科学与技术的关系是不大密切的。科学被一些有知识、有学问、有身份的人所掌握，技术则由一些无名的工匠传授，科学没有为技术创新做什么。到了19世纪和20世纪，开始有政府和日益增多的工业企业十分被动地、渐渐地充分认识到把理论研究用于解决技术和工业问题的好处。从此以后，科学就被大规模地应用于技术，科学创新作为人类系统化的自然知识的革新，同技术创新一起成为塑造现代世界经济的两种重要力量。科学创新引起技术创新，技术创新作为科学创新作用于生产过程的中介，直接作用于生产力。科技创新摧毁垄断，创新产品摧毁旧产品及其企业，创新的扩散引起产业的突变。

第三节 对产业转型提出的新要求

经济全球化意味着产业结构已突破国界走向世界。发达国家主要以尖端产业为主导，中等发达国家主要以现代产业为主导，大多数发展中国家主要以传统产业为主导。这种产业分布在世界范围内形成一种完整的产业关联，即国际产业关联。因此，对于每一个国家来说，其产业结构都是不完整的。同时应该注意到知识经济的提法是在新的经济全球化加速发展的大背景下由发达国家首先提出的。少数发达国家注重于发展尖端产业，把传统的技术含量较低的产业转移到发展中国家，这一过程中饱含着对产业结构"空心化"的种种担忧。但是也正因为这种国际产业的转移，凸显了科技创新和知识信息在发达国家产业发展中的重要作用。大批新兴产业涌现，信息产业、利用生物基因技术的新型医药产业、电子软件产业、新型材料和精密仪器产业的技术含量和知识密集度越来越高，注意到这种变化的经济学家据此提出"知识经济"的概念也就不足为奇了。在那些承接了国际产业转移的国家，也同时承接了与产业一起转移的技术。原有的发达国家之间的水平分工和发达国家与发展中国家之间垂直分工的国际分工格局正在被事实上的"创新中心（核心技术）—制造中心（边缘技术）"的分工格局取代。在这一新的分工格局中，技术，尤其是代表最新水平的新兴技术，成为最具竞争力优势的经济要素。以美国为首的发达国家作为创新的中心，在国际产业格局中占据主动位置，发展中国家由于创新能力的不足，则可能形成被动的、受人控制的产业结构。因此，如何在经济全球化和知识经济兴起的大背景中进行产业转型，形成最有利于自身发展的产业格局，显得更为迫切。

产业转型作为一个历史发展过程就是从低级形态向高级形态转变的过程，其实质就是产业的升级换代，即所谓的"产业高级化"。我们可以从两方面来理解产业转型，即产业内部的转型和产业之间的转型。产业内部的转型是指产业内部技术的集约化，即由劳动密集型向技术密集型转化。产业之间的转型是指产业结构的高级化，即主导产业的依次更替。传统的衡量产业转型的标准有三次产业的比例变化，但正如知识经济的内涵所示，产业转型本质上并不是指某些产业部门比例的简单升降，而是指技术的集约化，即采用先进技术的部门在数量上和比例上的增加。U 盘的创新产品摧毁了光盘产业，廉价而性能优越的货车摧毁了铁路货物运输的垄断权，PC 和 Word 程序一出现就摧垮了打字机产业。因此，只有引入创新，并对其他部门增长具有广泛的直接和间接影响的主导部门的更迭，才能提高整个产业的技术集约化程度，带动产业结构向高级化方向演变。这说明产业结构变动的方向是由创新在某一产业内迅速、有效地积聚，并通过部门之间的技术关联发生扩散来决定的（发明→创新→创新的扩散）。没有创新和创新的扩散，高增长部门的更迭只是产业结构变动的低水平循环。具体来讲，新时期下产业转型要做到以下几点：

一、重视跨国公司的技术国际转移和自身自主创新能力的提高

对于企业来说，与生产直接相关的是技术创新。技术创新可以分为两种：一是产品的创新，这是开发全新的产品或对现在生产的产品进行大规模改善的创新。例

如，代替传统电话的智能手机，或对已有智能手机拉大规模改良。二是过程创新，这是对产品生产过程的创新。例如，由人的手工劳作来生产汽车改为用机器人来制造汽车，或者把生产汽车的流水线从 500 米缩短为 200 米。

"自 19 世纪下半叶以来，发达国家经济增长的主要来源已成为科学技术，特别是电力、内燃机、电子、核能及生物领域"（Kuznet，1996），同时，"考虑到现代新知识的世界传递性与可靠性，这种知识存量的跨国特征与任何单一国家对它的依存性在现代经济增长过程中变得日益明显起来"（Kuznet，1996）。贸易与投资通过制造产品与提供服务（其中包含了外国的知识）以及通过提供原先无法获得或需要花费大量代价才可获得的外国技术与其他知识，对总要素生产力做出贡献。埃尔赫南·赫尔普曼的研究表明："一个国家的 TFP（总要素生产力）不仅依赖于它做了多少 R&D，而且依存于那些与其进行贸易与投资的国家进行了多少 R&D。一个国家对国际经济的开放度越大，它从其他国家的 R&D 中获得的收益就越大。"

研究与开发（R&D）的行为主体不管是企业、国家还是大学，其成果都可以归结为科学和技术两种。科学作为公共品，是没有国界的，可以为任何一个人所享有。作为经济活动的技术的国际转移有两种传导方式：一种是通过国际产业的转移，即发达国家的某些产业向欠发达国家或发展中国家的转移，这些产业中的技术便发生了国际性转移。虽然这些产业中的技术往往不是最先进的技术，但是对于承接技术的国家来说，比其国内技术要先进，从而对其国内产业转型来说，不乏为一种推动力。另一种是通过跨国公司内部的技术转移，即跨国公司将新技术、新工艺和新产品通过其海外子公司转移到世界各地。这是在 20 世纪 80 年代开始的新的经济全球化浪潮中，跨国公司对外直接投资出现的新特点。早期跨国公司的投资是以原材料为主，后来跨国公司的投资以制造业为主，现在由于信息革命和服务业与制造业之间的关系越来越紧密，跨国公司对服务业的投资增长了许多。这些产业又与技术有着密切的关系。据统计，美国跨国公司的私人对外直接投资从 1950 年的 118 亿美元增加至 1985 年的 2 327 亿美元，其中 90% 是与技术转让结合在一起的。跨国公司已成为国际技术转让的主体，而且为了保证新技术在第一次转让后仍然留在母公司所附属的国外分公司的内部，扩散的技术往往是世界先进的技术。

对于跨国公司分公司所在国来说，外商投资企业将填补其国内的技术空白，带动国内相关产业和企业的发展，促进国内产业转型，即产业由劳动密集型为主向技术密集型为主转变。国内产业在抛弃生产劳动密集型产品意义上的比较优势时，要注意在新的层次上培植产业竞争的比较优势。在波特看来，具有竞争优势的比较优势"集中在特定产品或产业的环节上"。这种比较优势不是先天的资源禀赋，而是后天的，需要创造的。这就是波特所强调的创新，特别是在科技创新基础上的产业创新。

总之，在经济全球化和知识经济的背景下，国内产业转型将受益于世界性创新扩散。我国应该继续实行对外开放，许多发展中国家曾经排斥能传播非言传知识和技能的外国专家和跨国公司，而代之以单纯地获得可言传的产业知识。实践证明，因误解有用知识而低估各种实践惯例、技能和知识的重要性，有可能产生高昂代价和影响深远的后果。在跨国公司的技术溢出效应下，如果国内企业创新能力能在此过程中得到提高，并逐渐融入世界性创新浪潮中，那么国内产业转型速度将大大加快。

二、发展主导产业，改造传统产业

美国经济学家罗斯托认为："一个新部门可以视为主导部门的这段时间，是两个相关因素的复合物：第一，这个部门在这段时间里，不仅增长势头很强，而且要达到显著的规模；第二，这段时间也是该部门的回顾和旁侧效应渗透到整个经济的时候。"

罗斯托根据技术标准把经济发展阶段划分为传统社会、为起飞创造前提、起飞、成熟、高额群众消费、追求生活质量六个阶段，每个阶段都存在相应的起主导作用的产业部门。他以创新为基点，考察了在某些部门率先出现的创新通过与其他部门复杂的关联，对产业结构转换的重大影响，尤其是以创新为基础的主导产业通过扩散效应推动产业结构转换，从而加速经济增长的状况。主导部门通过回顾、前瞻、旁侧三重影响带动其他部门发展：一是回顾影响，指对为本部门提供生产资料部门的影响；二是前瞻影响，指对新工业、新技术、新原料、新能源的出现的诱导作用；三是旁侧影响，指对地区社会经济发展的影响。

产业转型是主导部门依次更替的过程。在此过程中，具有新的生产函数的主导部门代替旧的主导部门，"增长的完整序列就不再是总量的运动了，它成了在一连串的部门中高潮的继起并依次关联于主导部门的序列，而这也标志着现代经济史的历程"。传统的产业结构是沿着农业——轻工业——重基础工业——重加工工业——现代服务业的顺序发展的，产业结构的转换是自然发展的结果。

现代经济是以世界科技革命为轴心，以生产率的高速增长为基础的，这种连续不断加速的重大科技创新，正是我们揭示产业转型意义的关键。科技创新决定着主导产业的有序演变。新时期下技术创新是任何一个部门发展的关键因素，可以根据各产业部门与技术创新关联的紧密程度，将各产业部门分为三类：低增长部门、高增长部门、潜在高增长部门。在这三类部门中，高增长部门是最重要的，它对一国经济增长起支撑作用，霍夫曼称其为"优势产业"。高增长部门的更迭虽然使产业结构变动呈现有序性，但并不一定反映产业结构变动的方向。那些在特定周期内受高利润的吸引而高增长的部门并不能决定产业结构变动的方向。罗斯托区分了这两种部门，分别叫作主导增长部门和主导循环部门。主导增长部门引入创新，即新的生产函数的真正的主导部门；主导循环部门没有引入创新，受高利润率影响的辅助增长部门或派生增长部门，它只能支撑特定周期的繁荣，却并不能带动产业结构的高级化。只有主导增长部门才能带动产业结构向高级化发展。

在新时期下，发展中国家如果遵循着传统的产业发展轨迹，不能利用国际技术转移提高自身的技术创新能力，那么在国际产业分工格局中就会有被边缘化的危险，形成所谓"大脑→手脚"的国际分工格局，陷于被动支配的地位。同样的，在缺乏创新或创新不足的情况下，人为地加快产业结构的转换，必然造成结构失衡。国际经验表明，只有在创新及创新扩散的前提下，才能在保持结构均衡的情况下加快产业转型。

随着技术集约化的发展，产业结构不断更替，以微电子技术为中心的包括信息网络、生物工程、新型材料、航天技术和海洋开发的各种技术蓬勃发展，知识密集型和技术密集型的信息产业超过传统产业而成为发达国家的主导产业。在这种情况下，各发达国家都投入巨额资金，竞相开发高技术产品和建立高技术产业，以抢占技术制高点，加速产业转型，在经济全球化的激烈竞争中取得主动地位。科学与技术作为经济战略资源在世界经济增长中正发挥着越来越重要的作用。基础科学的巨大进展以及计算机的运用是知识运作成本大幅度下降的重要促进因素，40年来知识的储存和转化的成本以每年大约20%的速度递减，而与工业革命相关的能源成本的减少在30年中才下降了50%。目前在市场上有各种类型和各种品牌的产品，这本身反映出依赖于科学可以有多种设计和多种施工工艺的技术。以照相机为例，德国企业集中开发自动镜头技术，美国企业则集中开发光度自动调节技术，韩国企业集中开发小型化技术等。依赖于不同技术的产品在市场上同样有生存的空间，这就为发展中国家产业的升级提供了空间。

发展中国家在产业结构调整和优化的过程中，既要解决产业结构的合理化问题，又要解决产业结构的高度化问题，因此，处在战略地位的主导产业应该是一个主导产业群，并呈现多层次的特点。信息技术具有极强的产业爆发力和拉动力，信息技术方面的创新通过扩散将进一步在有关的产品、工艺、技术和组织机构方面做出其他的创新。应用较多信息技术的信息产业具备作为主导产业的条件，同时信息产业通过回顾、前瞻、旁侧影响改造传统产业，实现新兴产业和传统产业同时开发发展的模式。

三、产业转型中的政策取向

面临经济全球化和知识经济的挑战，国际竞争空前激烈，产业转型成功与否，转型的速度快慢，都受国家和地区产业政策的影响。产业政策通过非指令性计划和各种经济立法、经济措施使产业政策的目标化为经济运动的内在机制。与其他政策相比，产业政策能够在更深的程度上干预社会再生产过程，影响产业部门内部和产业部门之间的资源配置。产业政策主要包括产业结构政策和产业组织政策。产业结构政策是确定产业结构发展的目标，并为实现这一目标所采取的政策。产业组织政策是为获得理想的市场而对市场结构和市场行为进行干预的政策。

1. 借鉴发达国家的经验，制定符合本国国情和地区发展阶段的主导产业选择基准

发展中国家应正确选择经济开放的速度，积极参与国际分工与国际竞争，积极引进外资，以自身经济发展和综合国力的提高为根本，综合运用竞争与合作两种手段，建立多方位、多层次的竞争与合作关系，促进产业转型。世界银行1998/1999年世界发展报告指出，在绝大多数工业化国家和发展中国家，信息和通信技术正在发挥一种主导作用，"如在新的全球经济中展开竞争，发展中国家必须把开发和有效利用信息基础设施作为全国的目标"。在国家的内部，各地区在评价自身比较优势的前提下，建立体现地区特色的主导产业群，同时制定有利于地区主导产业发展和规模经济效益的融资政策和税收政策，扩大重点企业的经营规模，政策引导外资投向主导产业。

2. 制定科技优先、技术创新的法规和政策，大力加强有利于高新技术产业发展的研发

在知识密集型的技术产品在国际贸易中不断上升的知识经济时代，发达国家技术更新速度加快，发展中国家依靠传统的引进、模仿发达国家先进技术求得发展的方式，有可能出现对外国技术的严重依赖性，也就发挥不出"后发优势"。因此，这种依附型的产业升级模式必须被自主型的产业升级模式所取代。最近几年，跨国公司设立的研发中心显著上升，现在已经设立了400多家研发中心，设立的势头很猛，而且很多研发中心的研究，不光是应用技术的开发，甚至基础性的研究也在中国进行，其技术含量、技术档次比以前显著提高。发展中国家和地区在注重引进发达国家先进技术时，要特别注意引进有利于产业升级的重大技术和关键技术，与此同时，要通过多种形式，如组建共同研发中心、进行技术交换等，促使企业在互相竞争（Competition）的过程中进行协作（Cooperation），提高研发的水平，走出一条自主创新的发展高技术产业的新路子，使技术"内生化"，从而摆脱对发达国家技术的严重依赖，以此推进主导产业向高技术产业演替。

3. 合理的政策鼓励企业、政府、大学在科技创新体系中发挥作用，加速产业转型

传统理论强调竞争型市场的优越性。熊彼特（1928，1942）常常以强调大的规模和垄断对创新活动有利而著称，这种观点有两个理由：一是与垄断权力相关的垄

断利润为研究与发展的资金提供了一种内部来源；二是拥有垄断权力可以使创新者从其投资中获取利润，从而激励其率先实行创新。实际调查情况表明，小厂商在继续保持甚至增加其在创新中的比重，但是普遍得到承认的是大型企业和新的企业在独特类型的发明和新技术发展的不同阶段享有优势。综合各方面的调查来看，创新活动在一个市场结构介于完全竞争市场和完全垄断市场的企业中最集中。过多的竞争反而会挫伤创新的积极性，因为创新者并不能从创新中获得足够的报酬。另外，过于垄断会导致自满自足和减少创新活动。这些研究为产业组织政策的制定提供了依据。要维护好自由竞争的市场环境，同时要保护好参与竞争的企业的技术、专利、商标、版权等，使企业从创新中受益。

政府成为科技创新的一个重要的主体。在美国，支持基础科学的费用在1995年为130亿美元，占国民生产总值的2.6%，到2015年，美国联邦政府投入科学研究与开发的资金达到408.197亿美元，仅此一项就占国民生产总值的22.46%。基础设施建设，高技术、高风险产业的发展等都存在"市场失效"的问题，是市场经济国家政府干预的重点领域，也都需要在相应领域推行必要的产业政策。政府以较大规模投资纯科学和应用科学与技术研究，在工业、医学和军事技术等方面都获得丰厚的回报。重大基础科学项目研究，在政府统一领导下进行规划、引导、协调，基础科学的研究成果作为公共物品为引发新的技术创新提供了基础。

积极发展教育，发挥大学在人才培养和创新方面的优势，使大学成为科技创新的来源之一。大学可以培养能够创新并使用新知识、具有高教育水平并具备企业家才能的高素质人才。因此，大学校园作为知识和各类人才的汇聚地，具有创新的先天优势。一般来说，使创新成为可能的知识并不是越使用越减少，而是使用产生积累，积累了的知识使更多的创新成为可能。

第五章　全球化知识经济背景下的新兴产业发展模式探讨

全球金融危机推动了国际产业格局的调整变化，世界主要经济体正在把争夺科技制高点作为国家战略重点，大力发展新兴产业。发达经济体更加注重根据新兴产业的发展规律，合理选择产业发展的关键环节和领域进行政策支持，并不断改革制约新兴产业发展的制度安排。俄罗斯、巴西、印度和南非等新兴经济体，都从各自的产业和技术优势以及未来的市场需求出发，加快在新技术开发和新兴产业发展的布局，积极推动本国新兴产业的成长。新兴产业正在成为引导未来经济社会发展的重要力量之一。研究借鉴世界主要经济体在新兴产业发展方面的经验，对于中国新兴产业的发展不无裨益。

第一节　发达经济体新兴产业的发展态势概述

一、美国通过发展新兴产业，确保科技优势和产业领先地位

1. 将推动技术创新和新兴产业发展上升为国家战略

美国政府历来重视科技创新，奥巴马政府更是将创新视作调整美国经济结构、重新恢复美国经济活力的关键。美国于2009年9月推出了《国家创新战略：推动实现可持续增长和高质量就业》，2011年2月又推出新版本的《国家创新战略：确保经济繁荣和增长》，认为美国未来的经济增长和国际竞争力取决于创新能力，只有大力发展新技术和新产业，才能实现美国经济快速和可持续的增长，才能提供更多的高收入工作岗位。而要实现这一目标，美国公共部门和私人部门就必须携起手来，大力发展教育，加强基础研究，发展信息技术，改善基础设施，形成良好的促进技术开发和产业创新的生态环境。新版本的《国家创新战略》将清洁能源、生物技术、纳米技术、先进制造业、空间技术、健康护理技术和教育技术作为美国推动技术创

新和新兴产业发展的优先方向。此后美国政府又相继出台了《纳米技术发展战略》《国家先进制造战略计划》《国家生物经济蓝图》等，对相关领域的发展战略和政策进行具体部署。

2. 全社会研发投入不断增加

尽管金融危机重创了美国经济，但对美国研发投入的总体水平没有产生太大的影响。美国的研发投入主要来自联邦政府、企业、高等院校和其他非营利机构，企业是研发经费的主要提供者和研发活动的主要承担者。联邦政府提供的研发投入主要用于基础研究、共性技术研发以及研发设施和设备，尽管它在全社会研发投入中所占比重并不太大，但对于研发的导向作用非常明显。奥巴马就职伊始就提出要把全社会研发投入占GDP的比重提升到3%，以进一步推动美国的技术创新和新兴产业发展。从2009年到2012年，美国的研发投入占GDP的比重一直稳定在2.8%左右，占全球研发投入的比重也一直保持在32%左右。从美国联邦政府2017财年的财政预算来看，即便在政府不得不大幅削减财政赤字、财政支出非常紧张的情况下，用于研发的预算总额仍高达1 422亿美元，按照名义价格计算，仍比上年增加了1.2%。美国以其良好的研发环境、雄厚的人力资源还吸引了大量的外国公司在美国设立研发机构，这对美国的新技术研发也起到了积极的推动作用。

3. 清洁能源成为新兴产业发展的优先方向

美国将新能源产业的技术突破和产业发展放到了非常突出的位置，希望通过大力发展尖端的清洁能源技术，引领新的清洁能源产业革命。这样不仅能够继续保持美国在技术前沿的领先地位，实现产业发展和就业增加，而且可以减少对海外能源的依赖，从而确保美国的能源安全，更可以实现减少温室气体排放的节能减排目标。奥巴马在《国家安全战略》中明确指出，"能够带领世界建设清洁能源经济的国家将拥有巨大的经济和安全优势"，"美国在引领清洁能源技术的发展方面正面临新的机遇，一旦成功，美国将执清洁能源领域新产业革命之牛耳，这会成为美国经济繁荣的主要推动力量"。美国议会也制定并颁布了《美国可再生能源法》等相关法案。美国在《2009年美国复苏与再投资法案》中，将高达900亿美元的资金投向清洁高效能源的开发与利用，其主要投资方向包括：提高能源效率、风能和太阳能等可再生能源的推广，交通和高速铁路、智能电网技术的开发和建设，先进电池及电动汽车等的国内生产，绿色创新和就业培训，碳捕获和封存技术的开发和推广；清洁能源设备生产税收抵扣。近年来，美国政府与国会之间就政府债务问题进行着持续的博弈，这使得联邦财政状况经常处于捉襟见肘的状态。即便在财政比较困难的情况下，美国政府也一直在为新能源提供力所能及的资金支持。在2016财年的联邦政府预算草案中，用于新能源的研发、示范和推广的资金为67亿美元；在2017财年的联邦预算中，预算资金比上年又增加了大约30%，以继续支持包括先进的生物能源、新兴核能技术等在内的新能源技术研发。为了更好地推动美国在清洁能源应用和提高能效方面的突破性的技术开发，美国还设立了能源高级研究项目办公室（ARPA-E），专门向能够创造与清洁能源相关的就业岗位、具有商业机会和新产业发展潜力的项目提供资助。迄今为止ARPA-E已经资助了180个项目。在这些政策和法律的推动下，美国围绕着新能源的技术开发及商业化应用开展了大量的投资，并取得了明显的效果。

美国对新能源发展的扶持已经开始取得明显的效果，新能源领域吸引了大量的投资。安永会计师事务所2013年公布的《可再生能源国家吸引力指数（RECAI）》，将美国列为全球最佳可再生能源投资国之首。在奥巴马的第一个任期内，美国风能和太阳能的发电量已经翻了一番。在新能源领域中，风能发展的速度最为迅猛。美国风电协会2013年初发布的一份报告显示，2012年美国风电新增装机容量为13 124兆瓦，较上年增长28%，创历史新高。美国风电累计装机容量从2001年的4 141兆瓦增加到2012年的60 007兆瓦，提高了约14倍。据美国能源信息署（EIA）提供的数据，2012年美国的风力发电约占全国总发电量的3.4%。国际风能协会在2013年初发布的《全球风电统计2012》表明，2012年美国累计风力装机容量已占全球总量的21.2%，是仅次于中国的世界第二风力发电大国。美国的太阳能发电发展也很迅速，2009年以来，美国已经在公共土地上设立了25个大规模的太阳能发电项目，能够为440万户家庭提供电力，同时提供了大约17 000个工作岗位。美国还在智能电网等能源基础设施建设方面取得了一系列进展。能源部资助2亿美元由佛罗里达电力照明公司负责实施的美国第一个大规模智能电网已于2013年在佛罗里达州投入运行。

近年来，清洁能源提供的电力在美国电源结构中所占份额不断上升，2008年仅为2.8%，2012年上升到5.6%。按照美国政府的设想，在2035年的美国电力供给结构中，清洁能源发电的比例将达到80%。美国正在推动一场以新能源为主导的新兴产业革命，为持续的经济增长和繁荣打下坚实的基础。

二、欧盟以低碳经济理念推动新兴产业发展

1. "创新"和"绿色"将成为未来10年欧盟发展战略的重点

为了更好地推动欧洲经济从危机中复苏，并在未来的全球竞争中继续占据有利位置，欧盟委员会于2010年出台了《欧洲2020战略》，对未来10年欧洲经济的发展目标和战略重点进行了规划。欧盟将"创新"和"绿色"置于显要位置，希望通过技术创新和产业创新，建立起基于绿色低碳经济的整体竞争力，进而重塑欧盟的

经济活力，拉动就业增长。欧盟各国纷纷将推动创新、发展新兴产业作为重塑竞争优势的主要方式。英国政府在《打造英国的未来：新产业，新就业》报告中，提出了英国未来应当重点发展低碳产业、生命科学及制药业、数字产业、先进制造产业等新兴产业。为了落实这个战略，2011年英国实施了"技术与创新中心计划"，截至目前，已经先后成立了制造业技术与创新中心、海上可再生能源技术与创新中心、再生医学技术创新中心、卫星应用技术与创新中心以及数字经济技术与创新中心等5个创新中心，为英国在相关领域的产品和服务商业化开发提供了重要支撑。德国政府通过了《德国2020高技术战略》，确定了气候与能源、保健与营养、交通、安全和通信5个需要重点发展的领域，并提出了一系列推进高科技发展的政策措施。

2. 以发展低碳经济为核心，开展科技研发和产业投资

发展低碳经济、推动环境保护、实现节能减排历来是欧洲各国关注的目标。《欧洲2020战略》将实现绿色能效和可持续增长等低碳经济发展理念列为该战略的核心目标之一。欧盟确定了2020年要实现的三个20%目标，即：二氧化碳排放减少20%，可再生能源占能源的份额提高20%，能源效率提高20%。为了实现这些目标，欧盟委员会发布了《低碳技术发展与投资路线图》，准备在2010年到2020年间总投资约530亿欧元，在风能、太阳能、可持续生物能源、碳捕捉运输与储存、智能电网和可持续核裂变能等领域实施六大"欧洲产业行动"。与这一战略重点相配合，2011年欧洲投资银行在应对全球气候变化、降低温室气体排放领域投资了180亿欧元，占全年总投资额的30%。欧洲各国在确定本国未来需要重点发展的关键技术和新兴产业时，也大都将与低碳经济相关的技术研发和产业发展置于重要位置，并在研发上进行大量投入，使相关新兴产业的发展进入快车道。以环保产业为例，根据德国环境部2012年初发布的《德国环保产业报告》，环保产业的迅速发展，不仅使德国的节能减排成绩斐然，2010年的大气污染排放较1990年下降56.4%，这个新兴产业也成为年产值760亿欧元的支柱产业。

随着欧盟国家能源结构的调整，欧洲的新能源研发和应用有了很大的发展。根据欧洲风能协会提供的数据，2011年欧盟新增可再生能源发电装机容量为32 043兆瓦，比上年增加37.7%，可再生能源占当年全部新增发电能力的71.3%。近年来欧洲风力发电一直在持续增长，年度新增风电装机容量从1995年的814兆瓦增加到2011年的9 616兆瓦，平均年增长率为15.6%。目前欧盟风力发电的总装机容量已达到93 957兆瓦，发电量可满足欧盟电力总消费的6.3%。在欧洲国家的引领下，全球的光伏太阳能应用呈现爆炸式的增长，总装机容量从2000年的1 400兆瓦猛增到2012年的102 156兆瓦，增长了73倍。从2012年的数据来看，欧洲的光伏市场份额占全球市场的70%。在推动新能源的多样化方面，欧洲也取得了长足的进

步。2012年6月,欧盟统计署发表的欧盟及27个成员国可再生能源发展统计报告表明,近年来包括水电、风能、太阳能和生物质能在内的可再生能源应用发展很快,2010年在欧盟能源消费结构的比重已达到12.4%,如果这个趋势持续下去,2020年可再生能源将在能源结构中占比达到20%的目标有望实现。

德国是全球可再生能源发展最成功的国家,它是欧洲风电装机的第一大国,国际风能协会提供的数据表明,2012年德国新增风电装机容量为2 439兆瓦,累计装机容量达31 332兆瓦,均名列欧洲第一、全球第三。德国还是全球最大的光伏太阳能市场,2012年光伏新装机容量为7 604兆瓦,总装机容量达24 800兆瓦,均比位居其后的意大利高出近一倍。

3. 政府和企业的研发支出稳中有升

全球金融危机和欧洲主权债务危机使欧洲经济近年来一直欲振乏力。尽管《欧盟2020战略》要求各国加大研发强度,使欧盟各国研发费用占GDP的比重提高到3%。但在目前的经济形势下,这一目标实现起来并不容易。尽管如此,各国政府为了实现通过创新提升本国企业国际竞争力的目标,即便在财政状况非常紧张的情况下,一般也会保证政府在科技研发方面的预算不被削减。2011年11月底,英国财政大臣在《秋季预算声明》中表示,将追加2亿英镑的科学资本经费,用于智能电网和低碳汽车示范项目、下一代超级计算机研发等优先发展的技术领域及科研基础设施建设。德国联邦教研部2012年的财政预算达129亿欧元,同比增长11%。

不仅政府的研发支出基本保持稳定,欧盟的企业研发投入也较以前有所增加。即便在欧债危机的冲击下,根据欧盟委员会发布的《欧盟2012年度企业研发投资记分牌》,欧盟企业仍计划在2012～2014年期间将研发投入增加4%。在研发投入最多的前1 000家欧盟企业排行榜中,上榜企业最多的国家依次是德国、法国和英国,其研发投入占欧盟的比重分别是34.1%、18%和15.8%。这表明,欧洲创新活动比较活跃的地区仍然主要聚集在经济发展状况相对较好,科技研发基础雄厚的德、法、英等国。从行业来看,制药和生物技术、技术硬件与设备、软件和计算机服务、休闲品以及健康设备和服务分列研发强度最大的行业前5名。尽管2011年清洁能源没有进入全球研发投入最多的前15名行业,但清洁能源领域的研发投入较上年增加了22.5%,保持了连续3年的快速增长。2011年全球有7家以清洁能源为主业的企业进入全球研发投入规模的前1 500强,其中6家为欧洲企业。这7家企业包括了3家风能企业和4家光伏太阳能企业,它们在清洁能源方面的研发投入总计7.841亿欧元。这表明,欧盟的创新要素正在向医药、信息技术、健康服务、清洁能源等新兴产业领域集聚。

三、日本在新兴产业的发展中寻求经济增长新动力

二战后日本的经济发展史，就是一部挑选相对于本国而言的新兴产业并将其培育为主导产业的历史。日本曾经创造了经济赶超的奇迹，但20世纪90年代以来陷入了"失落的二十年"。为了重振本国经济，日本近年来不断提出新产业发展战略，经济产业省在2004年和2005年制定了《新产业创造战略》和《新产业创造战略2005》，提出将燃料电池、机器人、信息家电、影音文化服务、健康福利、环境能源和商务支持这七大产业作为未来的主导产业加以扶持，试图创造出引领世界的新兴产业群。经过长期的研讨，日本内阁于2010年6月通过了《新增长战略》最终决议，提出了"绿色创新"环境与能源强国战略、"生命创新"健康强国战略、科技与IT导向国家战略等七大战略领域，希望通过相关产业的发展来带动国内需求的增加，从而在未来10年内实现日本的经济复兴。日本经济产业省随即发表《产业结构远景》报告，提出了要对基础设施行业、环保和新能源产业、文化产业、医疗护理健康产业以及包括机器人、航空航天技术等在内的尖端产业等五大新兴产业进行重点扶持。

进一步加大研发强度，确保优势产业的领先地位。日本是发达经济体中研发投入最多、研发强度最大的国家之一，近年来全社会研发投入占GDP的比重始终在3%以上。日本政府对科技研发一直进行不遗余力的支持，2011年和2012年的政府科技预算总额分别为36 484亿日元和36 695亿日元，占GDP的比重均为0.75%。自2001年以来，在日本政府的科技预算中，主要用于研发投入的科学技术振兴费总体上在持续增加。尽管受金融危机的影响，2010年科学技术振兴费一度出现下降，但2011年和2012年科学技术振兴费均比上年度有所增加，其中2012年达到13 590亿日元，同比增长1.8%。在日本内阁提出《新增长战略》后，日本综合科学技术会议很快制定了第4期《科学技术基本计划》框架，提出要继续提高日本的研发强度，政府每年的科技投入应当占到GDP的1%，每年的政府科技预算应当增加到5万亿日元左右。

日本企业也将技术研发视为提高产业竞争力的利器，持续进行大强度的研发投资。《日刊工业新闻》多年来一直进行企业研发投入调查，2012年的调查结果显示，日本主要企业的研发投入已持续3年增长，2012年较上年增长4.2%。汽车和医药行业是研发投入增幅最大的行业，环境、能源企业的研发投入也有了显著增长，还在技术领域取得了一些重大突破。日本在太阳能薄膜电池技术领域始终保持着世界领先的技术优势，2013年日本成为世界上首个掌握海底可燃冰采掘技术的国家。在推动技术进步的同时，日本更加注重将技术优势转化为产业竞争优势。在新能源汽车领域里，日本不仅取得了一系列重要的技术进步，而且实现了混合动力汽车的规模化生产和销售，进一步巩固了日本新能源汽车的全球领先地位。

第二节 金砖国家新兴产业的发展态势概述

一、俄罗斯新兴产业发展态势

1. 颁布《创新发展战略》

俄罗斯拥有丰富的自然资源和雄厚的科研实力，但其经济结构不够合理，经济增长过于依赖能源产业。全球金融危机导致的石油价格暴跌，给俄罗斯经济造成了严重的冲击，也使俄罗斯深刻地认识到，应当尽快实现由能源依赖型经济向创新驱动型经济的转型。因此，俄罗斯近年来加快了发展新兴产业的步伐。

2010年俄罗斯政府起草了《2020年创新发展战略》并上网征求意见，经多次修改，2011年12月俄罗斯正式批准了新版本的《2020年创新发展战略》，对2020年前俄罗斯创新的目标、重点方向和国家政策做了较为明确的规划。这份文件指出，实施创新发展战略的目标是使俄罗斯经济成为创新型经济，并以此为突破口，尽快实现向创新型的经济现代化迈进。文件还设定了国家创新型经济增长战略的预期目标，一些具体指标较先前的版本有所上调。这些指标主要包括：①市场目标：到2020年，包括核能、航空技术、航天技术、特种船只建造等5～7个产业部门在世界高科技产品和服务市场所占的份额不低于5%～10%。②研发投入目标：到2020年，国内研究与开发支出占GDP的比重应该达到3%（较早版本为2.4%，2009年实际比重为1.24%），其中，国家财政拨款不低于45%，政府支出占国内生产总值的1.3%（较早版本为1.1%），私人部门的研发投入占国内研发总支出的一半以上。③产业与出口目标：从事技术创新的企业所占的比重达到40%～50%；俄罗斯在全球高科技出口中所占比重从0.3%提高到2%；在GDP构成中，创新产业的总增加值从12.7%提高到17%～18%。④教育目标：2009年在世界前200所大学中没有一所俄罗斯高校，到2020年至少有5所俄罗斯大学进入世界大学前200名。⑤专利目标：10年后俄罗斯公民和俄罗斯公司每年在欧盟、美国和日本专利局注册的专利数量应为2 500～3 000个（2008年为63个）。

2. 确定关键技术和重点产业

2011年7月7日，梅德韦杰夫签署总统令，确定了俄罗斯科技优先发展的8大领域以及27项关键技术。这8大领域包括：安全与反恐；纳米技术；信息与通讯；生命科学；未来尖端武器、军事和特种技术装备；自然资源合理利用；交通与航天系统；能效、节能、核技术。俄罗斯对这些重点领域的发展战略均进行了具体的规划,并实施了配套的扶持政策。俄罗斯对纳米技术非常重视,2007年,俄罗斯设立了2008年至2011年俄联邦纳米工业基础设施国家专项计划。该计划成果斐然,政府共投入50亿卢布(约合1.7亿美元)对研发单位提供设备采购专款支持,初步建立起国家纳米技术网络体系。俄罗斯正在制定到2020年纳米工业发展构想,其重点是实现纳米技术产品的商业化和产业化,让科研成果走出实验室,使纳米技术产品的产值在2015年达到9 000亿卢布(约合300亿美元)。在生命科学领域,俄罗斯制定了《2020年前俄罗斯联邦制药和医学工业发展联邦计划》,加大了对医药产业的政府支持力度,2011~2015年的首期财政投资将达到61.5亿卢布(约2亿美元)。俄罗斯在2015年前重点推动医药产品创新开发中心的建立和人才培养,2015年到2020年将重点开展新药品和医疗产品的研发,最终在国际医药市场上赢得一席之地。

3. 增加研究与开发投入

为了推动技术创新和新兴产业的发展,俄罗斯政府加大了研发投入的力度。2011年俄罗斯对民用科学拨款约为2 278亿卢布(约合103亿美元),较上年增长32%,其中用于基础研究的预算增长了9%,对应用研究的预算增加了50%。但从俄罗斯财政部网站公布的2012~2014年联邦政府预算政策来看,未来3年联邦政府对民用科学研发的预算将会逐年下降,从2012年的2 547亿卢布(约合90.9亿美元)下降到了2014年的1 990亿卢布(约合71亿美元)。但与此同时,联邦财政预算中支持应用研发的部分将有所增加,并主要向超级计算机与网格技术、航天与远程通信、核技术、医学与制药、节能等5大领域重点倾斜。

4. 建立高新技术园区

为了加速科技成果从实验室到产品的转化,推进产学研的结合,俄罗斯还设立了一批高新技术园区。2010年3月,俄罗斯在莫斯科郊外的斯科尔科沃建立了创新科研中心,重点支持通信技术、生物医药、空间技术、核能和能源节约这5个领域的企业发展。斯科尔科沃创新园区建园以来运作良好,被誉为俄罗斯的"硅谷"。普京在2011年4月发表的年度政府工作报告中指出,政府已经投入600亿卢布建设经济特区和高新技术园区,还将继续投入170亿卢布。已经建成24个经济特区和12个高新技术园区,已有670家从事生物医学和纳米技术等领域的企业入驻园区。普京要求,俄罗斯创新产品在总产量中的比例应当不断增加,10年以后要从目前的12%提高到25%至35%。

二、印度新兴产业发展态势

1. 以创新战略引领产业成长和经济发展

20世纪90年代以来,印度信息、制药等新兴产业的异军突起,已经成为新兴经济体技术追赶过程中的标志性事件。印度充分利用自身独特的劳动力资源禀赋，抓住了经济全球化的有利契机，将丰富的科技人力资源优势转化为高科技产业的竞争优势，使本国的新兴产业获得了快速发展。印度将创新视为经济繁荣增长的引擎和21世纪国家竞争力的源泉。为了更好地推动本国的技术创新和新兴产业的发展，2010年印度总统宣布，将2010年至2020年确定为印度的创新10年。在印度总理的建议下，印度成立了国家创新委员会，为2010～2020年创新战略设计发展蓝图，以促进产业创新、教育创新和社会创新，并推动创新成果实现商业化和规模化生产，从而建立起有印度特色的包容性发展的创新体制框架。

2. 提升研发投入规模和研发强度

随着近年来印度经济的快速发展，印度在科技研发上的投入也在不断增加。1992年印度的科技研发总支出为451亿卢比，2000年增加到1440亿卢比，2008年更是上升到3778亿卢比，即使按2000年的不变价格计算，印度2008年的研发支出也比2000年提高了近1倍。印度的研发投入在全球研发投入中所占比重也从2002年的1.6%提高到2007年的2.2%。印度科技研发支出的增长与国民经济的增长大体同步，研发强度（研发投入占GDP的比重）从1992年的0.76%逐步上升到2008年的0.88%，但这一比例较之于发达国家明显偏低，也不及中国等其他新兴经济体。2003年印度政府曾经表示要在2007年之前将整个研发支出在GDP中比重从当时的0.8%增加到2%，这一目标显然没有实现。预计印度下一个五年计划将大幅增加科技预算，以更好地支持以创新为导向的研发活动。

在发达国家，国内研发投入的主体是企业，而印度研发投入的主体仍然是政府，政府支持的研发支出占到了国内研发总支出的2/3。但随着企业实力不断增强，尤其是在政府鼓励新兴产业发展政策的引导下，越来越多的社会资金流向制药产业、信息产业等技术密集型的新兴产业，使得企业的研发投入迅速增加，在国内研发总支出中所占的比重从1991年的14%上升到了目前的28%。高等院校和科研机构在国内研发总支出中的占比约为5%。从产业部门来看，研发支出最大的产业依次是：制药、交通运输、电子设备、信息产业、化工、生物技术、机械设备等。其中制药业是研发投入增加最快的行业，2000年以来研发支出的年均增长率高达35%。正是得益于持续的大强度研发投入，印度已成长为世界制药业大国。印度制药业2008年销售额约为190亿美元，比1980年增加了60倍。

3. 制定优惠政策以吸引社会资本投资

新能源是印度新兴产业发展的重点领域之一。印度经济的迅速发展使得经济增长与能源短缺之间的矛盾日益凸显，印度原油的进口依存度已经高达75%，确保能源安全成为印度经济持续发展必须解决的一个重大问题。为了更好地保障本国的能源供应，同时在方兴未艾的全球新能源产业竞争中获得一席之地，印度政府近年来实施了一系列扶持政策，并取得了明显的效果。

为了更好地推动新能源产业的发展，印度调整了政府机构，将原非传统能源部更名为"新能源和可再生能源部"，负责印度新能源的发展战略规划、政策制定和执行。印度提出了明确的新能源发展目标，2012年可再生能源发电在印度电力需求中的比重提升到了10%，在电力构成中的比重达到了4.7%。为了实现这个目标，政府推出了一系列鼓励投资的优惠政策。例如为太阳能发电项目提供财政支持，为新的光伏发电及太阳热能项目提供30%的资金支持以及5%的低息贷款；通过国家清洁能源基金，建立绿色银行，向各类可再生能源项目提供资金支持等。这些财政金融政策吸引了大量的社会资金投向新能源产业。彭博新能源财经（BNEF）提供的数据显示，2011年印度可再生能源产业吸引的投资达103亿美元，投资增幅比上年的68亿美元大幅增加了52%。其中对太阳能项目的投资为42亿美元，与上年的6亿美元相比，增幅达600%，太阳能发电装机容量由2010年的18兆瓦增加到277兆瓦，预计2017年还会增加500~750兆瓦；2011年风电领域的投资更是高达46亿美元，新增装机容量12 827兆瓦，预计2017年将进一步增加到3 200兆瓦。印度一跃成为2017年全球清洁能源投资增长速度最快的国家。

4. 鼓励跨国公司设立研发基地

近年来印度经济的蓬勃发展，使很多跨国公司充分认识到印度高素质的科技人力资源在先进技术研发领域的巨大潜力。印度政府对跨国公司从事研发活动持开放的态度，这鼓励了越来越多的跨国公司涌入印度。目前已有包括通用电气、Intel、微软、谷歌、摩托罗拉、IBM、现代、辉瑞制药、葛兰素史克等世界著名企业在内的200多家跨国公司在印度设立研发中心。这些跨国企业雇佣着数以千计的当地技术人员，在不少新兴技术的前沿领域开展研发并取得了一系列创新成果：AMD公司的印度研发中心承担了该公司所产芯片中近一半的研发工作，位于班加罗尔的韦尔奇中心已成为通用电气公司在美国之外规模最大的设计与开发机构。印度不仅在IT技术研发领域成就斐然，随着越来越多的跨国制药巨头纷至沓来，印度还逐渐成为全球新药临床实验中心。印度不再仅仅以成本低廉的软件开发中心而闻名，它在信息产业、生物制药等新兴产业的高端技术和产品方面的出色研发能力，正在吸引着更多的跨国公司前来设立研发基地，从而推动先进技术和新兴产业的迅速发展。

三、巴西新兴产业发展态势

1. 制定科技发展战略

巴西是拉丁美洲经济发展最快、技术能力最强的国家。为了给巴西的经济增长奠定坚实的技术基础，巴西对本国的科技发展战略和国家创新体系进行了整体规划，并于2007年公布了《巴西科学、技术和创新发展行动计划（2007～2010年）》。这个计划的内容包括：扩大和加强全国科技创新体系，促进能源、生物、航天、国防、公共安全等战略领域的创新；推动企业科技创新；促进战略领域的研发和创新；完善社会发展的科技推广和创新。为了推动科技研发和技能培训，巴西政府加大了研发投入的力度。这个计划规定，到2010年在研发和培训方面的投资要达到410亿雷亚尔（合228亿美元），使研发支出占国内生产总值的比重从2007年的1.07%提高到2010年的1.5%。

2. 重点发展新能源产业

两次石油危机对巴西经济造成了很大的冲击，为了减少对海外能源的依赖，巴西充分利用自身的优势，大力发展以生物质能为重点的新能源产业。巴西拥有丰富的土地资源和适宜的气候，甘蔗和玉米的产量分列世界第一位和第三位，发展生物质能的条件极为优越。巴西政府不断加大生物质能技术研发的资金支持力度，仅在2008～2009年间，巴西科技部在生物柴油项目就投入了4 000万雷亚尔。为了鼓励全社会对生物质能的开发和应用，巴西出台了一系列法律和公共政策。2005年颁布的第11097号法律规定，巴西燃料油中必须添加一定比例的生物柴油，该比例随着年限的变化而逐渐增加，从法律颁布3年后开始实行2%的过渡性添加比例，8年后添加比例应该达到5%。除了通过法律手段对生物质能的开发应用做出强制性规定以外，巴西还出台了一系列鼓励性的公共政策，以增加新能源对社会资本的吸引力。生产生物柴油的企业可以从巴西社会发展银行获得项目资金90%的融资，种植生物柴油原料的农户也可以获得融资贷款。在巴西政府的鼓励和引导下，巴西的生物质能产业发展非常迅速，2009年巴西的乙醇燃料和生物柴油的产量分别为260亿升和16亿升，生产规模仅次于美国，乙醇燃料的出口居世界第一。

3. 民用航空工业已形成全球竞争优势

大型客机是现代制造业中产品附加值最高的高端产品之一，它融合现代高新技术于一体，不仅具有技术密集和资金密集的特点，而且具有很长的产业链，对上下游产业的拉动效应极为显著。大型客机产业的发展，对一个国家的经济增长和国家安全都会产生重大影响。美国、欧盟等发达经济体历来将大型客机产业作为重要的战略性产业加以扶持。在很长一段时间里，由于资金和技术的制约，发展中国家一直没有能力涉足民用航空工业。

巴西民用航空工业的崛起在近年来全球航空工业发展中占有重要地位。巴西民用航空工业最初还只能生产简单的教练机，在政府的扶持和企业的努力下，巴西航空工业公司已经在全球支线飞机制造领域形成了巨大的竞争优势。为了扶持以巴航为代表的本国民用航空工业的发展，巴西政府采取了一系列扶持措施，取得了积极的效果。如创设了出口融资资助计划（PROEX），通过直接融资或者利率平衡支付方式对巴西的飞机出口提供出口信贷。巴西航空工业公司以满足客户需求为宗旨，以降低飞机使用和维修成本为目标，通过自主研发和国际合作，技术能力得到了很大的提高，相继研发生产了ERJ135/140/145和E170/175/190/195两大系列的商用喷气式飞机，基本覆盖了40～120座级支线飞机的运力范围，成为世界上唯一一家仅用两个飞机系列就能提供支线喷气式飞机全部航程服务的制造商。巴西航空工业公司在全球支线飞机市场上奋力赶超，目前已经拥有了约50%的市场份额。目前，巴西航空工业公司已成为全球最大的支线客机生产商和全球第三大民用飞机生产商。

四、南非新兴产业发展态势

1. 制定发展规划，增加研发投入

尽管南非近年来经济发展很快，并且在某些产业领域还居于世界前列，但总的来说，南非的科技基础仍然相对比较薄弱。为了促进本国的新技术研发和新兴产业发展，从而为经济的可持续发展奠定坚实的科技基础，并在某些新兴产业形成国际竞争力，南非科学与技术部近年来出台了一系列政策，对国家创新体系和优先研发领域进行了系统规划，并提出了相关政策。2002年南非科技部出台了《南非国家研究与开发战略》，提出了推动创新、促进科技人力资源开发、建设有效的政府科技管理体制三项战略重点，为南非的科学研究与技术创新体系勾勒出整体框架，明确了重点研发的领域。在此基础上，南非不断制定新的战略规划，进一步明确了需要重点支持的关键技术领域。南非相继出台了《南非纳米技术战略》《南非生物技术战略》《2008～2018：面向知识经济的十年创新计划》《面对全球变化重大挑战的国家研究计划》《南非国家航天战略》等战略规划，并实施了一系列配套政策。为了更好地支持相关领域的技术研发，南非政府在2010年11月公布的《新经济增长路线》中提出：要不断增加对科技研发的公共和私人资本投入，使全社会研发投资占GDP的比重从2007/2008年度的0.93%，增加到2014年的1.5%，2018年要进一步增加到2%。同时，不断增加的研发投入也要得到相应的回报，南非每年获得的专利数也应当从2008年的91件，增加到2014年的200件。

2. 以新能源产业为重点，推动新兴产业发展

南非的煤炭储量为世界第五，但国内缺乏石油资源，因此南非的电能结构以火电为主。经济增长使得电力的供求矛盾日益突出，但大量使用燃煤发电会导致环境污染和碳排放增加。为了改善本国的能源供给状况，形成合理的能源结构，南非近年来积极推进新能源产业的发展。南非在2003年11月就发布了可再生能源政策框

架文件，提出了到2013年可再生能源满足全国能源需求总量的4%（约100亿千瓦时）的发展目标。为了鼓励新能源投资，南非出台了《可再生能源保护价格》《可再生能源财政补贴计划》《可再生能源市场转化工程》《可再生能源凭证交易》以及《南非风能工程》等一系列政策措施。南非对可再生能源项目提供了不同形式的补贴，对于设在南非境内、技术实现了商业化、发电能力最小为1兆瓦（或者生物柴油年产量在91.4万升以上、生物乙醇年产量在149.5万升以上）的可再生能源项目，能源部可再生能源财政补贴办公室（REFSO）将给予一次性的补贴；针对可再生能源发电成本高于火电发电成本，从而使得可再生能源在上网竞价时缺乏竞争力的情况，南非能源管理局发布了《可再生能源保护价格》（REFIT），对可再生能源发电的价格实行保护性收费价格，因此，尽管垃圾填埋沼气、小型水电、风能和集热式太阳能四种可再生能源发电的价格分别为0.9、0.94、1.25、2.1兰特/千瓦时，大大高于目前火力发电价格0.33兰特/千瓦时，但可再生能源的发电依然能够送入电网。这些优惠政策大大地激发了企业投资于新能源的积极性。南非还计划在北开普省阿平顿建造发电能力为100兆瓦的太阳能发电厂，在西开普省建造一座发电能力为100兆瓦的风力发电厂。这些项目的实施，对南非实现了2013年可再生能源发电量达到100亿千瓦时这一目标起到了巨大的帮助。

此外，南非还利用本国生物多样性资源丰富、地理纬度较高等独特优势，积极开拓生物制药、航空航天等新兴产业领域，力图在这些产业形成一定的优势。

第三节 主要经济体新兴产业发展的特点

一、将新兴产业发展纳入国家战略

第一次产业革命以来的全球产业发展史表明，创新和竞争是产业演进的主要推动力量。但在技术创新速度越来越快、成本越来越高的时代，仅仅依靠企业的力量去推动一个国家的技术创新是远远不够的，政府在推动技术进步中将发挥重要作用。新兴产业具有战略性、不确定性、正外部性和复杂性的特征，容易产生市场失灵，这就为政府提供了很大的干预空间。尤其是对于新兴经济体来说，新兴产业在起步阶段，通常面临着技术研发能力不足、国内产业部门配套能力欠缺、国内市场容量有限等不利情况，市场机制不能充分发挥资源配置的作用，政府干预的积极作用可能更为明显。

为了促进本国的技术创新和新兴产业发展，以期在未来的全球经济竞争中占据有利位置，无论是美国、欧盟和日本等发达经济体，还是中国、俄罗斯、巴西和印度等新兴经济体，都不约而同地将新兴产业的发展上升到国家战略的高度，美国提出了《国家创新战略》，欧盟提出了《欧洲2020战略》，日本提出了《新增长战略》；一些新兴经济体也先后提出了未来的科技和产业发展规划，如中国的《国务院关于加快培育和发展战略性新兴产业的决定》，俄罗斯的《2020年创新发展战略》，印度的《走向更具包容性和创新性的印度》，巴西的《巴西科学、技术和创新发展行动计划》，南非的《南非国家研究与开发战略》等。这些国家不仅颁布纲领性文件对新兴产业的发展进行系统规划，还出台了一些配套的政策措施，用于鼓励和扶持新技术的开发和新企业的成长。

二、重点发展的新兴产业主要集中在新能源等领域

新技术的发展会催生一批新兴产业，并带动关联产业的发展。因此，每一次在经济系统中引入重大的新技术，总会带来新一波的经济增长，实现经济质的变化与飞跃。如果能够认识到新技术发展的可能路径和新产品的市场前景，围绕着正在孕育中的革命性技术进行持续的投资，一旦技术创新取得重大突破，新的技术和产品将不仅会取代原有的技术和产品，而且还能够创造新的市场，形成新的产业。因此，各国纷纷选择具备重大技术潜力和市场前景的关键技术和新兴产业进行扶持，以期在未来的全球产业格局变化中占得先机。尽管在选择需要突破的关键技术和需要发展的新兴产业时，不同国家会根据本国的实际情况做出各自的选择，但节能环保、清洁能源和生命科学等领域成为各国共同关注和选择的领域。新能源和低碳环保产业成为各国竞相发展的重点产业领域，这表明，以高耗能、高碳排放和高污染为特征的传统经济发展方式已经对全球经济的可持续发展构成了严峻的挑战，向低能耗、低碳和低污染的经济发展方式转型已经成为世界各国的共识。而生命科学的进步能够有效控制疾病，提高人们生活的质量，因而也备受各国政府的重视。

三、增加研发投入，夯实创新基础

为了推动技术创新和新兴产业发展，各国纷纷在科技研发方面投入巨资，在科技领域展开激烈的竞赛。根据著名的美国BATTELLE研究所发布的《2016全球研发投入展望》，按购买力平价计算，2015年世界各国在研发上的总投资大约为1.33万亿美元，比上年增加6.5%。美国仍然保持世界第一研发大国的地位，2015年其研发投入达到4 272亿美元，超过了位居其后的中国、日本和德国研发投入的总和，占全球研发投入的32%。随着"金砖国家"的崛起，全球科技研发投入的格局正在发生重大的变化。尽管日本和欧洲研发投入总体规模一直相对稳定，但"金砖国家"研发投入的持续大幅增加，使得日本和欧洲在全球研发投入中所占比重近几年一直缓

慢下降。在"金砖国家"中，中国研发投入的增长最为迅速，按购买力平价计算的研发费用总额每年都以10%左右的速度在增加，从2015年的1 493亿美元增加到2016年的1 749亿美元。印度的研发投入增加也很快，从2015年的325亿美元增加到2016年的380亿美元，增幅为16.9%。俄罗斯、巴西和南非的研发投入也在逐步增加，2016年研发投入分别达到275亿美元、249亿美元和53亿美元。由于"金砖国家"研发投入持续大幅增加，使得它们在全球研发投入中所占比重也在持续上升。中国在全球研发投入的占比从2015年的12%上升到2016年的13.1%，超过日本成为研发投入的世界第二。尽管"金砖国家"的研发投入增加很快，但与发达经济体相比，其研发投入占本国GDP的比重仍然偏低，中国只有1.6%，其他"金砖国家"占比更低。这表明，随着"金砖国家"经济的持续增长，其研发投入的规模仍然存在很大的增长空间。

四、调整科技人力资源政策，吸引更多的科技人才

雄厚的科技人力资源是科技进步和新兴产业发展的必要条件。随着全球主要经济体在科技研发和新兴产业发展方面的投资不断加大，科技人力资源的国际竞争也日趋激烈。按照美国国家科学基金会的预测，2017年美国在科学和工程领域的就业缺口将达200多万人。为了保持科技领先地位，美国除了通过不同层次的教育体系培养大量的科技人才之外，还不断加大从其他国家引进科技人力资源的力度。为了留住本国的科研精英并吸引更多的国外专家，欧洲国家也对青年科技人员的研发创新活动进行大力资助。自2008年以来，欧洲研究理事会通过实施"青年才俊计划项目"，已累计向2 200多名优秀青年科技人才提供了研发资助。科技人力资源的国际竞争加剧了新兴经济体的人才外流。在科学和工程领域，美国向外国科技人员发放的临时工作签证主要是H–1B签证。据美国国家科学基金会发布的《2012科学和工程指标》披露，2009年获得H–1B签证的外国就业者中，39%来自印度，10%来自中国；在获得博士学位并拥有H–1B签证的外国就业者中，29%来自中国，16%来自印度。

人才流失的状况迫使新兴经济体不断改善科研环境和激励政策，以鼓励科技人才留在本国。2010年俄罗斯政府设立了总额为120亿卢布（约合4亿美元）的高校科研专项计划，用于鼓励俄高校与外国科学家开展联合研发工作，以充分利用国外高级智力资源。为了吸引国际顶尖人才参与南非的科研工作，提升南非的科研水平，南非提出了"首席科学家计划"，在全球范围内招揽顶级科技人才。在首席科学家5年的任期内，每年可以获得250万~300万兰特（约合37~44万美元）的政府资助。南非目前已经设立了92个首席科学家席位，未来将扩展到210个席位。在大力引进外国专家的同时，"金砖国家"也在教育上加大投入。按照《巴西科学技术和创新发

展行动计划（2007～2010年）》的要求，巴西从2008年开始将硕士生和博士生的奖学金额度上调20%，将科学和工程类学生从9.5万名增加到16万名，以吸引更多的学生申请高级学位。而作为世界科技人力资源大国的印度，不久前也出台了包括设立塔塔科技创新奖金、允许科学家可以在研发项目中按贡献进行提成、可以从企业收取科技咨询费等措施，以减少人才外流。面对新兴产业日新月异的发展和科技人力资源供求状况的变化，世界主要经济体都在调整科技人力资源政策，力图不断完善科技人力资源的培养和利用状况，以人才培养、引进和使用为核心的教育与科技人力资源战略正日益得到各国的重视。

五、政府营造良好的创新环境，公私联手促进新兴产业发展

在长期的发展过程中，发达经济体已经形成了一个有利于创新的制度环境，但它们仍然在不断审视现有机制中不利于提高创新效率的因素，并针对存在的问题提出系统的解决方案，期待改善创新生态，吸引更多的资源向创新领域集聚。正如欧盟在《欧洲2020战略旗舰计划：创新型联盟》中所指出的，在后危机时代，欧洲必须打破"一切照旧"的发展模式，要将创新作为压倒一切的政策目标。专利制度改革能够促进创新型企业的发展，使知识产权成为发达经济体企业竞争优势的源泉之一。美、欧、日都在积极推动专利制度的改革。2011年9月16日，奥巴马签署了《美国发明法案》，这是《美国专利法》实施近60年来最重大的一次改革。美国专利审核的平均时间将从35个月压缩至20个月，使更多被积压的专利变成市场价值和就业机会。为降低欧盟企业在各国申请专利时的重复投入，欧盟也在积极推进解决单一专利问题，并已在2014年授予了第一个欧盟专利。各国都在努力探索产学研结合的最佳方式，美国将设立若干个创新中心，为科学家和企业家共同开展创新提供机会，加快科技成果从实验室到市场的进程。欧盟委员会于2012年2月底通过决定，推出新的加强欧盟创新公私伙伴关系（EIPs）行动计划，以整合教育、研究和创新"知识三角"。尽管发达经济体遭受了金融危机的重创，但由于它们对创新的高度重视，技术创新和商业模式创新依然非常活跃，正在孕育着新的技术革命和产业革命。

六、遵循新兴产业发展规律，提供更加有效的政策支持

从发达经济体扶持新兴产业发展的政策措施来看，政府根据新兴行业发展的特点和规律，从供给和需求两个方面对新兴产业的发展给予激励。在供给激励方面，通过向技术和产品的供给者提供技术研发和产品开发补贴、统一技术标准等方式，降低企业技术创新和技术转化的成本和风险。为了激励私营部门加大研发投入，美国奥巴马政府一直在呼吁将研发和实验支出的税收抵扣制度进行简化和永久化，并

提议将抵免扩大20%。在促进新兴产业实现规模化生产的名义下，发达经济体还积极推动相关领域国际标准的制定和应用。2011年11月，美、欧、日达成协议，将在联合国世界车辆法规协调论坛（UN/WP29）框架下合作推进电动汽车国际标准。新兴产业行业标准的制定和实施，不仅能够推动新产品的产业化，还能使发达经济体通过制定产业标准牢牢控制价值链的高端。

在需求激励方面，通过加大公共采购力度、产品应用示范、向消费者提供各种形式的消费补贴等需求鼓励措施，激发新产品和新技术的市场需求，为新兴产业提供更大的市场空间。为了启动电动汽车市场，美国能源部提供了9 980万美元，实施了电动汽车和充电设施示范推广项目"EV项目"，在美国11个主要城市部署11 210个充电器（站），并为车主免费入户安装充电器。为鼓励消费者购买电动汽车，美国先是推出了返税政策，根据汽车排量不同，购车者在年终报税后可获得2 500～7 500美元的税收返还。目前又简化了返税手续，在购车时由销售商直接返还给消费者，从而有效地启动了电动汽车的市场。

第四节 科技创新与第三次工业革命

一、三次工业革命的分期

近年来，国内外关于第三次工业革命的讨论不断升温。杰里米·里夫金的《第三次工业革命》、彼得·马什的《新工业革命：消费者、全球化以及大规模生产的终结》等著作以及《经济学人》杂志的专题报告《第三次工业革命：制造业与创新》都引起了各国政府与学者广泛的关注。工业革命通常是指这样一种经济现象，即随着工业部门内出现持续的大规模技术创新，不仅使全社会的劳动生产率产生了前所未有的增长，而且使社会生产的组织形式发生了根本性的变革。尽管对于第三次工业革命的内涵、特点和趋势还存在着争论，但一个不难观察的事实是，以现代科技为依托的先进制造技术已日趋成熟并正在得到广泛应用，这将在很大程度上改变制造业的要素组合和生产方式，并导致全球生产格局的调整，进而对国家间的产业竞争优势产生重大影响。

学术界关于工业革命的轮次和分期有着不同的观点，即便在目前热议第三次工业革命的学者中也存在着分歧。杰里米·里夫金将作为工业革命基础的新能源与新型通信技术的结合视作分期的标准。第一次工业革命起源于英国，随着蒸汽机的发明和广泛使用，以及煤炭的应用和印刷技术的普及，机器大生产取代了手工作坊，极大地推动了社会财富的增加。第二次工业革命始于20世纪的前十年，电信技术和燃油内燃机的结合使人类进入了大规模生产的时代。目前正在进行的第三次工业革命则建立在新能源与互联网有机融合的能源互联网基础之上，能源互联网与数字化制造的结合将为未来的低碳化经济和个性化生产开辟广阔的前景。《经济学人》则以生产方式的变革作为分期标准。第一次产业革命导致机器生产取代了手工制作。在第二次产业革命中，流水生产线的发明和应用使规模化生产成为主流的生产方式。方兴未艾的制造业数字化正在推动第三次工业革命。建立在人工智能、纳米材料和互联网基础上的制造技术变革将颠覆传统的生产方式，大规模生产将让位于小批量、个性化的生产。

关于工业革命分期的争论还在持续，但越来越多的现象表明，当今世界正处于新科技革命的时代，一些重要科技领域显现出发生革命性突破的先兆，第三次工业革命已经初现端倪。

二、第三次工业革命的新特征

持续的技术进步为第三次工业革命奠定了坚实的基础。第三次工业革命并不是制造技术的局部突破或者某些生产设备的重大更新，它是制造业综合技术进步的集中体现。近三十年来，在快速成型、人工智能、纳米材料、清洁能源等关键技术领域不仅发生了一系列革命性的技术变迁，不同领域的重大技术之间也在相互影响和深度融合，使先进技术的产业化应用逐渐成熟并不断完善，正在推动着制造业的整体性变革。与前两次工业革命相比，第三次工业革命表现出了一些新特点，其核心特征是工业化与信息化的深度融合、从工业文明向生态文明的转型，这主要体现在以下几个方面。

1. 生产工艺数字化

传统的生产工艺是将原材料切削成各种零部件，然后组装成最终产品，而第三次工业革命中的生产工艺变革则简化了复杂的制造流程，实现了从产品设计到制造的数字化。以3D打印技术为例，它通过电脑软件设计出产品，并借助CAD计算机辅助设计对产品数据进行处理，形成数字切片，其原理类似于将一个立体物品切成薄薄的切片，最后通过"分层加工，叠加成型"的添加制造工艺，快速生产出成型产品。

2. 制造过程智能化

智能制造技术是推动第三次工业革命的关键技术之一，引领未来制造业的发展方向。随着人工智能、机器人等技术的不断成熟，未来工厂的自动化生产线将由新型传感器、智能控制系统和工业机器人所操控。这不仅能够提高生产过程的稳定性，具有人工智能的控制系统还能够感知和检测生产系统并全方位监控生产过程，对所有产品进行严格的质量管理，使产品瑕疵和质量缺陷降到最低。制造过程的智能化将极大地节约劳动力的使用，但对劳动者的素质提出了更高的要求。

3. 工业日趋绿色化

自人类进入工业文明时代以来，社会生产力获得了极大释放，但随之而来的资源能源消耗和生态环境恶化对可持续发展也构成了严峻的挑战。随着各类环保技术、节能减排技术的突破，以及资源回收与再利用的循环经济模式在工业领域的广泛应用，环保因素和资源效率正在重塑现代工业的生产制造模式，以低能耗、低排放和低污染为特征的绿色制造已经成为第三次工业革命的一大亮点。

4. 新能源应用网络化

新能源与互联网技术的结合所形成的能源互联网将从根本上改变现有的能源利用格局。第二次工业革命时期的能源利用以电气化为特征，在特定的地区集中发电并通过大型电网进行分配。随着第三次工业革命的推进，分布式发电技术能将每一座建筑物转化为微型发电厂，就地收集和使用可再生能源；储能技术的发展和能源互联网的搭建，使建筑物生产的富余能源得以储存并通过能源互联网实现共享；陆地交通运输工具也将转向插电式以及燃料电池动力汽车，还可以通过共享电网平台完成汽车的充电。能源互联网有利于解决人类面临的能源困境，并推动经济的可持续发展。

三、第三次工业革命对全球制造业生产方式的影响

1. 生产制造模式从大规模生产转向个性化定制生产

在第二次工业革命初期，以福特制为代表的大规模生产方式使工业生产的规模经济效应得到了充分发挥，尽管这种生产方式能以相对低廉的价格满足主流市场需求，但由于产品系列相对单一，难以满足消费者的个性化需求。随着日本经济的崛起，以丰田公司为代表的大规模定制生产方式开始大行其道，它利用柔性生产系统实现产品的模块化设计和精益生产，最终以合理的价格为偏好不同的消费者提供功能和结构有一定差异的产品系列。而第三次工业革命中应运而生的可重构制造系统和快速成型技术则能够满足更加个性化的市场需求。可重构制造系统自身就具有模块化的特点，通过对生产设备构件的重新组合，能及时调整制造系统的工序、工艺和产能，迅速生产出功能和结构有较大差别的产品系列。而快速成型技术的普及则能满足极端个性化的消费者需求。大规模定制和个性化生产相结合的新生产模式既可以实现批量生产带来的成本节约，又能使消费者享有更加多样化的产品选择。

2. 生产组织方式从工厂化转向网络化

在传统的生产模式下，企业将产品的制造过程进行分解，由不同的生产工序完成不同的零部件生产，最后进行产品组装，这一系列复杂的生产流程必须依托开阔

的工厂来完成空间布局。第三次工业革命推动的3D打印技术与互联网的结合，使产品制造能够摆脱空间的束缚。企业根据用户需求设计出产品原型，并通过互联网在全球范围内采购零部件，同时获取所需要的各类协作服务，最终完成个性化定制和社区化生产。这种基于互联网的协同生产模式实现了社会制造网络的无缝链接，使生产组织方式从工厂式的集中生产让位于网络化的社会生产，大大缩短了传统制造业的产业链，提高了生产效率。

3.产业组织形态从大企业主导的产业链转向中小企业的网络集聚

在大规模生产方式下，大企业成为产业组织形态的主体，众多的中小企业依附于以大企业为核心的全球产业链，在特定的地理空间上形成产业集群。随着个性化定制和社会化生产的不断发展，分散合作式的商业模式将变得更为普遍，产业组织形态也将发生相应的变化。快速成型技术的普及将使得制造业的门槛大大降低，中小企业不再为大规模投资和专用性资产所困惑，可以借助互联网来构建虚拟的产业集群，甚至能组建微型跨国公司，迅速整合各种社会资源，通过小批量、低成本的方式提供独特的定制产品，更快更好地满足消费者的个性化需求。第三次工业革命将推动中小企业与大企业分庭抗礼的市场竞争新格局的形成。

第五节　新兴产业的发展对未来全球产业格局的影响

一、新兴产业将重塑产业发展格局

当前，科学技术正以前所未有的速度发展，大大促进了新兴产业的快速成长。在科技进步的推动下，建立在节能环保技术、清洁能源技术、生物技术、信息技术、新材料技术和先进制造技术等高新技术基础之上的一批新兴产业部门正在脱颖而出。目前信息技术产业已经发展成为新的主导产业，新能源产业群和生物技术产业群正在孕育过程之中。随着新兴产业的迅猛发展，在不远的将来会形成一个以新能源与环保产业、信息产业、生物技术产业及相关高科技产业为新经济增长点的产业发展新格局。

新兴产业的发展会导致传统产业的产业链重构，对传统产业造成很大的冲击。例如，如果电动汽车逐渐普及，传统汽车制造领域长期形成的以发动机、变速箱和车载电子设备为核心的产业链将受到挑战，越来越多的供应商将会加入到以动力电池、驱动电机和电子控制领域为核心的新产业链中。但新兴产业的发展并不必然意味着传统产业的消亡，新兴产业有着很强的渗透性。随着清洁能源、低碳环保和信息技术的不断成熟，这些技术会向其他产业部门扩散，对这些产业的渗透和带动效应日益增强。如果传统产业部门利用新技术的支持，对工作流程和组织结构进行改造，开展广泛的流程创新、产品创新和商业模式创新，那么就有可能提高要素组合的产出效率，改善产品和服务的质量，最终与新兴产业一起，共同推动实现建立在低碳环保基础上的可持续经济增长。

二、强化发达经济体在全球价值链中的优势地位

发达经济体的跨国企业已经构筑了一个遍及全球的国际生产网络，并处在全球产业链的高端。国际生产网络的快速扩张，使发达经济体的大型制造企业将低附加值的生产制造环节转移到具有比较优势的发展中国家，自己则专注于研发、管理、财务运作和营销等价值增值环节具有相对竞争优势的核心业务。发达经济体不仅都在大力发展低碳环保、生命科技和信息技术等重点领域，还根据各自的技术优势，分别在空间技术和高端制造业等领域寻求突破，一旦这些新兴产业成长为发达经济体的主导产业，国际分工和全球产业格局也将随之发生重大变化。随着关键技术的不断创新，处于技术前沿的发达经济体的企业有条件率先利用这些新技术，不断提高要素组合的效率，强化发达经济体在各个产业中高附加值环节上的优势，并进一步将低附加值的环节向新兴经济体和发展中国家转移，从而继续占据国际产业竞争的制高点。在汽车制造业领域这一趋势已经初露端倪，发达经济体专注于混合动力汽车、电动汽车等新能源汽车关键部件的研发，传统汽车的零部件和装配业务向中国等新兴经济体转移的步伐正在加快。

三、为新兴经济体向价值链高端跃迁提供了机遇

近年来，新兴经济体充分利用了经济全球化的机遇，利用本国的资源禀赋优势承接国际产业转移，经济得到了快速的发展，并成为带动全球经济实现复苏的重要力量。但由于受到旧的国际分工格局的影响，新兴经济体的产业部门普遍处于产业链下游的低附加值环节，向产业链上游发展困难重重。新兴产业的兴起使新兴经济体有机会在技术研发和产业发展上与发达经济体站在同一条起跑线上，为新兴经济体改变在全球价值链中的位置提供了难得的机遇。经过多年的迅速发展，新兴经济体的研发能力和产业配套能力都有了长足的进步，在某些技术领域还处于国际前沿，这也使它们具备了发展新兴产业的条件。目前，主要的新兴经济体都在从各自的技术优势和未来的市场需求出发，加快在新技术开发和新兴产业发展中的布局。中国在七大战略性新兴产业，俄罗斯在空间技术、生物技术、纳米技术等领域，印度在信息技术、空间技术、核能技术等领域，巴西在航空技术、海洋工程、生物质能等领域都取得了一定的进展，为实现产业升级奠定了良好的基础。

第六节　对中国战略性新兴产业发展的思考

一、政府营造创新环境，市场引领产业发展

处理好市场与政府的关系，对于新兴产业的成长是至关重要的。战略性新兴产业的形成和演进，表现出与传统产业迥异的路径和特征。面对新兴产业发展中技术与市场的不确定性，政府能够发挥关键的作用，这一点已经被全球新兴产业发展的实践所证实。政府通过实施符合新兴产业发展规律的政策，引导创新要素向符合未来产业发展方向的领域集聚。随着新兴产业的逐渐成熟和市场扩张，会吸引本国的经济资源向这些产业部门流动，从而推动新兴产业成长为主导产业和支柱产业，而这些产业部门的产业关联效应和技术溢出效应又会带动整个产业结构的升级。

尽管如此，政府在新兴产业发展中的作用也不能被过分夸大。在人类需求日趋多样化和技术创新日趋复杂化的背景下，新兴产业技术路径的演化和主导产品的形成只能是通过市场机制和竞争过程最终实现，政府在其中可以起到很大的作用，但政府的决策代替不了市场选择。从主要国家已经颁布的推动技术创新和新兴产业发展的纲领性文件来看，其政策着力点主要在促进技术创新和推动新技术的商业化应用上，对可能产生的基于革命性技术的产业部门一般称之为"新兴产业"，并不冠以"战略性"的称谓。因为新的产业部门能否成长为具有战略意义的主导产业，起决定作用的因素是市场选择而不是政府的认定。演化经济学的研究已经表明，在新兴的技术领域，通常会涌现出大量竞争性的技术方案，哪一种技术路线最终成为主流技术并影响相关新兴产业的形成和演进，取决于市场竞争。即便在新兴技术领域挑选出的主导产业，其未来的前景也是不确定的。日本就是前车之鉴。日本在经济追赶时期，曾经通过"挑选主导产业"并加以扶持的选择性产业政策，推动了不同阶段主导产业的有序更替，从而促进了产业结构的高级化。而当日本跻身于全球产业发展和技术创新的前沿之后，寻找下一代主导产业的努力就失去了方向。由于对技术发展前沿的判断失误，日本政府主导的第五代计算机研究虽然投入了巨大的人力物力，但最终因为与市场发展趋势背道而驰，不仅无功而返，而且延误了日本信息产业的发展。对于在新兴产业成长过程中政府和市场的功能定位，美国政府的认识显然更加深刻。《美国创新战略》中就明确指出，民间部门是创新和新产业的引擎，政府的作用是支持创新系统，主张通过市场化的方式推动技术创新和新兴产业发展。

我们认识到，在中国发展战略性新兴产业的过程中，政府除了为关键技术的研

发提供资助和以需求补贴的方式去启动市场之外，更应当主要致力于提供鼓励创新的制度安排，如建立和完善为新兴产业提供融资的多层次资本市场，大力发展各层次的教育和人力资源培训，加大知识产权保护的力度，使企业能够在一个相对宽松的经济环境中开展创新活动，让一些勇于创新的企业和充满冒险精神的企业家率先对所面临的经济环境约束做出反应，并通过创造性的技术革新或者生产组织方式创新，改变生产经营过程中的要素组合方式，从而在市场竞争中获得先机。先行者的成功会通过示范效应和模仿效应逐渐扩散，最终使创新企业的技术和组织方式成为经济中的主流。

二、合理选择关键领域，大力支持技术创新

改革开放以来，中国的产业部门获得了巨大发展，企业的技术能力取得了长足的进步。但与国际先进水平相比，中国的技术水平仍然存在着较大差距。制造业关键技术的自给率较低，一些高技术含量的关键设备基本上依靠从发达国家进口；绝大部分制造业企业技术开发能力和创新能力薄弱，原创性技术和产品数量不足。大力发展战略性新兴产业，有利于显著地提升我国的自主创新能力，从而在新一轮的全球产业竞争中把握先机。

在扶持新兴产业发展的过程中，政府应当遵循产业成长规律，合理选择支持产业发展的关键环节和领域。新兴产业是技术创新所驱动的产业，在推动新兴产业发展的诸多因素中，技术进步是决定性的因素。技术进步依赖知识积累和人力资本投资，技术、知识的创新和人力资本投资都具有很强的外部性，能够使生产呈现出规模收益递增的趋势。技术进步是创新型企业在追求利益最大化的过程中自主最优选择的结果，一切有利于创新活动的努力都有利于新兴产业的发展。因此，政策目标应当始终围绕着技术创新这个新兴产业发展最重要的环节。在推动新兴产业发展的问题上，政府既无必要、也无能力去承担产业发展的全部责任，而应当通过政府有限的研发资金的导向作用，吸引产业部门和金融部门向具有潜力的技术领域进行投融资。

政府对研发活动的资金支持也应当体现明确的导向性，主要的支持领域应当集中在基础研究和产业发展的共性技术领域。这一点在发达经济体中已经表现得尤为明显。从发达经济体的研发投入结构来看，政府是基础研究、重大关键技术、共性技术等研发活动的重要资助者，企业等私人营利性机构才是科技研发经费的主要提供者和研发活动的主要承担者。通常认为，由于创新技术具有正外部性，一旦技术通过某些渠道外溢，模仿者的蜂拥而至将使企业通过创新实现的垄断租金很快丧失。由于企业成本和社会收益的不对称，因此企业家将不会有足够的热情去开展创新。而近年来的研究则表明，技术创新其实可以分为共性技术创新和私人技术创新。新兴产业的形成离不

开共性技术创新，由于共性技术通常具有技术复杂、投入成本巨大、外部性明显等特点，从而导致社会投资的不足，这才是政府的研发资金应当真正扶持的领域。在基础研究和共性技术研发的组织方式上，政府可以鼓励产学研之间以及企业之间组建技术创新联盟，整合各方的研发力量，共同开展重大项目的技术攻关。在共性技术创新取得重大突破的前提下，企业为寻求更多的获利机会，会不断地自发推动私人技术创新，市场最终会选择最能适应市场需求的技术和产品，从而推动新兴产业的成长。在技术创新领域，政府不应当设定技术路线，而应当鼓励企业去积极探索多元化的技术路线和产品，由市场来完成对技术和主导产品的生存检验。

三、认识新兴产业发展规律，有序促进新技术的产业化

新技术的商品化和新产品的产业化是新兴产业发展中非常重要的环节。从实验室的新技术转变为被市场所接受的新产品，这是新技术产业化过程中"惊险的一跃"。从发达经济体新兴产业发展的历程来看，在新兴产业发展的早期阶段，由于产业内还没有形成占主流的主导产品，企业之间的竞争是产品竞争，不同企业竞相推出基于多样化的技术路线的新产品，由市场来决定产品的应用前景。在这个阶段，由于技术创新和产品创新非常频繁，商业模式也不成熟，为了避免巨大的投资风险，新技术和新产品的产业化规模一般不会很大。只有当市场选择出主导技术之后，新兴产业发展才会进入稳定增长阶段，企业竞争的重点也随之从产品竞争过渡到成本竞争。在这个阶段，只有既具有技术优势又具有规模经济和成本优势的企业才能在市场竞争中生存和壮大。

从中国近年来战略性新兴产业的发展来看，在《国务院关于加快培育和发展战略性新兴产业的决定》颁布之后，各地掀起了大力发展战略性新兴产业的浪潮。地方政府对新兴产业的投资回报率产生了很高的预期，但由于对新兴产业成长规律的认识不够深入，还是按照发展传统产业的思路去引进大项目和推动企业规模扩张，结果形成了地区间的趋同性投资。为了推进本地区新兴产业的发展和产业结构的升级，一些地方政府通过提供廉价土地和政府补贴等方式，将大量稀缺资源导向技术并不成熟的新兴产业，通过优惠政策引领了大规模的投资，形成了大大小小的各类新兴产业园区，最终导致相关产业产能严重过剩。太阳能和风能产业在2010年还被作为新能源领域的新兴产业加以扶植，在2012年却被列为需要制止盲目扩张的产业。这些产能过剩的项目大多集中在价值链低端的装配环节，对推动前沿技术创新并无实质意义。这种基于技术引进和规模扩张的新兴产业发展模式，背离了提升技术能力、实现技术赶超、推动产业升级的出发点，又回到了投资驱动GDP增长的老路上。

从产业技术的发展状况来看，中国大力发展的七大战略性新兴产业大都处于产

业发展的早期阶段，普遍存在技术变革剧烈、市场需求有待引导等问题，现阶段不仅需要通过包括财政补贴、贴息贷款、研发投入税收抵免等手段，大力扶持创新型中小企业的发展，鼓励企业开展新技术和新产品的研发与商品化，积极推动企业商业模式的创新，还要通过产品应用示范、购买新产品补贴等需求侧补贴的方式，让更多的消费者去使用新技术和新产品，激发对新产品和新技术的市场需求，为新产品大规模的市场推广创造良好的条件。

四、通过新兴产业的渗透，推动传统产业升级

当前，中国经济的可持续发展越来越多地受到劳动力、资源和环境等内外部因素的约束，通过调整经济结构、推动产业升级来实现经济发展方式的转变，已经成为全社会的共识。在寻找经济增长新源泉的过程中，新兴产业引起了广泛关注。发展新兴产业的积极意义，不仅仅在于它可以引领未来产业的发展方向，更显著的是可以提升中国的自主创新能力，进一步增强中国产业的国际竞争力。从中国现实的产业结构来看，通过新兴产业的渗透作用，实现传统产业内的优化升级，其积极意义可能并不亚于产业间的升级。

传统产业是相对于新兴产业而言的构成既有产业体系的主要产业部门。改革开放以来，劳动密集型产业已经成为中国在国际市场上最具竞争力的产业部门，以重化工业为代表的资本密集型产业的市场竞争力也有了显著增强。在未来较长的一段时期，传统产业仍将是中国经济增长的依托和开拓国际市场的主力。不可否认，随着国内外经济环境的急剧变化，这些传统产业正面临着新的挑战，但传统产业仍然存在着很大的发展空间。传统产业提供的产品与人们的日常生活息息相关。随着人们收入水平的不断提高，以及政府扩大内需政策的不断落实，将会为传统产业创造更多的差异化的市场机会。从这个意义上讲，只有夕阳产品和夕阳技术，而没有夕阳产业。只要传统产业中的企业能够提供优质的产品和服务，满足某一个细分市场的需求，它就有生存和发展的空间。

尽管传统产业部门竞争优势尚存，但其整体上处于全球产业链的低端是不争的事实。传统产业要想更好地应对经济环境变化的挑战，就必须利用先进技术，提升产业动态竞争能力，尽快实现产业内的优化升级。从这个意义上讲，中国新兴产业的发展，实际上为传统产业升级提供了有力的技术支撑。随着清洁能源、低碳环保和信息技术等新兴产业向传统产业的不断渗透，将有利于实现传统产业与新兴产业的有机融合，从而推动传统制造业和服务业加速转型为先进制造业和现代服务业，进一步提升中国产业整体的国际竞争力。

第六章 全球化知识经济背景下的科技创新引领产业升级的具体方法研究

第一节 从要素、投资驱动转向创新驱动

产业结构是区域竞争力的重要构成要素，通过产业结构优化升级来提升区域综合竞争力是发达国家和地区的普遍做法。许多国家和地区产业结构优化升级的经验表明，处于工业化进程的不同阶段，引领产业结构优化升级的主要因素是不一样的。在工业化的初中期阶段，产业升级主要是要素、投资驱动，资本积累对经济增长的贡献最大。当经济处于工业化中后期阶段时，引领产业结构优化升级的主要因素已经由资本和劳动的投入转向技术要素的投入，科技创新开始成为推动产业结构优化升级的主要动力。本章以我国长三角、珠三角地区为例，说明当经济处于工业化中后期阶段时，我们必须果断地冲破 GDP 的束缚，从重 GDP 到重 IP（知识产权），大力推进自主创新和科技创业，不断增强自主创新能力，努力实现产业结构优化升级从要素投资驱动向创新驱动的战略转变，只有这样，才能突破资源环境的瓶颈，实现区域经济社会的可持续发展。

一、产业结构优化升级的经济增长效应

美国经济学家西蒙·库兹涅茨（1985）在其代表作《各国的经济增长》中明确指出，"现代经济增长及其按人口平均产值的迅速上升，……必然会在生产体系各部门的增长速度中形成颇大的差别，从而，正在经历着这种增长的经济的生产结构，也必然会发生迅速的变化，如果不去理解和衡量生产结构的变化，经济增长是难以理解的。"他通过对美国 1880~1948 年制造业 38 个行业的研究发现，支撑现代经济增长的直接原因是处于优势地位部门的超高速增长，其占经济总量的较高份额和强劲的增长态势，抵补了原来老的产业增长势头下降的趋势，因而它们对总体增长

的贡献也特别大；把产业结构变迁对现代经济增长的促进作用联系起来的最重要的媒介变量是技术创新的速度与其扩散速度；产业结构变迁的发展效应在相当程度上体现为技术创新的发展效应。

美国经济学家钱纳里等人著作的《工业化和经济增长的比较研究》一书中，更是把产业结构转变同经济增长之间关系的研究水平提高到一个崭新的阶段，他们研究发现：① 产业结构的转变，特别是在非均衡条件下（指要素市场分割以及行为调整滞后等制度因素）的产业结构转变，能够加速经济成长；② 产业结构转变影响经济增长的重要性随发展水平高低而变动，它在工业化过程中要比后工业化时期更为重要；③ 产业结构转变可以划分为不同的阶段，在各阶段，不同部门、不同要素对经济增长贡献的重要性也不同；④ 发展中国家与发达国家的经济增长过程具有实质性的区别，根本原因在于两者的产业结构关系不同；⑤ 产业结构转变对经济增长的潜力和作用，对于发展中国家比发达国家更为重要，因为发展中国家要素市场非均衡现象更为突出，产业结构变化的余地大，所以其资源转移和部门间再配置，对经济增长的推动作用更强。一些新兴工业化国家或地区经济加速增长的原因，在于实现了非均衡条件下的产业结构转变以及对发达国家先进技术的利用；⑥ 在人均GNP水平处于300～1 000美元（以1964年美元价格计算）的经济发展阶段，是第三次产业发展的"大平台"，同时伴随着第一次产业产值比例的迅速下降和第二次产业比例的迅速提高，第二次产业内部的产值构成比例和劳动力构成比例，都表现出剧烈的变化，说明在这个经济发展阶段上，工业部门面临着一个"再工业化"的问题，主题是进行工业结构的升级和大规模的技术改造。在新技术基础上工业的超前增长，是这个时期推动整个经济增长的主要动力；⑦ 工业特别是制造业产出在GDP中所占份额增加的主要原因，是中间需求而非是最终需求的变动，因此工业化主要源于恩格尔效应的观点必须加以修正；⑧ 贸易形式的变动，比起国内最终需求的变化来说，对总产出结构变化（特别是制造业份额）的影响更大，如实行制成品出口导向的国家，产业结构变化的速度较快，国内外产业联系的程度较高，制造业对增长的贡献也较大等。

产业结构对经济增长的影响，在现代经济发展史上曾经有过正反两方面的经验教训。正面的例子是日本的经济成长案例。1955年，日本的人均国民收入按当时的汇率计算仅为220美元，属穷国。日本经济专家认为，这是综合生产率低下所致。但生产率的低下不仅是工艺、技术和管理水平不高的结果，更主要的也是产业结构的后进性所致，即具有高附加值的、有竞争力的产业部门没有得到充分发展。据此，日本当时就将"打破产业结构的后进性，将它提高到国际先进水平，填平与发达国家产业结构水平的差距"作为产业结构升级的政策目标。具体内容是根据日本的国情搞坚定的外向型经济，抓住当时世界贸易结构趋向于"重""化"的实际情况，把其工业结构及时地转向重化工业化,特别是当时处于需求高收入弹性和生产率上升率的机械电子工业,其具体产品是家用电子类和民用轿车工业。这一政策目标加上各种有效的政策措施和灵活的企业机制,使日本经济从1955年到1973年的世界石油危机为止,维持了将近20年的年平均10%以上的有效增长率,人均国民收入迅速跻身于发达国家前列。现在日本经济学家在总结二战之后日本腾飞的经验时,一般都要突出两个基本因素:一是充分地利用"后发性优势",突出的是廉价而迅速地引进欧美先进技术进行消化吸收;二是其发展机制形成了较强的"产业结构升级能力",能够不断地根据市场需求调整其生产能力和供给结构。日本政府经济企划厅文件《中期经济计划》(1965年)也承认,没有国家干预和产业结构政策,单靠市场机制是难以抓住经济发展的机遇、迅速实现日本产业结构高度化的。

反面的案例要数20世纪20年代后开始沉沦的英国。现代经济史学家认为,这个早期曾经横行全球的世界头号强国,在20世纪20年代以后经济长期陷于相对停滞状态,在资本主义世界经济体系中的地位不断下降。造成经济相对停滞的原因,经济学家认为,是其传统的占统治地位产业结构在面临后进工业化国家强有力的潜在和现实竞争时,没有能够及时地调整其产业发展方向和发展重点。由于文化上的顽固和保守,没有能顺利地将产业结构的重心,从纺织工业等传统部门转向当时日本、德国等后起工业国尚处于落后状态的重工业特别是电子、机械工业,结果在后起工业化国家强有力的挑战下,经济增长持续下降和停滞。

正是因为产业结构对经济增长有着十分重要的影响,研究探讨如何提升产业结构的水平,加快产业升级换代的步伐,也就成为转变经济增长方式,加快现代经济发展的基本内容。

二、工业化国家产业结构优化升级的一般趋势及阶段性特征

产业结构优化升级主要是指产业由低技术水平、低附加值状态向高新技术、高附加值状态演变的趋势。它包括两种形态的资源配置趋势:一是在等量资本取得等量利润的导向下,资源在国民经济各产业之间的移动;二是在竞争导向下,资源在同一产业内部从低效率企业向高效率企业移动。产业结构优化不是一个孤立的问题,而要放到一定的经济发展阶段中来考察。纵观世界各国各地区的经济发展,我们发现,尽管各国各地区到达工业化中后期的时间有所不同,但产业结构优化大体沿着相同的取向:①经济服务化。从国民经济部门结构的变化来看,随着人均收入水平的提高,资源和劳动力首先由第一产业向第二产业转移,当人均收入水平进一步提高时,资源和劳动力便向第三产业转移。在工业化的中后期,第三产业比重迅速上升。②重化工业化。从制造业内部结构来看,在工业所创造的国民收入中,重工业

和化学工业所创造的国民收入的比例不断上升，并占有绝对份额。这实际上也就是所谓"生产资料优先发展"的表现。③高加工度化。在重工业化的过程中，工业结构从以原材料为重心的发展转向以加工组装工业为重心的发展，加工过程延续，产业链拉长，工业发展对原材料的依赖相对下降，工业的附加值主要来自于对原材料的不断精细加工和灵巧的组装。④知识密集化。产业所使用的生产要素结构发生革命性变革，呈现出从劳动密集、资本密集向技术密集、知识密集的发展变化态势。一方面，知识产业在全部产业中所占的比重逐渐上升，同时知识生产、扩散和应用的规模扩大，知识产品的价值在传统产业价值总量中的比重不断提高。⑤产业集中化。从产业组织发展来看，一方面产业企业集中，在竞争导向下，资源在同一产业内部从低效率企业向高效率企业移动，竞争从分散的小规模的竞争转向以联合或集团式的集中性大规模竞争方向发展，规模经济的利用程度大大提高；另一方面，产业地理集中，某一产业及相关配套产业向某一地理区域集中，产业区位从地区间的垂直分工为主的格局向地区间水平分工为主格局演化，充分发挥各地区比较优势，努力形成各具特色的优势产业。⑥产业国际化。从产业与国际市场的联系来看，产业结构不再是自我封闭式的维持均衡发展，而是通过国际投资、国际贸易、技术引进等国际交流方式，实现与产业系统外的物质能量的交换，在更高层次上实现结构均衡协调发展，建立国际协调型的产业结构。

产业结构优化升级是一个渐进的长期发展的过程。迈克尔·波特根据产业所依赖的资源层次以及创造这些不同层次资源的能力与机制，将产业升级分成要素驱动、投资驱动、创新驱动以及走向衰退的富裕驱动四个阶段。在要素驱动阶段，产业发展主要依赖某些低级生产要素：天然资源、自然环境和丰富而廉价的劳动力，完全以价格条件进行竞争，产业技术层次不高，创新能力缺乏，技术主要来源于其他国家而不是自己发明，较先进的产品设计和技术是通过被动的投资（如交钥匙工程）或外商直接投资获得；在投资驱动阶段，虽然低级生产要素仍然是企业获利的基础，但企业已经向更高级的生产要素（现代的通信设施、高级人力资本、优质的大学和研究等）的创造方面迈进，从政府到企业都有积极的投资意愿，企业有能力对引进的技术在使用过程中进行消化吸收和改进；在创新驱动阶段，企业不仅运用和改进从其他国家获得的技术，而且创造和发明新的技术，技术创新成为驱动产业升级的主要动力；在财富驱动阶段，产业发展的动力是已经获得的财富，企业更注重保持地位而不是追求发展，实业投资的动机下降，金融投资的比重上升。

根据钱纳里等人的研究，在工业化的初中期阶段，产业升级主要是要素、投资驱动，资本积累对经济增长的贡献最大，一般接近50%，劳动力的贡献也能达到1/3。当经济处于工业化中后期阶段时，引领产业结构优化升级的主要因素已经由资本和劳动的投入转向技术要素的投入，科技创新开始成为推动产业结构优化升级的主要动力。以韩国为例，20世纪60~70年代，美日等发达国家着手发展资本密集型产业，将劳动密集型产业转移到发展中国家，韩国鉴于自身资源匮乏、市场狭小、资金和技术短缺、劳动力市场供过于求等客观条件，开始发展以轻纺工业为主的劳动密集型产业，成为劳动密集型产业转移的重要承接地，并通过出口扩张带动了产业和经济发展，使韩国经济在短时间内迅速发展起来。70年代后期，韩国开始由劳动密集型产业向资本密集型产业升级，重点发展重化工业。20世纪80年代中期韩国进入工业化中后期阶段，面对世界新技术革命的日益深入，韩国放弃了片面强调资本密集型重化工业的高速增长方式，提出"科技立国"的口号，重点发展汽车、电子、半导体等技术密集型产业，亚洲金融危机后，韩国政府采取了一系列强化国家科技创新体系的举措，集中力量发展计算机、半导体、生物技术、精细化工等28个产业，以科技创新带动产业结构升级。到2010年，以汽车、钢铁和造船为代表的传统制造业已经进入了成熟期，增长速度已明显放慢，以信息技术、生物技术为代表的新技术产业进入成长阶段，年平均增长率达到7.7%，高于5.8%的世界平均水平；以上网交易、文化娱乐为代表的知识型服务业进入高速成长期，每年的增长率高达10%以上，韩国的产业结构进一步得到改善。

三、工业化初期要素、投资驱动产业结构优化升级

同大多数同家、地区一样，在工业化的初始阶段，长三角、珠三角地区主要依靠要素、投资驱动产业结构优化升级，各地区在经济发展过程中根据各自的区位条件、经济发展的历史文化基础、生产要素地域空间分布状况和资源条件，充分发挥区域优势，形成了各具特色的区域发展路径模式，主要有：

1. 苏南模式

20世纪80年代初，面对社会需求大于社会供给的"短缺经济"，苏南各地政府冲破"两个凡是"的束缚，抓住政治环境宽松的机遇，利用农村劳动力过剩的客观条件，大力发展乡镇企业，创建了影响全国、盛极一时的"苏南模式"，奠定了苏南工业化的良好基础。到80年代末，乡镇企业发展占据了苏南经济总量的2/3，资产占到当地农村集体资产的80%以上，成为地方经济发展的主要支撑力量，推动了农村经济由一元化的农业经济向农村工业和农业为主体的二元化方向发展，拉开了苏南农村工业化的帷幕。进入20世纪90年代后，随着市场经济体制的逐步建立，乡镇企业竞争优势的逐步削弱，一方面，苏南各地政府冲破姓公姓私的束缚，改革乡镇企业产权制度，推进企业产权社会化，明确企业市场主体地位。在全面进行清产核资的基础上，对大批小、微、亏企业经过公开竞价拍卖为私有企业，对少量规模

较大、资产较好的企业通过建立股份制、上市等途径向公司制企业转变。在短短的几年时间中，苏南各市原集体所有制的乡镇企业改制比例就达80%以上。另一方面，苏南各地政府冲破姓社姓资的束缚，抓住了浦东开发的重大机遇，依托开发区，大力发展外向型经济。早在1999年，苏南实际利用外资便已经达到了58.62亿美元，占当时江苏全省的80.34%。开发区成为开放经济的重要载体，产业集聚功能和辐射扩散作用日益明显。苏南48个省级以上的开发区实际利用外资占苏南实际利用外资的70%以上。开放经济的发展，有利于苏南进一步利用国际国内两个市场、两种资源，在更广领域和更高层次上参与国际分工，融入世界经济体系，建立国际协调型的产业结构。

2. 温州模式

与苏南地区相比，温州地区的起始发展条件要差得多，它不仅远离大中型工业城市和全国性市场中心，运输成本和信息成本较高，而且50年代的温州是对台前线，60年代是"文革"火线，70年代是建设短线，始终得不到国家的"厚爱"，从建国到1981年国家对温州的总投资只有6.55亿元。当然温州受到的传统体制束缚也较少。由于这类原因，改革开放后，温州形成了自己独具特色的发展模式，即以家庭工业和专业市场的方式发展非农业，从而形成一种"小商品、大市场"的格局。早在1986年，温州的家庭工业便发展到了11万家，从业人员达到了30万人，产值占农村工业的比重达到50%以上。20世纪90年代初"社会主义市场经济"目标的提出，使作为我国市场经济发源地的温州地区成为最大的受益者之一，几乎一夜之间，温州模式从颇具争议的"异端"变成全国各地竞相效仿的楷模。但温州人并没有因此自满，而是甩开思想包袱，革除传统温州模式的弊端，主要表现在：突破传统温州模式那种以家庭经营为基础的限制，走向了企业联合、兼并重组、优化的集团化规模发展的道路，调整了单纯以市场为导向的经营方式，走向资产经营、资本经营的综合发展道路，改变了单纯以小城镇为依托的营销方式，走向了网络营销的道路，以农村能人为骨干的企业经营者普遍提高了素质，逐渐造就了一批现代智慧和理性的企业家。温州人从家庭作坊、摆摊叫卖、沿街推销、设店开厂发展到股份合作、企业集团、跨国经营、网络贸易，表明温州模式正从初级市场经济向现代市场经济转变，其区域经济与国际经济接轨。

3. 珠江模式

珠江三角洲地处我国南部海疆前沿，改革开放前不可能成为国家投资的重点区域。1978年广东大型企业只有38家，中型企业只有146家，工业基础较为薄弱。20世纪80年代初，珠江三角洲抓住国家对外开放的机遇，充分利用毗邻港澳的优势，大力发展"两头在外、三来一补"的出口加工贸易，带动地区经济发展。1990年，珠江三角洲利用外商直接投资14.6亿美元，占全国41.8%，对外贸易总额达到

419亿美元，占全国36.3%，对外贸易依存度达到129.4%，外向经济的发展为广东提供了工业化所需要的资本原始积累。进入90年代后，珠江三角洲一方面进一步提升利用外资的层次：利用外资的形式从最初的三来一补，发展到创办三资企业等其他形式；利用外资的规模从80年代初数万、数十万港元起步的小规模，发展到上千万、上亿甚至超10亿美元的大规模；利用外资的对象也从初期清一色的港澳客商，发展到包括港澳台、欧美日等发达国家和地区在内的众多客商，居世界前500位的大跨国公司在珠江三角洲的数量不断上升；利用外资的领域也从初始阶段的加工领域为主发展到包括工业、农业和第三产业在内的众多领域。另一方面，大力推进产权制度改革，理顺企业、政府与市场的关系。受苏南模式、温州模式影响，广东顺德等地加快改革企业产权制度，建立健全现代企业制度。

4. 浦东模式

在80年代的中国，上海似乎是已被改革开放"遗忘"的角落，它既没有像珠三角地区那样得到种种优惠开放政策，也没有像江浙两省那样涌现出大规模的"自我革命"，而只是在传统经济体制内部尝试过一些无关痛痒的治标之策。在江浙两省市场化程度不断加深的同时，上海却裹足不前，所有制结构始终以国有制为主，经济增长严重滞后。据计算，1978～1991年上海市的GDP年均增长只有7.43%不仅低于江苏10.82%、浙江12.15%的水平，而且明显低于同期全国9.04%的平均水平，在全国各省市排名倒数第一。1990年中央决定开发开放上海浦东新区，上海在全面系统总结前十多年改革与发展经验教训的基础上，提出了以浦东开发开放为契机，东西联动、内外循环，通过体制、政策创新，加速上海改革开放以及同国际接轨的进程。浦东开发带动了上海要素市场建设、企业体制改革和政府职能转变。股票市场、房地产市场、生产资料现货批发与期货交易市场、资金拆借市场等迅速崛起，上海逐渐成为国内外企业和投资者关注的经济、金融和贸易活动的中心城市；上海一大批国有大中型企业通过股票市场吸收大量发展资金，并重构了企业产权制度和组织结构，转变为现代公司制度，随着要素市场的发展，政府原有的管物资、分资金、配置要素的权限范围不断缩小，原有的庞大组织结构开始改革和调整，宏观调整功能开始加强。

纵观这些发展模式，我们发现，尽管各地起步阶段的模式各不相同，苏南模式、温州模式以发展乡镇企业、家庭私营工商业为突破口，选择了走内向资本积累型区域经济发展模式；珠江模式、浦东模式主要通过引进外资，选择了外部资本筹措推动型区域经济发展模式。但是，随着我国对外开放程度和水平的进一步提高，全国统一市场体系的逐渐形成及区域经济一体化的推进，这些区域经济发展模式在相互影响和学习中日益融合趋同。

四、工业化中后期产业结构优化升级的挑战与机遇

依靠要素、投资驱动，长三角、珠三角地区经济规模迅速扩张，人均GDP不断提高。根据钱纳里对经济发展阶段的分析，进入21世纪以来，我国长三角、珠三角地区已处于工业化的中后期阶段。但是，随着长三角、珠三角工业化、城市化进程的加快，这种高投入、高消耗的粗放型经济增长模式，使长三角、珠三角地区进一步发展面临巨大的压力和严峻的挑战，主要表现在：

1. 外延扩张，资源环境问题突出

进入工业化中后期，长三角、珠三角地区重化工业化趋势不断加强。2016年江、浙、沪、粤重化工业比率已达到69.7%、56.2%、77.4%和61.6%。由于这些产业大多能耗大、污染强，使经济社会发展与土地、资源、环境的矛盾日益加剧。① 土地资源紧缺。人多地少是长三角、珠三角地区的基本实情，不断加快的外延扩张，使长三角、珠三角地区有限的土地资源更加紧缺。据测算，江苏省GDP每增加1 000亿元，平均建设用地增加7.34万亩，苏州市GDP每增加1个百分点，将消耗耕地4 000亩以上。2004～2016年江苏、浙江两省耕地面积分别减少652.20万亩和342.16万亩，12年间耕地减少量相当于1980年耕地拥有量的14.04%和7.2%。"民以食为天，食以地为本"。如果保不住"吃饭"必需的耕地，保不住"建设"必要的土地，势必严重影响到经济社会的长期稳定发展。② 能源供给紧张。长三角、珠三角地区是我国能源严重短缺的地区，一次能源省外调入比例高达90%以上，与此不对称的是能源的利用效率却比发达国家低十多个百分点，主要产品单位能耗高出发达国家30%以上，工业废水重复利用率不到40%，比国外低30个百分点。随着能耗强度较大的重化工业进程的加快，能源的供求矛盾愈显突出。③ 环境承载加重。在高消耗的同时还带来了高污染。大气污染、河湖水污染、城市垃圾污染日益严重。2014年江苏省工业废气排放量为24 286亿立方米，是2000年的4.8倍，工业废水和固体废物的排放量分别为258 769万吨、5 774万吨，是2000年的0.87倍、3.59倍；浙江省工业"三废"排放情况与江苏省类似，2014年浙江省工业废气排放量11 749亿立方米，是2000年的4.5倍，工业废水和固体废物排放量分别为281 326万吨、2 318万吨，是2000年的1.97倍、2.74倍。以环境破坏为代价来持续经济增长的回旋余地已经越来越小。如果延续目前的发展路子，那么用不了几年，长三角、珠三角地区在成为"世界工厂"之前，可能已成为"世界垃圾场"。

2. 研发不足，经济发展缺乏后劲

科技进步是推动经济增长的内在动力，它可以节约资源、降低能耗，提高对资源的利用效率。近年来，长三角、珠三角地区通过实现"科教兴省"、"科教兴市"

战略，技术进步对经济增长的促进作用不断增强，但技术进步仍然没有成为经济增长的决定性因素，2016年江、浙、沪、粤三省一市科技进步贡献率大体在50%左右，只相当于发达国家70~80年代的水平。究其原因：① 研发投入不足。2016年，江、浙、沪、粤三省一市的R&D占GDP比例分别是1.5%、1.3%、2.5%和1.1%，远远低于主要发达国家3%以上的一般水平。② 企业尚未成为科技创新的主体。2014年长三角地区规模以上工业企业的R&D经费支出只占产品销售收入的0.57%，大中型工业企业的R&D投入强度只有0.75%，与美国3.68%，日本2.87%相比均有较大差距。③ 科技资源未能有效转化为产出效益，长三角、珠三角地区科教实力雄厚，各类人才众多，但2016年江、浙、沪、粤三省一市的专利申请量和专利授权量分别只有5.33万、5.30万、3.60万、9.09万和1.94万、3.10万、1.66万、4.35万件，远远低于其经济发展水平。技术创新投入水平低下，使长三角、珠三角地区整体上处于技术引进与应用层次，消化吸收、自主创新能力较弱，缺少自主知识产权的主导产品和知名品牌，经济长期持续发展缺少技术支撑。

3. 投资驱动，经济高速难以持续

长三角、珠三角地区经济增长主要靠投资驱动。根据世界银行资料，2016年世界平均投资率水平为19.9%，其中低收入国家为19.7%，中等收入国家为22.9%，高收入国家为19.0%，而2016年江、浙、沪、粤三省一市的投资率达49.6%、49.4%、47.3%和48.8%。不仅远高于世界其他国家水平，而且还高于全国42.4%的平均水平。但较高的投资率并没有产生较高的投资效果，以投资效果系数（一定时期单位投资量而产生的GDP增加量）来衡量，2008~2016年，三省一市投资效果系数均在0.3以下，即100元投资尚不能使GDP增加30元，这与国际水平差距较大。值得注意的是，长三角、珠三角地区投资中外资占有相当大的比重，长期保持投资高增长相当困难。以长三角为例，2016年外资在江、浙、沪全社会固定资产投资中的比重分别是24.49%、9.11%和19.73%，成为长三角固定资产投资中仅次于企业自筹资金和国内贷款的第三大资金来源。外资的趋利性和流动性很强。近几年随着土地价格抬高，劳动力成本增加，商务成本持续上升，长三角吸引外来资本的比较优势有所减弱。2016年，江、浙、沪吸引合同外资比2015年增幅同比下跌39.5%、56.7%和10.9%，实际利用外资比2015年增幅同比下跌37.9%、49.71%和18.3%。如果投资包括利用外资增势受阻，势必使长三角、珠三角地区经济发展动力弱化，经济高速增长难以持续。

西方国家的理论和实践表明，随着工业化的深化和知识经济的成长，经济资源向少数大企业集中的程度不断提高。目前，长三角、珠三角地区产业组织存在的问题主要是产业集中度过低，中小企业挤占了大企业的资源和市场，从而使整个产业

111

资源的运作效率降低。根据销售额对苏南 2016 年 28 个产业前 4 位和前 8 位企业的集中度进行了进一步测量可以看出，苏南产业企业集中度并不高，产业市场表现过度竞争的市场结构。在统计的 28 个产业中，前四位企业集中度超过 50% 的只有 2 个，占行业总数的 7.1%，超过 30% 的有 12 个，占行业总数 42.9%；前 8 位企业集中度超过 60% 的有 4 个，占行业总数 14.3%，超过 30% 的有 17 个占行业总数的 60.7%。这一水平比 40 多年前主要工业化国家产业市场集中度水平还要低。1973 年，英国 41 个产业中，前四位企业集中度超过 60% 以上的有 5 个，占行业总数 12.2%，超过 30% 的有 22 个，占行业总数 53.7%。美国 20 个产业中，前四位企业集中度超过 60% 以上的有 2 个，占行业总数 10%，超过 30% 的有 17 个占行业总数 85%。过度竞争的产业市场，使大部分企业与规模经济无缘，生产成本居高不下，企业缺乏资本积累的能力，根本没有机会谋求在动辄需要几亿、几十亿投资的知识密集型产业发展，严重制约着产业技术的进步水平及企业的知识创新活动。

5. 加工贸易，富民强区不相适应

当今长三角、珠三角地区经济发展模式的一个主要特征就是接受 FDI 的外资加工贸易。20 世纪 90 年代以来，发达国家和地区跨国公司出于比较优势的考虑，纷纷把一些处于低端的生产/加工/装配环节转移到长三角地区，由此带来长三角、珠三角地区进出口贸易"爆炸式"的增长。2006～2016 年长三角、珠三角地区进出口贸易总额由 6 506.31 亿和 5 272.07 亿美元增加到 12 956.99 亿和 11 459.60 亿美元，增长了 1.99 倍和 2.17 倍。在这些进出口贸易中，2/3 以上是加工贸易，2/3 以上来自外资企业。这种外资出口加工贸易模式在推动地区经济迅速发展的同时，并没有使本地老百姓的钱袋真正地鼓起来。以苏州地区为例，2016 年苏州进出口贸易达到 10 320 亿美元，其中 75% 为加工贸易，加工贸易出口的 97% 来自外资企业。这些外资企业有力地推动了苏州地区经济的发展，2016 年苏州 GDP 总量达 14 400 亿元，居全国第七，但苏州城镇居民人均可支配收入只有 44 451 元。在长三角 16 个城市中，苏州 GDP 超过浙江任何一个城市，但人均收入浙江几个城市全部高于苏州。究其原因，主要是本土企业由于技术管理水平较低，在外资企业发展的过程中被边缘化了。

进入工业化中后期，长三角、珠三角地区产业结构优化升级不仅面临着巨大的压力和挑战，而且也具备了实现战略调整的基础和条件：

（1）综合经济实力较强：90 年代以来，长三角、珠三角地区经济持续快速发展，2016 年三省一市 GDP 已达到 73 958.4 亿元。较强的经济实力不仅确保了固定资产更新换代的投资，而且使政府具有了较强的提供公共产品和公共服务的能力，从而为新一轮长三角、珠三角地区产业结构的优化升级打下了坚实的基础。

（2）经济国际化程度较高：经过 30 多年的改革开放，开放型经济已成为长三角、珠三角地区经济发展的第一推动力。2016年,江、浙、沪、粤三省一市实际利用外资分别为174.31亿、88.89亿、71.07亿和145.11亿美元。外资企业的进入,带来大量的资金、技术、管理经验。以江苏为例,2016年江苏"三资企业"的工业企业全员劳动生产率为52.1万元,其中外资投资最集中的电子计算机及办公设备制造业全员劳动生产率为80.2万元、电气机械及器材制造业的全员劳动生产率为53.9万元,同期,江苏规模以上工业企业全员劳动生产率为39.9万元,电子计算机及办公设备制造业全员劳动生产率为70万元,电气机械及器材制造业的全员劳动生产率为44.6万元,可见,江苏三资企业促进了江苏工业企业的技术进步。近年来,科技全球化趋势不断加强,技术和技术创新能力大规模地跨国界转移,科技发展的相关因素在全球范围内进行优化配置,科技能力愈来愈多的部分跨越国界成为全球性的系统。这一趋势的出现为长三角、珠三角地区利用外部技术资源推动产业升级提供了机遇。

(3)制造业发展基础较好:长三角、珠三角地区工业化水平较高,形成了具有相当规模和一定层次的产业体系。2016年长三角、珠三角地区实现工业增加值23 370.92亿和12 500.22亿元,分别占当年该地区国内生产总值的48.94%和47.70%。高新技术产业尤其是通信设备、计算机以及其他电子设备制造业发展迅猛,2016年江苏、上海、广东高新技术产业产值占规模以上工业总产值的比重分别是24.9%、24.4%和29.1%,浙江省高新技术产业的发展虽然相比上海、广东和江苏还有一定的差距,但其增长迅速。强大的制造业基础为长三角、珠三角地区打造国际先进制造业基地提供了有利条件。

(4)科技人才资源较为丰富:人力资本是现代经济增长的主要动力和源泉。长三角、珠三角地区以其强大的经济发展吸引了大量的国内外科技人才,2016年,国有企事业单位拥有的各类专业技术人员江、浙、沪、粤分别为142.2万、141.37万、72.72万和137.54万人。区域创新体系建设稳步推进,高新技术产业开发区成为科技创新的重要载体,各类创业服务中心、留学人员创业园、大学科技园发展迅速。

(5)综合环境优势比较明显:长三角、珠三角地区不仅城市功能比较完善,基础设施比较完备,而且各级政府的服务意识较强,办事效率和服务水平较高,全社会亲商、安商、富商的氛围浓厚。以昆山为例,昆山在对外商的服务上不断创新,成为制度创新的改革极。早在1999年昆山就推出了"诚信服务、规范行政、降本增效"三条服务措施。2000年昆山又提出营造"亲商、安商、富商"的环境。经过多年的努力,昆山已经形成了"三大服务体系",即外商投资审批时的一条龙服务、企业建设过程中的全方位服务、企业开工投产后的经常性服务;形成了政府和外商之间沟通的"三个渠道",即市外商投资企业协会、台湾同胞投资企业协会、外资企业沙龙;成立了为外资企业提供配套的"三个中心",即外商服务受理中心、外向配套协作中心、外商投诉中心。所有这些都为实现长三角、珠三角地区产业优化升级的战略调整提供了重要保证。

五、科技创新引领产业结构优化升级的路径机制

许多国家和地区经济发展经验表明，当经济处于工业化中后期阶段时，引领产业结构优化升级的主要因素已经由资本和劳动的投入转向技术要素的投入，科技创新开始成为推动产业结构优化升级的主要动力。为便于比较和提高借鉴作用，本章主要分析研究日本和韩国科技创新引领产业结构优化升级的经验。正如前文所述，日本、韩国于20世纪70~80年代先后进入工业化中后期阶段，针对工业化中后期阶段经济、社会发展的特征，日本、韩国果断地放弃了片面强调资本密集型重化工业的高速增长方式，重点发展技术密集、知识密集型产业，实现经济增长方式由粗放的资源消耗型向资源节约和技术创新型转变，提升产业和国家的竞争力。总结日本、韩国以科技创新引领产业结构优化升级，我们可以得出以下经验：

（1）政府全方位推进：高新技术产业发展的外部性，决定了它仅仅依靠市场的力量是不够的。日本、韩国政府对高新技术产业的发展都进行了全方位的支持：在科研投入方面，两国科研经费占GDP的比例节节上升。日本1970年为1.59%，1980年为1.91%，1990年为2.78%，韩国1970年为0.32%，1990年则为1.95%；在研发领域方面，两国政府都制定了明确的高新技术产业发展规划，具有很强的指导性，政府不仅支持基础研究，而且对应用研究和产品开发都给予了直接支持；在科技人才方面，除倡导国内高校由原来单纯以教学为目的向以研究和发展为主过渡外，政府还采取积极灵活的政策，吸引和动员在国外的本国科技人才回国效劳，在国外受教育的韩国籍科技人才回国工作在60年代只有5%，70年代达到70%左右；在科研组织方面，两国政府都十分重视官、产、学、研的协作创新，日本超大规模集成电路技术、韩国CDMA技术便是成功的例证；在制度安排方面，两国政府都通过税收减免、优惠贷款、发放补助金等措施，保证经济资源向高新技术产业和企业流动。

（2）大企业主导创新：作为技术的追赶者，技术前进的方向很明确，重要的是迅速调动起资源来实现技术上的突破和改进。大企业集团在突破技术领先者的技术和市场障碍方面有独特的优势，一方面，只有大企业集团才有资金实力进行高强度的投资，以尽量采用先进的技术缩小与领先者的差距，另一方面，大企业集团更有可能实现规模经济，从而使降低成本成为可能，扩张市场占有率的战略才更有可能成功。日本的新产品、新技术的研发绝大多数是在索尼、日立、松下这样的大企业中完成的，韩国的液晶电视、手机通信技术达到世界先进水平，主要是靠三星、LG公司的贡献。

第六章　全球化知识经济背景下的科技创新引领产业升级的具体方法研究

（3）引进与创新并举：这是后发国家实施赶超战略的常用手段。为了尽快缩短与欧美先进国家的经济技术差距，日本、韩国从发达国家大量引进先进技术。据统计，1950～1976年日本企业花费77亿美元，引进2.8万项技术。但值得注意的是，日本、韩国企业并不是将这些引进的技术一般性地应用到生产中去制造产品，而是普遍对引进的技术进行深层次开发，在技术成果转化为商品过程中，融入新的思想，追加创造性的劳动。如索尼公司20世纪50年代初开创性地将从美国引进的晶体管技术用于民用产品开发，成功地制造出世界最高质量的晶体管收音机；韩国三星公司20世纪80年代初从美国引进64KBDRAM设计技术，成功地制造出世界第一个64KBDRAM芯片。这种做法使日本、韩国在半导体技术、信息技术、机器人技术等许多高新技术领域后来居上，由引进欧美技术到向欧美出口，进而到领先于欧美发展水平。

（4）跨行业技术聚变：所谓"技术聚变"就是将多种技术结合在一起产生杂交技术，如将光学和电子学结合产生光纤通信系统，将机械和电子技术组合产生了机电一体化技术。技术聚变在日本、韩国一直处于技术创新的主导地位，以日本为例，自70年代以来机电一体化方面处于全球领先地位的Fance公司，早在50年代便致力于聚变电子、机械和材料技术研究，开发了计算机数控机床、微型工业机器人；又如日本夏普公司于80年代初开发的第一代数字式液晶显示袖珍计算器便是将电子、液晶、光学技术加以聚变的产物。如今，这些聚变产品为日本带来了巨大的收益，全球LCD市场的38%为夏普所占有，年收益达20多亿美元。

（5）科技创新产业化：同注重基础研究的欧美不同，日本、韩国作为技术追赶者，将研究开发活动的重点放在应用研究和产品与工艺的开发上。通过直接进口先进的生产设备、购买技术许可证或专利、购并国外高技术公司和OEM等方式，引进有市场前景的技术作为主要的技术来源，然后进行开发改造，进行持续的、渐进的技术创新。以日本为例，2016年日本整个R&D支出占GDP的比重略高于美国，分别是2.6%和2.5%，而日本的R&D支出结构中用于基础研究的比例2016年为13.9%，却比同年的美国低2.4个百分点。一项日美产业研究开发调查发现，美国企业只把1/3的研究开发经费用于改进工艺技术，其余2/3用于新产品开发，而在日本，这个比例正相反。其结果，许多欧美国家发明或首先试制成产品的革新技术，却在日本首先得到实用化、商品化，日本企业申请专利的绝对数量超过美国以及其他世界各国。2016年日本专利申请量高达38万项，远远超过美国（19.1万项）、德国（11.8万项）、英国（10.1万项）、法国（8.2万项）。

我国已处于工业化的中后期阶段，科技创新开始成为引领产业结构优化升级的主要动力。根据后起发达国家科技创新的经验，在经济全球化条件下，加快科技创新必须坚持走开放引进和自主创新同时并举的道路，单纯依靠引进技术和拒绝开放都不能达到科技创新的目的。

1. 吸收利用国外技术

在经济全球化条件下，任何一个国家，特别是对发展中国家而言，要完全依靠自身力量，自主开发所需要的全部技术往往是不可行的或者是不经济的。一方面，发展中国家往往缺乏这方面的资源，包括人才、资金、基础科学研究以及基础设施等，在整体技术水平与西方国家的差距还十分巨大的情况下，所有的技术都依靠自己研究是不切实际的。另一方面，自主开发技术往往耗时过长、耗资过大，而且成功率很低，开发风险很大。因此，充分吸收利用国外技术是后起国家弥补本国技术缺口的一条基本路径。

（1）促进外资企业技术转移

国内外学者对此进行了许多理论和实证研究。从技术转移路径来讲，主要有四种：① 竞争，即外资企业进入增加了本土企业的竞争压力，为了捍卫自己的市场份额，本土企业不得不增加技术投入，提高自身的技术水平和生产效率；② 合作，即外资企业与本土企业在技术与管理方面展开合作，促使当地企业在产品技术、质量以及管理方面逐渐与外资企业接近；③ 人力资本，外资企业对东道国当地员工进行培训，提高了他们的技术和管理水平，如果这些员工后来受雇于本土企业则可以提高本土企业技术和管理水平；④ 示范，外资企业的进入可以向本土企业展示有关的生产和管理技术，为本土企业提供了"眼见为实"的学习机会，使他们可以通过观察和模仿迅速提升自己对技术和管理的理解能力。

从技术转移制约变量来讲，学者们认为主要有三个方面：① 市场竞争环境。从产品市场来看，寡头垄断的市场结构使产品市场上的竞争压力不足，抑制了外资企业技术转让的水平和速度，从要素市场来看，东道国资本、劳动力、信息等要素市场的不完善，使本土企业在技术吸收过程中的规模扩张缺乏金融支持，阻碍外资企业人力资本的流动，提高了本土企业吸收技术的信息成本。② 技术吸收能力。Cantwell 认为，如果东道国本土企业的技术水平比较落后，人力资源的素质比较低，外资企业就会倾向于转让一些生产阶段附加值比较低的、低技术含量的技术内容到该国，以便利用该国低成本优势；相反，如果东道国技术水平相对较高，则外资企业倾向于转移一些附加值及技术含量比较高的内容，以利用当地的技术和人才优势，因此，东道国本土企业与外资企业之间的技术差距越大，外资企业先进技术转移的比例和可能性越少。③ 生产融合程度。一般而言，外资企业与当地的生产体系融合得越深入，联系得越紧密，则外资企业对当地的技术影响就越大。从投入产出关系来看，生产融合可以分为前向关联（为外资企业的产品提供市场营销服务）和后向关联（为外资企业提供零部件和原材料），一般认为，后向关联对东道国的技术扩散更为重要。从融合深度来看，可以分为浅度国产化（为外资企业产品生产一般零部件等）和深度国产化（为外资企业研发和生产关键零部件），深度国产化更有利于外资企业的技术溢出。因此，促进外资企业技术转移，当前需要做好以下工作：

1）明确利用外资的技术目标：在不同国家以及在同一国家经济发展的不同阶段，利用外资的目标是不尽相同的。从改革开放初期到20世纪90年代中期，我国基本上处于短缺经济时期，利用外资的主要目标是为了弥补资金缺口与物质缺口。90年代中期以后，我国逐步由短缺经济走向过剩经济，不仅出现了商品过剩、物质过剩，而且在一定程度上还出现了资本过剩和外汇过剩，这些情况的出现表明了单纯利用外资的数量已不再是我国利用外资的主要目标。根据美国学者赫尔希曼的："三缺口"模型，弥补技术缺口成为我国当前利用外资的主要目标。

2）实行基于本土企业技术进步的差别化优惠政策：长期以来，为了吸引外资，凡是外资企业各地均给予同等普遍的优惠。随着利用外资目标的转变，各地应当把给予外资企业普惠制的政策，改变为根据不同行业、不同项目给予相应的优惠政策。在鼓励外资企业大力发展高新技术产业，运用高新技术改造传统产业的同时，针对产品内分工趋势，重点鼓励外资企业在华设立研发机构，提升研发机构的层次和水平，加强企业技术管理人员的培训，积极开展与本土企业技术合作等，把对外资的优惠政策与转变经济增长方式，促进本土企业技术进步真正地结合起来。

3）营造完善的外资投资环境：在市场经济条件下，政府的职能主要是健全市场体系，规范市场秩序。对当前来说，首先要完善要素市场，尤其是资本市场和劳动力市场。要进一步发展和开放地区金融市场，拓宽企业和个人的融资渠道，如发展个人贷款担保和风险投资基金，从而降低技术转移成本。要减少对人员流动的管制，鼓励技术管理人员的流动和创业，从而疏通技术溢出的通道。其次，要完善产品市场，培育激烈的竞争环境，迫使外资企业加快内部技术转让和技术扩散的速度。从1983年到1999年长达16年的时间内，上海大众的主导产品一直是全球市场上已经淘汰了的第一代桑塔纳车型，随着20世纪90年代后全球大型汽车跨国公司纷纷进入中国市场，德国大众1999年将其全球流行车型帕萨特引入上海大众，使原先B2级的桑塔纳跃升三个等级。此外，还要加强和完善保护知识产权的法律体系，同时建立完备的执法体系，以增强长期的技术吸纳能力和技术创新能力。

（2）对引进技术进行深层次开发

没有技术引进就不会有技术创新的基础，但只有引进没有消化吸收，就会形成对外部技术的依赖。目前，我国许多地区重"引进"、轻"消化"，"大钱搞引进，小钱搞改革，没钱搞消化"。这里以浙江省为例，2016年，浙江省高技术引进经费为 28 555 亿元,而消化吸收仅为 6 504 亿元,消化吸收经费相当于引进经费的 22.7%。技术引进与消化吸收投入比例只有 1∶0.2 左右。应该说,和国内其他省份相比,浙江的引进消化吸收再创新投入比例还是较高的,但是与相似阶段发达国家的技术消化吸收投入相比,这一比例远远低于国际平均水平。在工业化成长时期的日本、韩国这个比例一般是 1∶5~8,有些年份甚至达到 1∶10 以上。显然,由于主要依靠引进技术和先进设备,而缺乏必要的消化吸收费用,新的生产设备在投入生产后,必然会在标准、关键零部件等方面受制于人。2016 年全国对外技术依存度为 50%,而浙江对外技术依存度高达 63.6%,比 2010 年的 12% 高出 5.3 倍。2014~2016 年三年累计平均为 58.6%,而美国、日本仅为 5% 左右。可见,作为一个技术追赶者,不应将引进的技术一般性地应用到生产中去制造产品,而应对引进技术进行深层次开发,在技术成果转化为商品的过程中,融入新的思想,追加创造性的劳动,要努力形成"技术引进→消化吸收→技术创新与自主开发"的创新机制。

(3)积极实施技术走出去战略

吸收利用国外技术,不仅要引进来,更要积极地走出去。主要有三种方式:

1)在国外建立研发基地,雇佣外国研发人员。20 世纪 90 年代,日本高科技企业界在国外建立了 200 多个研发基地,雇佣国外研发人员 4 500 多人,利用外国智力资源开发高科技成果,推进本国高新技术产业化。欧盟跨国企业在美国设立的研发机构也在不断增加。

2)组建技术战略联盟。随着科学技术的日新月异,社会分工的不断深化,技术战略联盟在世界范围内成为企业管理的潮流。目前,我国许多优秀企业实际上已经具备了与跨国公司组建战略技术联盟的条件,积极主动地实施战略技术合作,不仅可以增强跨国公司的技术外溢效应,提升我国企业在国际分工中的层次,而且可以增强他们的自主研发能力。无锡法尔胜集团与竞争对手贝尔卡特公司合作,将我国金属制品产业技术向前推进了 20 年。

3)收购兼并国外企业,提高企业技术创新能力。近年来,随着我国经济全球化程度不断加深,我国各地区企业对外收购兼并的步伐大大加快。如上海汽车集团收购韩国双龙汽车公司、TCL 集团合并汤姆逊彩电业务,上海光华印刷机械有限公司收购日本秋山公司等等。从发展趋势看,企业收购兼并的目的正在由占领市场,拥有资源向获得核心技术转变。这里以浙江万向集团为例,自 1984 年将首批万向节产品出口到美国市场以来,万向"走出去"战略经历了"从产品走出去,到人员走出去,再到企业走出去"的发展历程。近年来,万向先后收购兼并了欧美 7 个国家 19 家公司,不仅构建起涵盖全球 50 多个国家和地区的国际营销网络,而且大大提升了企业的技术创新水平。通过收购美国舍勒公司,万向成为世界上拥有万向节技术专利最多的公司；收购美国QAI公司股权，万向获得一级方程式赛车减震器以及出口连杆的制造技术，通过收购LT公司、UAI公司，万向使其汽车毂技术、制动器技术达到国际领先水平。由此可见，随着我国企业不断发展壮大，通过收购兼并国外技术越来越成为我国企业形成自身核心技术能力的重要路径。

2.加快本土企业技术创新

世界各国的实践证明，全球化发展可以推动无国籍公司产生，但技术是永远有国籍的，依靠外部技术发展产业、发展经济，可以实现工业化和现代化，但都无法摆脱经济附属命运和外围地位，一个国家或地区本土企业技术创新能力的提升才是区域经济持续发展和稳定的基础。

（1）加大科技人才的培养引进力度

在经济全球化不断深化的今天，无论是一个产品还是一个专业，要达到国内国际领先水平，就必须要有一批优秀的科技人才。有了这样的人才，才能瞄准国际前沿，了解和掌握这个专业、行业的研究水平和发展趋势，不断增强自主创新能力和核心竞争力。正是因为有了无锡尚德的施正荣、南京光伏的赵建华、常州天合的高纪凡、南通林洋的王汉飞等光伏产业的优秀人才，江苏省光伏产业发展才迅速跃居全国首位。在工业化中后期阶段，我国各地科技人才队伍建设包括两个方面：一是继续加大本土科技人才的培养力度，二是针对大批海外留学人员开始回国创业的大好时机，制定各种政策措施，吸收海归人才到长三角、珠三角创业。这里需要特别提及的是，2006年无锡市政府制定的"海归创业530计划"，规定对引进的海外领军性人才，一次性给予100万元创业启动资金，提供不少于100平方米工作场所和不少于100平方米住房公寓，三年内免收租金，市科技风险投资金给予不低于300万元的创业投资，对具有市场需求高新技术产品产业化生产过程中流动资金不足的可给予不低于300万元的资金担保，以此吸引带动一批海外领军人才到无锡创业，全面提升无锡产业的科技竞争力。

（2）突出企业科技创新的主体地位

科技创新与产业结构优化升级的很好结合，企业是主要的载体和生力军，只有当企业真正成为技术创新的主体，才能有效地把科技创新的成果嫁接到物质财富的生产和竞争力的提高上来。2016年美国科研经费来源于企业的占全部科研经费的66.2%，来源于政府的占28.7%，来源于其他的占5.1%，日本分别为73%、18.5%、8.5%，德国为66%、31.5%、2.5%。在科研经费使用上，美国企业占72.9%，科研机构占7.6%，大学占14.9%，日本分别为73.7%、9.5%、14.5%，德国分别为70%、13.5%、16.5%；与此相比，中国还有差距，2016年，我国即使是江、浙、沪地区的企业R&D占总研发投入的比重也只有53.6%、49.54%和46.23%，企业R&D经费支出占产品销售收入比重分别为0.75%、0.54%、0.86%，企业还未真正成为自主创新的主体。为此各地政府要从战略上进一步明确企业科技创新的主体地位，在科技投入、研究计划和人员配置上向企业倾斜，逐步使科技体制由政府研究机构主导型转变为企业研究机构主导，通过财政、税收和信贷政策，鼓励引导企业增加研发投入，设立研发中心，开展自主创新。

（3）营造科技创新的机制环境

如果企业是一棵树，整个社会环境是空气、水分、阳光、土地，这个小气候就是凝聚在树根周围的土壤。经营土壤，不仅要继续完善地区生活、科研、生产及基础设施等硬件环境，更重要的是营造一种有利于科技创新的软环境。经济学家吴敬琏早就说过，"制度重于技术，决定一个国家一个地区乃至一个企业高新技术发展状况的最主要的因素不是物质资本的数量，而是与人力资本潜力发挥相关的经济组织结构和文化传统等社会因素"。对此，各地政府要着重做好以下五个方面工作：一是着力培养尊重知识人才、不断学习创新、宽容失败、倡导合作的区域文化氛围。二是建立"政府引导、多元化投入、市场化运行、企业化管理"的风险投资机制。三是建设以科技孵化器为主的创业载体、以公共技术平台为主的创新载体和以工业设计园为主的创意载体，搭建具有公益性、基础性、关键性的科技基础设施平台。四是促进产学研一体化，鼓励企业积极主动地同大学科研院所合作，提高大学科研院所技术研究的市场适应性，加快技术成果产业化。五是健全市场体系、规范市场秩序，构造公平竞争的市场环境，保证每个市场主体都能充分发挥其核心能力，在规范公平的市场环境中求得生存和发展。

（4）构建寡头垄断型市场结构

西方国家的理论和实践表明，一定集中程度的产业环境有利于技术进步。美、英、日等国家企业R&D总支出的80%~97%是由1 000人以上的企业完成的，62%~90%是由2 000人以上的企业完成的，美国企业所掌握的专利约有51%由5 000人以上的企业占有，30%由1 000~4 000人的企业占有。因此，迫切要求我们国家各地区实施以产业集中为导向的产业组织政策，提高产业资源运作效率。为此首先要加强对各地区目前产业组织结构现状的调查研究，特别是要测定不同产业部门的企业基本规模标准，综合考虑现有生产力发展水平下的技术发展状况，并结合国际经济技术发展水平及发达国家产业发展态势，制定产业内企业发展的最低规模标准，形成一种阻碍低于经济规模的企业进入、防止产业内过度竞争的政府性壁垒。对达不到最低生产规模的企业，要促使其顺利退出或通过联合兼并尽快形成规模；对违反国家产业组织政策的地区或企业采取必要的惩罚措施。其次，为有效实施产业组织政策，推动各产业部门迅速向规模经济迈进，应大力促进产业资本和金融资本的结合。因为这种结合可为大企业的成长提供长期及时和稳定的资金来源，为企业通过兼并、合并、收购等方式迅速扩张提供金融中介。最后，要促进企业在合适的领域继续发展，加强大企业与企业之间的分工协作。企业的发展是大企业扩大规模的要求，大企业规模经营的必要条件是进行专业化分工，以便采用高效的生产设备。在一些发达国家，工业部门尤其是在机械、电子等工业部门中，一家大企业与成千上万家企业形成密切的协作关系，这样大企业的规模才能得以扩张，优势才能得以发挥，这一点值得我国很好的借鉴。

（5）推进传统优势产业的高新技术改造

高新技术产业发展的意义不仅在于其本身，还在于用高新技术改造传统产业，提升传统产业的竞争力。在新经济时代，高新技术与传统产业高度融合，产业结构升级淘汰的不再是所谓的"夕阳产业"，而只是"夕阳技术"。一个国家或地区能否成功地完成产业革命，取决于传统产业与高新技术结合的紧密程度。目前苏南各地对传统产业进行高新技术改造主要是运用高新技术改造传统的生产设备工艺与组织管理，实现由高能耗、高物耗向低能耗、低物耗的绿色经营模式转变，由"重厚大"型向"轻薄小"型产品转变，由大规模标准化生产向个性化、柔性化生产转变。如无锡海澜集团调整270道工序推出可机洗30次的西服，阳光集团开发出200支细度的精纺呢绒，年产量1吨，占世界年产量的1/3，使传统优势产业的竞争力得到进一步的提升。

以预言亚洲会爆发金融危机而名噪天下的美国经济学家克鲁格曼针对亚洲经济增长的实际，曾经指出："亚洲取得了卓越的经济增长速度，却没有与之相当的卓越的生产率增长。他的增长是资源投入的结果，而不是效率的提高，是流汗得来的，而不是出自智慧。"

这一教训值得我们记取。当经济处于工业化中后期阶段时，我们必须果断地冲破GDP的束缚，从重GDP到重IP（知识产权），大力推进自主创新和科技创业，不断增强自主创新能力，努力实现产业结构优化升级从要素投资驱动向创新驱动的战略转变，只有这样，才能突破资源环境的瓶颈，实现区域经济社会的可持续发展。

第二节 从招商引资转向招才引智

人才是推进科技创新创业的第一资源，人才的数量和质量直接决定科技创新活动质量的高低。许多国家和地区经济发展的经验表明，在工业化中后期阶段，海外科技人才开始大量回国创业。由于在国外留学的科技人才，特别是从事尖端领域研究的人才处在本领域的技术前沿，对世界领先科技及其产业化发展方向有比较准确地把握，对未来市场前景有前瞻性的预见，他们回国创业，可以实现本国技术跨越，达到甚至超过世界先进水平。因此，各级政府在加快本土科技人才培养的同时，针对大批海外留学人员开始回国创业的大好时机，应制定实施"海归创业计划"，积极支持、倡导企业走科技人才国际化的道路，吸引一批领军型海外归国创业人才到本地区创业，引进一批国际先进的科技成果到本地转化、产业化，全面提升本地区产业的科技竞争力。相比于招商引资，海归创业在产业技术效应方面更具有主动性、独立性、前沿性和植根性，但要吸引更多的海归创业，引领我国产业升级，当前还要做好从经营土地到经营土壤、从企业孵化到产业孵化、从政府主导到企业主导、从引进一般性人才到重点引进领军性人才的战略转变。

一、招商引资与招才引智的技术效应分析

尽管产业升级的外延较为宽泛，但最根本是指产业由低技术水平、低附加值状态向高新技术、高附加值状态演变的趋势。吸收利用国外技术弥补本国技术缺口是后发国家的通常做法，它包括两条主要路径：一是招商引资；二是招才引智。

招商引资就是通过吸引外商投资，利用外资企业的技术转移和技术溢出，实现外资企业所拥有的产品技术、管理技术和研发能力向东道国本土企业的扩散，提高本国、本地区的技术创新水平。它主要有以下几种形式：一是与竞争相关的技术外溢，即外资企业的进入增加了本土企业的竞争压力，为了捍卫自己的市场份额，本土企业不得不增加技术投入，提高自身的技术水平和生产效率；二是外资企业的子公司或分支机构与本土企业之间在技术与管理方面的合作所产生的外溢效应。许多案例分析显示了外资企业与本土公司之间无论是纵向的合作关系，还是横向的竞争关系，都会促使本土企业在产品的技术、质量以及管理等方面逐渐与外资企业接近；三是人力资本外溢，外资企业对其在东道国当地的员工进行的培训提高了他们的技术和管理水平，如果这些员工以后受雇于本土企业，则可以提高本土企业的技术和管理水平；四是示范效应。外资企业的进入可以向本土企业展示有关的生产和管理技术，为本土企业提供了"眼见为实"的学习机会，使他们可以通过观察和模仿迅速提升自己对技术和管理的理解能力。国外一些学者对招商引资的技术效应做了大量的实证研究，Simon 在研究台湾技术发展时发现，外资企业技术人员的流动是当地技术扩散的主要媒体。Kim 通过对韩国 200 多家公司研究表明，充分利用外资企业的技术转移，并有选择地进行技术学习和技术积累，是本土企业实现从模仿到创新转化的关键变量。可见，利用外资企业的技术转移是实现产业升级的重要路径。

第六章 全球化知识经济背景下的科技创新引领产业升级的具体方法研究

招才引智是指招揽吸引国际化人才，特别是本国海外留学人员回国创业，直接提升本国本地区的技术创新水平和能力。随着一国经济的不断发展，这一路径显得越来越重要，主要是因为相对于招商引资，招才引智具有以下优势：

1. 主动性

利用外资企业的技术溢出实现产业升级，只是出于后起国家的考虑，它能否实现、在多大程度上实现往往受制于外资企业。由于技术是外资企业赖以进行海外经营扩张的基础，是决定其竞争优势的关键因素，因此，外资企业并不存在向东道国本土企业转移技术、促进当地经济技术发展的任何愿望，其技术转让的根本动机是对高额垄断利润的追求。为了维持技术垄断优势，消除和遏制外来竞争，它们还会千方百计地防止技术在东道国产生技术外溢；通过提高雇员薪金水平等政策和制度上设置各种障碍等手段来防止人才向本土企业流动，不少在华外资企业在其产业链延伸中往往引进国外关联公司或国外合作伙伴进行自我繁衍，近年来越来越多的外资企业在华投资选择了独资企业形式。相反，吸引海归人才回国创业其技术创新要主动得多。无锡尚德公司在创设之初就将技术创新视为企业的生命线，公司每年把企业销售收入的5%用于科研工作，公司创立初就成立了研发中心，其第一期投入就达300万美元。为了提升我国光伏产业的整体技术水平，尚德公司不仅对其相关配套企业进行技术援助，而且自成立第一年始，公司每年都举办一次光伏产业技术交流大会，把国内所有上下游企业请到一起研讨交流，技术人员免费为各企业讲课答疑。

2. 独立性

招商引资在带来外资企业技术流入的同时，也会造成东道国产业对外资企业的技术依赖，形成"引进——落后——再引进——再落后"的恶性循环。一方面，由于外资企业转让处于成熟期技术的边际成本很低，而国内技术创新不仅需要付出跨过初始门槛的高成本，而且技术创新初期有许多不完善之处，这种格局使得东道国对国内技术创新的需求减少，企业创新动力不足；另一方面，在产品内分工条件下，一些外资企业出于自身竞争战略的考虑，安排东道国本土企业为其长期提供低技术含量的零配件、产品组装，使其难以接近核心技术，从而限制了它们的技术创新能力。与此相反，招才引智则直接提升了东道国的自主创新能力，使东道国形成一批独立拥有自主知识产权的核心技术。尚德公司自创立之初始终坚持技术研发的独立性，不断推进技术进步和生产工艺的改进。在光电转换效率这个核心技术方面，公司进行新型结构的高效晶体硅太阳电池大规模工业生产技术研究，其中试转换效率达到18%，公司还通过改进生产工艺，将生产的硅电池片厚度降为240微米，比国际上通行的要少40微米，使得光伏发电的单位千瓦的投资成本降低40%，同时发电量增加20%，这是我国在光伏发电方面拥有自主知识产权的重大突破，这套系统被著名物理学家、诺贝尔奖获得者李政道称为"理论与实践的完美结合"。

3. 前沿性

由于技术是外资企业竞争力的根本，因此，外资企业一般不会将最先进的技术运用到发展中国家的子公司或分支机构中，它们在东道国，尤其是发展中的东道国所使用的，通常是低水平的生产技术。20世纪90年代上海大众成立时，大众汽车公司提供的Santana是20世纪60年代的车型，虽然大众汽车公司已于80年代中期在全球市场上淘汰了这一车型，但上海大众在1983～1999年长达16年的时间内一直生产这一车型。进入21世纪以来，随着全球市场竞争加剧，外资企业开始加快向海外转移先进技术，在海外设立研发机构，但其技术转移主要在母子公司内部，其研发机构主要是从事适应型和专用技术型研发，投资规模小、地位低。相反，由于在国外留学的科技人才，特别是从事尖端领域研究的人才拥有先进的技术和理念，具有全球的视野，他们回国创业，可以实现东道国技术跨越，达到甚至超过世界先进水平。尚德公司就是一个成功的典型，公司生产的单晶硅和多晶硅太阳电池转移效率分别达到18%和16%以上，居于世界领先水平，将我国光伏技术与世界先进水平的差距缩短了15年，公司建立了世界一流的开放式的研发平台，大力从海外招聘高级人才，先后引进国内外高级专家50余名，其中26名是来自国外的光伏专家，确保了公司技术水平在国际的领先地位。

4. 植根性

由于外资的趋利性和流动性很强，近几年来，随着土地价格抬高，劳动力成本增加，商务成本持续上升，我国吸引外来资本的比较优势有所减弱。以江、浙、沪为例，2016年江、浙、沪引进合同外资比2015年增幅同比下跌39%、56.7%和10.9%，实际利用外资比2015年增幅同比下跌37.9%、49.7%和18.3%。伴随外资企业的迁移，外资企业拥有的技术随之带走。可见，在经济全球化不断深化的条件下，我们必须清醒地认识到，外资企业拥有的技术创新能力从根本上讲并不是"我们的"，一个国家或地区本土企业技术创新能力的提升才是区域经济持续发展和稳定的基础，海外科技人才回国创业可以迅速提升本土的技术创新能力，进而建立起自给自足的科技发展体系，为本土科技长期持续发展奠定根基。

二、海归创业的阶段性特征

许多国家和地区经济发展的经验表明，尽管招才引智相比于招商引资更有利于迅速提升本土的技术创新能力，建立起自给自足的科技创新体系。但后起国家或地区在工业化的初中期阶段，一般都是通过招商引资，借助外资企业的技术转移和技术溢出来缩小与发达国家的技术差距，迅速提升本土企业的技术创新水平；招才引智大规模发展主要发生在工业化中后期阶段。

这里以我国台湾地区为例。如果把20世纪70年代以来台湾海外留学人才回归的情况与人均GDP增长情况做一个对比，我们可以发现，1981年台湾在人均GDP超过2 500美元时，海外流学人才回归数量大幅度增加，在20世纪90年代前期达到高峰，其中1994年当年回归人员多达6 510人。

那么，为什么在工业化的中后期阶段海外人才会大量回归呢？研究发现，主要有两个方面原因：

1. 产业升级的内在需求

20世纪60~70年代，台湾鉴于自身资源匮乏、市场狭小、资金和技术短缺、劳动力市场供过于求等客观条件，开始发展以轻纺工业为主的劳动密集型产业，成为欧美劳动密集型产业转移重要承接地，并通过出口扩张带动了产业和经济发展，使台湾经济在短时间内迅速发展起来。70年代中期，台湾开始由劳动密集型产业向资本密集型产业升级，重点发展重化工业以解决部分原料和中间品自给，减轻对国外依赖，并带动其他工业发展。进入20世纪80年代以后台湾所处的经济环境发生了重大的变化：一方面，过去曾作为经济高速增长主要动力的劳动密集型产业、资本密集型产业由于以下几个原因比较优势渐失，市场竞争力下降。① 在80年代，世界经济的发展总体上趋缓，加上贸易不平衡越来越严重，北美和欧洲都采取了贸易保护主义政策，对于台湾来讲，要维持过去执行外向型战略的工业增长率已越来越困难；② 受台湾地区等亚洲"四小龙"经济发展成功经验的启示，进入20世纪80年代以后，东南亚国家和中国大陆也纷纷致力于经济改革和发展外向型经济，使台湾在低工资劳动密集型工业中的优势渐渐失去；③ 在国际石油危机冲击下，由于石油价格大幅提升的影响，主要以进口原油进行加工炼制和裂解的石油化学工业沦为能耗大、成本高、收益低的"艰苦产业"；④ 由于中国台湾试图进入发达国家占主导地位的产业领域，发达国家中特别是日本越来越不情愿向中国台湾转让技术。另一方面，由美国领军的世界科技革命迅速发展，一系列科学技术，如微电子技术、生物工程、光纤通信技术、新材料和新能源的研究开发等等不断涌现，正在形成一个崭新的科学技术群。这些新技术成果及其产业化发展不仅推动了社会经济全面发展，而且成为一个国家和地区综合实力的重要因素。面对这些情况，台湾当局果断提出加速产业升级，积极发展技术程度高、附加值高、能源密度低、污染程度低、产业关联效果大、市场潜力大，即所谓"两高、两低、两大"的策略性产业。随着劳动密集型、资本密集型产业向技术密集型和知识密集型产业的转移，迫切需要大量的科技人才，从而为海外留学科技人才回归创造了更大的发展机会和空间。

2. 当局政府的积极推动

如果说产业升级是海归创业的基本动因，那么政府作用则是海归创业的"助推器"，为了吸引海外留学人才回归创业，台湾当局着重做了以下几方面工作：① 制定科技发展规划。早在 1978 年，台湾"行政院"就制订了台湾科技发展方案，决定重点发展资讯、能源、材料、生物工程、光电等高科技项目，并把吸引大批海外优秀高科技人才作为执行该科技发展方案的首要条件。台湾有关部门灵活运用多种方式，争取海外华人科技专家的智力支持，极大地缩短了台湾科技赶超世界水平的时间。② 建立科技工业园区。1980 年台湾建立了新竹高科技工业园区，旨在塑造台湾高品质的研发、生产、工作、生活及休闲的人性化环境，以吸引海外高科技人才，促进台湾产业升级。园区实行极为优惠的政策，企业所得税免 5 年，进口高技术研究、开发用仪器设备以及出口产品零部件免关税，园区对厂商的研究发展经费予以补助，最高补助额可达到研发总金额的 50%。新竹高科技园区的良好环境吸引了大量海外高科技人才回归创业。1983 年，园区内就业的海归只有 27 位，1994 年增加到 1 362 位，2016 年达到 14 108 位。③ 发展科技创业投资。台湾当局从 20 世纪 80 年代初就鼓励发展创业投资。在创业投资发展初期为鼓励民间投资，台湾当局动用"行政院开发基金"，通过公营的交通银行，分别在 1985 年和 1990 年共同筹资 8 亿和 16 亿新台币设立种子基金来参与创业投资公司的设立。90 年代，台湾创业投资业的蓬勃发展，吸引了数百亿元新台币的国际资金进入台湾，如汉鼎创业投资公司所筹组的美国亚太成长基金，在总金额的 20 亿美元中，有超过 2 亿美元投资于台湾市场，和通创业投资公司负责管理的德通基金和日本创业投资资金，总金额分别达到数千万马克和 1 亿美元。这样，台湾就建构了以官方资本、私人资本与跨国资本三边联合运作的创业投资模式。台湾创业投资基金的来源主要以企业金融机构、投资公司等法人机构为主，法人占 77.43%，到 1998 年，台湾创业投资公司达 100 家，实收资本总额达 596 亿元新台币，有力地推动了台湾高新技术产业的发展和海外留学人才的回归创业。④ 网络科技人才信息。为了全面掌握海外优秀人才的信息，台湾"青辅会"从 1975 年起，就开始搜集海外人才专长资料，分文、理、法、商、工、农、医、教八大类共 1 269 个专业建立分类档案，到 1995 年已累计建档 14 619 人。它在美国的台湾留学生集中的地区设有办事处，光加利福尼亚设立的两个办事处就收集保存了 3 000 名来自台湾的工程师和电脑专家的个人资料，其编印的《硕士以上人才通报》，每月将打算回台服务的留学生名单、留学生简历、工作意向、待遇要求等汇编成册，发行到台湾 2 000 多个单位，供用人单位参考。"青辅会"还推动海外人才在海外组织了一批地区性或学术性联谊团体，支持他们举办各种联谊活动，以此来联络海外人才。所有这些，对争取和促进海外优秀人才回归创业都起到了不可低估的桥梁作用。

大批海外科技人才回归创业有力地推动了台湾产业结构的升级。从20世纪80年代开始，经过20年的努力，台湾从世界上的制鞋王、制衣王，成为世界上微电子产业的三强之一。资讯科技产业成为主导产业，高科技产品出口迅猛。1982年台湾出口产品中劳动密集型占47.2%，1992年降至39.2%，而同期技术密集型出口产品则由1982年的8.3%增至1992年29.5%。2010年台湾高科技产品出口总值高达827.81亿美元，占同年台湾出口总额1 483.7亿美元的55.8%，比2001年的36.3%提高19.5个百分点，而非科技类的传统工业产品在2010年的出口额为655.95亿美元，传统工业产品出口占出口总额的比重，由2001年的高达63.7%剧降为2010年仅占44.2%。高科技产品已成为台湾出口主导产品。

三、我国海归创业进一步发展的思路

近些年来，随着我国经济的快速发展，一些地区已经处于工业化的中后期阶段，吸引大量海外科技人才回国创业。数据显示，从1978年到2012年年底，我国留学人员回国总数超过109万人，而近6年回国发展的人数超过110万，是前30年回国人数的3倍。特别是从2007年到2012年，各类回国留学生人员从4.44万人逐年递增。到2012年达到27.29万人。为吸引更多的海外留学人员回国创业，笔者认为当前要着重做好以下几个转变：

1. 从经营土地到经营"土壤"

如果企业是一棵树，整个社会环境是空气、水分、阳光、土地，人才就是凝聚在树根周围的土壤。经营土壤不仅要继续完善地区生活、居住、科研、办公、生产和信息及基础设施等硬件环境，更重要的是营造一种有利于人才创业的软环境。经济学家吴敬琏早就说过，"制度重于技术，决定一个国家、一个地区乃至一个企业高新技术发展状况的最主要的因素不是物质资本的数量，而是与人力资本潜力发挥相关的经济组织结构和文化传统等社会因素"。营造有利于人才创业的软环境，当前要着重做好四个方面：一是着力培养尊重知识人才、不断学习创新、宽容失败、倡导合作的区域文化氛围；二是积极推行员工持股和股票期权制度，激发科技人才创业的积极性和创造力；三是营造能够有效保护创业者、投资者、知识产权所有者和各类中介组织正当权益的法制环境；四是健全市场体系、规范市场秩序，构造公平竞争的市场环境，保证每个市场主体都能充分发挥其核心能力，在规范公平的市场环境中求得生存和发展。

2. 从企业孵化到产业孵化

在市场经济高度发达的今天，区域和城市之间的竞争早已不再是产品的竞争，不再是企业之间的竞争,而是产业链与产业链之间的竞争。因此,各地在建设科技园区吸引海归人才时首先要明确区域产业定位。不应追求产业结构的"大而全",而应根据国内外市场需求,综合利用本地区已有的产业、人才、技术优势,围绕一至两个主导产业进行重点孵化。其次,以产业关联性为依据选择安排项目。对新进入的企业应明确以产业网络整合为导向,对于园区内已有的企业也要重视相关网络体系建设,努力形成各企业密切配合,专业分工与协作完善的网络体系。第三,制定区域产业政策,政府在重点扶持科技园区发展时,应该将优惠政策由原来的向区域倾斜转到向产业倾斜,有目的吸引那些具备产业带动优势和有产业关联效应或配套协作功能的项目进入科技园区。第四,创造并维持聚集效应,聚集效应是产业孵化追求的主要目标,各科技园区可采取实施产业品牌战略,拓展产业销售网络,构筑产业公共技术创新平台,完善产业社会服务体系等措施,促进企业间的聚集并增强聚集效应。

3. 从政府主导到企业主导

国外成功的经验表明,企业是吸纳海外留学人员回国创业的主体,只有当企业真正成为海归创业的主体,才能有效地把科技创新的成果嫁接到物质财富的生产和竞争力的提高上来,实现海归创业与产业升级的有机结合。而长期以来,我国招才引智是政府主导型的。政府是招才引智的主体,不仅负责招才引智项目设计、发布信息、召开人才招聘会,而且直接参与招才引智的考察与谈判,把招才引智活动作为地方政府日常最为重要的工作和政府官员的重要职责,不少地方甚至把招才引智的成绩作为地方政府官员和公务员政绩考核指标。随着我国市场经济的逐步完善,我国科技创新体制由以高等院校、科研院所为主体向以企业为主体、市场为导向、产学研互动的技术创新体制转变,迫切要求政府逐步淡出招才引智运作,不仅要把招才引智主体地位让位于企业,而且招才引智方式也应该由行政干预让位于市场运作,把政府职能局限在保护知识产权,制定产业发展规划,促进产学研合作,营造良好的创业环境上,逐步形成企业为主体、市场化运作为手段的招才引智模式。

4. 从引进一般性人才到重点引进领军性人才

在经济全球化不断深化的今天,无论是一个产品还是一个专业,要达到国内国际领先水平,就必须要有领军性人才,有了这样的人才,才能瞄准国际前沿,了解和掌握这个专业、行业的研究水平和发展趋势,不断增强自主创新能力和核心竞争力。我们在引进海外留学人员时,要突出引进重点,注重引进创新型、复合型的领军性人才。

第三节 创新产学研合作视角下我国战略性新兴产业发展对策研究

一、概述

发展培育战略性新兴产业,抢占新一轮经济科技制高点已成为后金融危机时期世界各国和地区竞相角逐的重点。对后起国家来说,发展战略性新兴产业不能再走传统产业发展的道路。在工业化的初始阶段,由于发达国家掌握传统产业发展的制高点,后起国家只能按照先发国家主导的国际产业分工,按照技术和市场两头在外、加工环节在内的模式承接国际加工制造业。与传统产业不同,目前战略性新兴产业各国多处于发展的起步阶段,我国同发达国家虽然有很大的差距,但与传统产业技术相比这个差距要小得多。谁掌握了关键核心技术,谁就会在竞争中处于主动,发展培育战略性新兴产业,当前迫切需要突破关键核心技术。近年来,我国战略性新兴产业发展迅猛,2009年全球前25家光伏组件厂商有8家位于中国,太阳能电池市场份额占1/3,成为世界最大的太阳能电池生产国;风电装机容量累计达到2 580多万千瓦,成为全球第二风电装机大国;节能环保产业连续8年来年均增长率超过20%,2009年总产值达到1.49万亿元;医药制造业近5年平均增速为23.8%,2009年实现工业总产值突破万亿元。但是我们也应当看到,在产值规模迅速发展壮大的同时,我国战略性新兴产业并没有摆脱"高端产业,低端技术"的发展思路,关键技术自给率低,核心技术掌握较少。究其原因,主要是我国一些地方政府把发展培育战略性新兴产业当成一项简单的政绩工程,不愿做扎实的基础研究工作,而是热衷于从国外引进技术,买进零部件拼装或进行简单的粗加工,希望通过引进技术和大规模投资来抢占发展先机。发达国家新兴产业发展的经验表明,缺少核心技术的新兴产业无法形成竞争优势,没有自主知识产权的产业规模再大也没有任何"战略性"意义可言。因此,发展培育战略性新兴产业当前应该坚持"研发优先,技术驱动",而非"投资驱动",以强大的研发能力去支撑核心技术的实质性突破和自主知识产权的获取,才是战略性新兴产业健康成长的关键。

随着科学技术日益交叉和融合,技术创新的复杂性、艰巨性增大,要想突破战略性新兴产业的核心技术,必须实现创新组织模式的变革。创新价值链可以分为科学研究、技术开发、产品开发、生产制造、产品的营销等环节。企业和大学、科研院所在不同环节上能力的强弱有显著差异,越接近价值链上游,大学和科研院所的能力越强；越接近价值链下游，企业的能力越突出。如果大学、科研院所采用路径A，即通过直接办企业的方式实现技术商业化，企业采用路径B，即成立研究机构进行基础性技术研发。由于两者都试图向其能力相对薄弱的创新价值链端前进，都面临能力不足的弊端，较难成功。相反，如果大学、科研院所和企业发挥各自优势，沿着路径C的方向，通过搭建产学研合作机制，就有可能产生巨大的成功。正因为如此，目前世界各国竞相促进产学研合作机制的形成，共同开发产业核心技术。如日本在2009年施行"革新型蓄电池尖端科学基础研究"中，就采用了官产学研联合的组织方式，参与方包括京都大学等7所大学和3家研究机构，以及丰田、日产等12家汽车、电池生产企业。

二、基于战略性新兴产业发展的产学研合作制度创新

经济学家吴敬琏教授反复告诫我们，制度安排的作用重于技术演进自身。产学研合作只有在有效的制度创新基础上才可能实现更大的技术跨越。孙伟将产学研合作模式发展归纳为三个阶段：技术转移阶段、制度改良应对阶段和制度创新引领阶段。① 在技术转移阶段，高校、科研院所的主要功能在于基础科学和应用技术研究，通过技术许可或转让向企业转移技术，这种方式往往会产生技术产出单位动力不足、回报有限的弱点，出现技术创新与市场需求、技术原型与企业产品化能力脱节的问题。② 进入制度改良应对阶段，高校、科研院所通过辅助企业进行技术产品化、市场化，或直接创办企业，完成技术商业化的过程。这种产学研合作模式实际上是对技术实现商业化的制度改良和应对措施，短期内可能带来一定的经济效益，但从长期来讲依然难以避免高校、科研院所与企业的二元结构所导致的技术创新产业链脱节的问题。③ 跨入制度创新引领阶段，高校、科研院所与企业等创新产业链上的各要素整合形成一种紧密联系的利益共同体，将产学研合作模式中各主体间的外部机制内部化，解决各主体间技术分工、利益分配和风险共担的问题，实现从以技术进化为核心向以制度进化为核心的转变。

就像前文中说到的，在市场经济高度发达的今天，国家、地区间的竞争早已不再是产品、企业间的竞争，而是产业链与产业链之间的竞争。发展培育战略性新兴产业当前必须深化传统产学研合作制度，从根本上改变创新与创业脱节的困局，把创新前端的基础研究、前沿研究，中端的关键技术、共性技术的研发、技术服务，后端的技术投融资服务、项目产业化、人才培训等合成一个有机的创新创业网络，引领战略性产业的技术进步，提升产业核心竞争力。

1. 合作目标：从基于企业技术需求到基于产业技术需求

一直以来，我国产学研合作主要是基于企业技术需求而开展的，大多以"短、

平、快"的项目合作为主，普遍缺乏产业技术层面的战略合作，导致对相关技术领域缺乏长期的跟踪和研究，不利于解决制约产业发展的重大技术问题。随着产业竞争力成为一国国际竞争力的核心，产学研合作目标也必须从基于企业技术需求转移到基于产业技术需求上。具体地说，有两方面。

一方面，着力突破产业关键技术。新兴产业是充分利用科技革命和重大技术创新成果建立起来的，产学研合作的根本着力点应该放在突破产业核心技术和掌握自主知识产权上。近年来，我国江苏省推出"高技术产业发展841攀登计划"，组织产学研联合攻关，集中突破制约新兴产业发展的800项关键技术，实施400项重大科技成果转化项目，培育100项具有自主知识产权和引领产业发展的重大战略产品。目前已取得了重大进展，如碳纤维已形成4 000t原丝和1 400t T300碳纤维生产能力，风电装备实现了兆瓦级风机动态载荷和核心控制系统的独立设计，光伏产业自主研发的"冥王星"太阳能电池生产技术，使单晶硅电池转换效率达19%的市场最高水平。

另一方面，构建产业链协同创新机制。以配套集群的模式，在一定空间范围内实现上下游衔接，有助于知识和技术的转移扩散，尽快形成新兴产业整体竞争能力。江苏在以尚德太阳能电池生产技术为核心的同时，创建产学研合作网络，支持关联产品和配套发展，先后培育出以生产高纯多晶硅为主的江苏中能、江苏顺大，以生产多晶和单晶切片为主的常州亿晶、江阴海润，以生产电池及组件为主的常州天合、南京中电，以做电站和发电系统为主的中盛光电、江苏兆伏，以及以做生产与检测设备为主的常州华盛天龙、无锡南亚等300多家光伏生产骨干企业，形成了从高纯多晶硅、硅片、电池、组件、集成系统设备到光伏应用产品的完整产业链，有力地提升了江苏光伏产业的整体竞争力。

2. 合作主体：从点对点分散式合作到网络集成式合作

点对点分散式合作是指产学研单个主体之间的合作，如一所高校或一个科研院所与一个企业的合作，甚至是一所高校、科研院所的某个学科或团队与一个企业的合作。这种合作一般是基于企业技术需求、以项目合作为主要内容，合作形式以短期、一次性合作为主。由于点式合作简单灵活，交易成本低，当前正在实施的大部分产学研合作以点式合作为主。在点式合作过程中，虽然一些企业尤其是龙头企业、高新技术企业能产生一些高科技、高知识含量的科技产品，但从总体上看，这种合作只能解决一般的、临时性的技术问题，而难以应对需要多学科合作长期攻关的产业共性问题和重大技术难题。

由于产业关键技术和共性技术投入大、战略性强，迫切需要形成产业链、学科链、高校链、政府链、资本链等，因此，产学研合作要从初期的点对点分散式合作，逐步扩展到政府、企业、高校和科研院所以及金融中介服务机构等参加的全方位网络集成式合作。这种合作模式不仅通过政府、金融中介服务机构等相关要素的支持，来为产业技术开发与产业化提供集成式服务，更重要的是深化传统产学研点对点分散式合作。广东数字电视产学研战略联盟就是由国内众多知名大学、科研院所以及重点企业组成，包括清华、华南理工、中兴通讯、华为、创维、TCL等机构。这种紧密联系、有序分工的产学研合作网络，不仅可以实现资源共享、优势互补、风险共担，有效地解决单个企业或高校技术创新能力不足的问题，降低创新活动中的技术和市场不确定性，而且可以将企业需求和国家需求有效融合起来，解决我国科技与经济相脱节的问题。

3. 合作本质：从知识技术的单向转移到双向互动

产学研合作的本质是知识与技术的转移，是知识与技术在"学研方"与"产业端"之间的流动。在创新"线性模型"（Linear Model）中，产业创新是"基础研究→应用研究→商业化"的过程。根据这种观点，高校和科研机构的研究属于独立于技术发展的上游，产学研合作就是知识与技术从"学研方"向"产业端"转移和溢出的过程。在这一阶段，一般是由大学或者科研院所将自己的研究成果推广到企业，或者部分不具备研发实力和能力的企业向大学或者科研院所购买研究成果，进而提升企业产品的科技含量。这种单向技术转移的产学研合作模式虽然能够较好地解决企业当前面临的技术难题，但是，各方合作是表层的、短期的，不仅难以提升企业的技术创新能力，而且由于技术保密程度低，极易被模仿，企业很难在市场上获取垄断利润。

近期发展起来的"互动模型"（Interactive Model）表明，创新是一个互动过程，有的是高校科研机构的研究引领新技术发展，有的则是先前的技术发展或用户反馈引发出高校和科研机构需要解决的问题。产学研合作扩大了企业知识存量，为其输送最新的专业知识与技术，同时，企业所提供和反馈的知识对高校和科研机构来说也是一种互补资源。因此，新型产学研合作并不只是技术知识从高校和科研机构向企业的单向转移，合作过程所创造的新知识和技术以及企业的知识也在不断地往高校和科研机构转移。作为一种开放式的创新，产学研合作不仅是基础研究的理论知识转化成生产力的知识深化和知识产业化的过程，更是产学研之间互惠共进、不断创造新技术知识并满足市场的互动过程，它们之间良性互动才能促进彼此长期合作。

4. 合作模式：从契约式合作到一体化合作

在产学研合作过程中，最为常见的合作模式是契约式合作。这种合作一般由企业提供经费，通过签订契约委托高校或科研院所进行项目开发或出让科研成果。合作以技术合作为主要形式，以单元式合作机制运行，契约双方通过具体合作项目来维持合作关系，合同到期则合作中止。虽然这种合作能使科技成果在较短时间内实现应用，从而产生规模经济效益，但由于高校、科研院所只需按照合同条款履行职责，履行完合同后与企业就无权责关系了，因而这种合作一般适用于一些成熟的、投资小、见效快的技术，难以为企业提供技术持续支撑和后续开发。

在新的形势下，产学研合作主体逐步意识到仅仅依靠短期、单项合作，单独依靠显性知识主导的转移难以满足各自高层次发展的需求，需要进一步探寻更加紧密的一体化合作模式。表现在合作形式上，进一步强化产学研合作的组织化程度，针对战略性新兴产业发展的紧迫需求和技术瓶颈，联合成立产业研发基地或者共建产业研发平台，通过契约明晰合作各方的责权利关系，确立投入、决策、风险承担、利益分配、知识产权归属等机制，保障联盟正常运作；表现在合作内容上，不仅注重技术合作，联手突破和发展产业关键核心技术，加速创新成果的大规模商业化运用，努力形成产业技术标准，而且强调联合培养人才，推动人员交流互动，增强产业的持续创新能力。一体化合作克服了契约式短期合作的弊端，有利于建立长期稳定的合作关系，实现了更多的显性知识、隐性知识在合作实体之间内部扩散和共享。

三、战略性新兴产业不同发展阶段的产学研合作创新

战略性新兴产业形成的过程，既是研发过程，也是产业化过程和市场化过程。新型产学研合作不仅要能够承担起贯穿高新技术产业化整个系统链条的重任，更重要的是能够根据战略性新兴产业不同发展阶段的特点，明确产学研合作的目标定位与发展重点。

1.战略性新兴产业发展阶段的判断

结合技术创新向新兴产业演变中涉及的不同要素，从技术体系、创新路径、主导设计、产业规模和市场环境五个方面，将新兴产业分为孕育期、成长期和发展期三个阶段（见表6-1）。

表6-1　　　　　　　　战略性新兴产业的阶段性特征

创新要素	孕育期	成长期	发展期
技术体系	主要核心技术研发已经取得突破	解决了大部分的产品开发和工艺流程，具备技术集成应用条件	上下游产业配套技术的全面发展，构成新的产业技术体系
创新路径	重大产品创新开始出现，新企业群体和破坏性的技术体系进入行业	产品创新和工艺创新并行，技术路线基本确定	产品创新减少，大量渐进性的工艺创新出现，产业趋于稳定

续表

创新要素	孕育期	成长期	发展期
主导设计	无明确的主导设计,各种技术路线并存	开发出明确的主导设计,新产品、新技术的成本不断下降,工艺趋于完善	主导产品和技术相对成熟,标准体系已形成,可大规模市场应用
产业规模	新兴产业的用户较少,产业规模小,但增长很快,配套产业不完善、不平衡	新兴产业的产值、专用设备和配套产业等在整个经济体系中的总规模达到一定量级	新兴产业已形成完整的产业链,上下游配套产业已经完备,正向国民经济主导产业发展
市场环境	生产和消费脱节,投融资体制不健全,商业模式未成型,产业政策尚待建立	适合不同类型技术、不同类型企业、不同商业模式的市场结构和政策环境初步形成	已形成多种成熟的商业模式,竞争环境有序,产业政策完备

对不同战略性新兴产业而言,由于技术基础、发展模式和产业背景不同,在五要素上可能分别处于不同的阶段。比如风能和太阳能产业的技术体系和主导设计已经基本确立,进入发展期,但产业规模很小,处于孕育期,市场环境则处于成长期。因此,在五要素初步分析之后,再综合判断出整个产业所处的发展阶段。总体上处于孕育期的,表示该产业仍处于技术研发时期,与产业和市场有一段距离;处于成长期的,表示该产业基本完成了关键的重大技术创新,确立了主导设计,产业化取得一定进展,但产业规模和市场环境还不成熟;处于发展期的,表示该产业基本解决了相关的技术和市场风险,需要进一步扩大规模、完善市场制度环境,向国民经济主导产业方向发展。

2. 不同发展阶段产学研合作的目标定位

依据战略性新兴产业不同发展阶段的特点,结合合作各方的比较优势,产学研合作应当有针对性地采取不同的支持方式。

表6-2　战略性新兴产业不同阶段产学研合作

发展阶段	孕育期	成长期	发展期
目标定位	关键技术	产品工艺	市场规模
工作重点	·技术选择 ·技术实现	·主导设计 ·产业配套	·市场开发 ·市场规范
合作治理	学研主导	研产主导	产官资主导

第六章 全球化知识经济背景下的科技创新引领产业升级的具体方法研究

在战略性新兴产业的孕育期，由于产业发展趋势刚刚确立，产业发展的关键核心技术缺乏，因此产学研合作的根本着力点应该放在突破产业核心技术和掌握自主知识产权上。同时由于接近创新价值链的上游，大学和科研院所的能力较强，产学研合作治理应该以学研为主导。具体工作包括两方面：一是技术选择。技术上的不确定性高，在什么方向突破、谁先突破，事关新兴产业未来发展的主动权。20世纪80年代初期，美日计算机技术研究起步水平不相上下，美国产学研准确把握了计算机技术发展趋向，主攻计算机的小型化、个人化和产业化，敏锐地捕捉到了由计算机技术变革所引发的巨大产业潜能，相反，日本则继续在大型机的发展路上埋头大干，结果错失迄今最大的产业发展机遇。二是技术实现。基于产业关键技术、共性技术投入大、战略性强的特点，在明确技术主攻方向之后，产学研合作要重点围绕产业关键技术、共性技术，有效整合各方资源，加快促进产业技术进步，抢占未来科技的制高点。

在一系列产业关键核心技术取得重大突破的基础上，最终产品的市场开发和生产已经具备了初步条件，战略性新兴产业进入成长期。这一时期是研发向产业化转换的关键时期，产学研合作应以研产为主导，重点推动形成主导设计和标准体系，促进产业配套体系建设。美国和荷兰风能产业发展的经验表明，突破性技术创新并不必然带来产业的繁荣，只有通过主导设计、零部件配套、产业链整合才能赢得实质性的产业主导权。此时，主导设计的竞争已不再仅仅停留于技术层面，市场的争夺逐渐开始成为焦点。通过产学研合作尤其是企业之间的合作，来扩大初始安装基础，并借助网络效应最终形成主导设计。由于主导设计促进了产品标准化，能够实现产品的规模经济性，移除技术扩散的重大障碍，因此，主导设计一旦确立，战略性新兴产业就进入了发展期。

战略性新兴产业的发展期是技术产品从试水市场到完全融入市场的阶段。由于新兴市场形成时间不长，消费者对该技术产品的认同度低，市场亟须开拓。此时产学研合作的一个重点是将产学研合作逐步扩展到政府、金融中介服务机构等参加的全方位网络集成式合作，通过政府、金融中介服务机构等相关要素的支持，引导社会消费，搭建市场平台，完善产业发展所需的投融资环境，努力形成各具特色的新兴产业集群网络。同时，随着产业关键核心技术被市场上的公司广泛掌握，大量模仿者、跟随者拥入，市场竞争开始加剧，竞争方式、规则等竞争细节的不确定性凸显并影响着商业化进程的深入，产学研合作的另一个职能就是通过产业链内部整合，努力构建以大企业为主导的产业链发展模式，促进产业发展的各种资源集中，实现产品的规模经济，提升新兴产业的整体竞争力。20世纪90年代韩国液晶显示、存储芯片、半导体等新兴产业的发展，现代、三星、LG等大企业集团发挥了巨大的作用。

四、日本 VLSI 产业技术创新联盟的经验分析

日本超大规模集成电路（VLSI）产业技术创新联盟是后发国家创新产学研合作组织，培育发展战略性新兴产业的经典案例。它由日本通产省出面组织，以富士通、日立、三菱、日本电气、东芝五大公司为骨干，联合日本工业技术研究院电子综合研究所和计算机综合研究所于1976年3月组建。经过四年的发展，VLSI组合的专利申请数达1 210件，商业秘诀的申请数达347件，极大地提升了日本半导体产业的技术创新水平，奠定了日本半导体产业的国际竞争力。在 VLSI 组合形成以前，日本国内半导体生产设备的80%左右依赖从美国进口，但到了80年代中期全部半导体生产设备都实现了国产化，而到了80年代末期日本半导体生产设备的世界市场占有率则超过了50%。在存储器生产销售领域更是大幅超越了美国。70年代后期，日本企业率先将64KDRAM推向市场，比美国提早了半年，在256KDRAM的市场竞争中，日本企业更是比美国提早了两年，拿下80%的全球市场份额，迫使英特尔等多家美国半导体企业退出了存储器领域的竞争。研究分析 VLSI 产业技术创新联盟，我们发现：

1. 明确的产业技术研发目标

产学研合作项目的选择必须突出通用性和基础性两大特征。通用性主要是指某项技术对每个公司来说都必须是有用的，并具有共同的研发利益；而基础性则强调某项技术是进行其他技术研究开发的基础，是每个公司所必须掌握的。对通用性、基础性技术的联合研发是符合所有参与公司整体利益的，它不仅能够给参与企业带来竞争优势，更为重要的是，由于单个企业无法开展这些投资数额巨大的研究项目，所以必须借助于合作研究。由于高精度加工技术和单晶硅结晶技术属于半导体产业核心基础技术，所以 VLSI 组合决定交由合作组织共同研究所攻关解决；设计技术、工艺处理技术、检测评价技术等属于非共性技术，故由各参与企业所属研发机构自行组织攻关。

2. 企业是技术创新联盟的主体

新兴产业的形成过程既是研发过程，也是产业化过程和市场化过程。提升产学研合作创新的水平，必须确立企业在技术创新联盟中的主体地位。虽然直接参加 VLSI 组合的只有五家大型企业，但事实上，它几乎包括了日本境内所有的大型半导体生产企业。合作组织共同研究所将不少研究项目交给了集成电路生产的上游企业，如拥有光学设备加工技术优势的佳能和理光，拥有平版印刷技术优势的和凸版印刷公司，拥有电子束扫描技术优势的日本电子，以及拥有硅结晶加工优势的信越半导体和大阪钛金属公司等。据称，四年里参与 VLSI 组合研究开发的上游企业数多达50余家。VLSI 组合四年里总事业费约为720亿日元，其中通产省补助291亿日元，其

余则由参加企业平均分担。1980年组合解散后，为了消化合作组合的研究开发成果，五家企业又自行追加了总额达 600 亿日元的研发投入。

3. 高效的组织协调

为了协调合作组织彼此关系，VLSI 组合在人事安排上下足了功夫，理事会秘书长由长期担任通产省行政官员的根桥正人担任，他具有丰富的大型项目管理经验和很强的组织协调能力；共同研究所所长则由电综研半导体装置研究室主任垂井康夫担任，他曾主持多个大型半导体研发项目，对各大半导体企业中的技术骨干人才了如指掌，对国际市场 VLSI 的发展动向也相当熟悉。他们的出身和资历决定了他们能够赢得各个公司的信任与合作。为促进研究交流，他们每隔一到两周，便将各研究室科研人员组织到一起汇报交流各自的研究进展。三个高精度加工技术研究室虽然被相互隔开，但是用作隔离的只是一些书架之类的东西，研究人员可以自由地进入其他研究室进行参观交流。此外，他们还经常发起户外旅行、节假日聚会等联谊活动，来缩小各个企业科研人员之间的心理距离，使共同研究所逐渐变成一个大家分工协作、和睦相处的"组织"。

4. 政府强有力的支持

政府推动企业、研究机构和大学联合进行科研攻关是战后日本科研体制的一个显著特点。早在 1961 年，日本政府就颁布实施了《工矿业技术研究组合法》，对参与产业技术创新联盟的企业给予财政补贴和税收优惠。在 VLSI 项目的实施过程中，日本政府不仅给予了大量的财政补贴，VLSI 组合四年内的研究经费总额达 720 亿日元，其中政府补贴 291 亿日元，约占 VLSI 组合经费总额的 40%；而且，政府在研究项目的组织管理、合作研究项目的技术选择、联合实验室的组织形式、资源分配等方面发挥了极其重要的作用，可以说，如果没有政府的正确组织引导与协调，没有政府强有力的支持，就不会有 VLSI 项目的成功，也就根本不可能形成日本半导体产业的国际竞争力。

五、创新产学研合作推动战略性新兴产业发展的对策建议

1. 科学制定战略性新兴产业技术路线图

产业技术路线图是 20 世纪中后期逐步兴起的一种由单个产业内部诞生的技术预测和技术规划方法。美国国家半导体产业技术路线图（NTRS）详细描述了长达 15 年的产业技术路线，极大地引导和推动了美国半导体产业的发展，一举扭转了之前落后于日本的局面。在美国的影响下，世界主要国家纷纷启动本国产业技术路线图的制定工作。产业技术路线图的制定，不仅有助于产学研技术创新联盟从战略高度对技术研发和布局进行前瞻性部署，明确各个阶段研发的方向和领域，重点突破产

业核心关键技术，而且可以促使技术被产业内上下游及外围配套厂商共同接受，通过协同创新，提高配套产品的创新能力，从而提高产业的整体竞争力。因此，当前迫切需要从国家层面绘制战略性新兴产业（主要是新能源、节能环保、电动汽车、新材料、新医药、生物育种和信息产业）的技术路线图，引领产学研技术创新。

2. 增强企业技术创新的积极性和能力

产学研合作技术创新的核心驱动力首先来自于企业，提升产学研合作技术创新水平的关键是企业要有技术创新的积极性。如果企业技术创新积极性不高，不积极开展技术创新活动，哪怕产学研合作的环境再好、服务再优，高校产学研合作的积极性再高、能力再强，产学研合作也不可能得到有效开展，合作水平必然不可能显著提升。同时，要提升产学研合作技术创新水平，还必须保证企业有必要的产学研合作技术创新能力，如根据市场需求和企业技术创新能力提出技术创新需求的能力，选择合适的高校和科研院所作为合作伙伴的能力，有效管理合作过程、确保合作目标实现的能力，确保合作开发的新技术、新产品或新工艺能得到有效应用并产生显著经济效益的能力等。因此，创新产学研合作，培育发展战略性新兴产业，一定要把主要着力点放在企业而不是高校和科研院所，更要注重调动企业家而不是科学家技术创新的积极性，加快增强企业的自主创新能力。

3. 努力形成各具特色的区域新兴产业网络

区域新兴产业网络是培育学习能力与创新能力的温床。企业彼此接近，会受到竞争的隐形压力，迫使企业不断进行技术创新，人际间频繁接触和交往，使知识创新在企业间迅速交流和传递，具有不同技术优势的企业之间资源和能力的交流互补，有利于分散开发新技术、新产品的成本与风险。为此，各地首先要明确区域产业定位，不应追求新兴产业的"大而全"，而应根据国内外市场需求，综合利用本地区已有的产业、人才、技术优势，围绕少数几个战略性新兴产业进行重点建设，互相模仿、竞相追逐的"羊群效应"只会导致恶性竞争和低水平的产能过剩。其次，加强区域网络整合。美国硅谷能有今天的成就在于其有一个以地区网络为基础的工业体系，"在网络体系中，公司内各部门职能界限相互融合，各公司之间的界限和公司与贸易协会和大学等当地机构之间的界限已被打破。"加强区域网络整合，就是要围绕产业价值链、创新链，打破企业之间、企业与高校科研院所之间以及高校科研院所之间的界限，形成交互式学习交流的产学研合作机制。此外，还要努力培育和规范各种金融中介服务机构，如风险投资机构、市场调查公司、技术咨询公司、科技成果交易中心等，为区域内战略性新兴产业的产学研合作提供服务支撑。

4. 强化政府的政策引导与市场培育

战略性新兴产业因发展的前瞻性、较强的社会性、生产要素的先进性以及产品首次进入市场的困难性等，其发展不能完全依赖于市场的自发行为，需要政府的引导和扶持。具体地说，一是制定颁布专项规划和行动计划。围绕制约战略性新兴产业发展的核心关键问题，组织实施一批重大产业创新发展工程、重大应用示范工程和产业化示范工程，明确未来一段时期战略性新兴产业发展和科技进步的主攻方向，引导产学研合作创新。二是实施财税金融优惠政策。考虑设立产业研发基金，对以产学研技术联盟形式从事重大技术创新、重要研究领域和产业共性技术研究提供资金支持；对企业投入联盟用于研发的资金实行适当的税收抵扣；鼓励各类银行开发适合产业技术联盟发展的信贷产品，拓宽战略性新兴产业融资渠道。三是创造新兴产业市场需求。政府应在重大装备上推广国产首台（套）装备风险补偿机制，对消费品的购买者进行补贴，在国家和地方政府投资的重点工程中实施政府采购，对战略性新兴产业的产业化成果政府优先购买，以及建立健全新兴产业市场的相关法律和标准体系，从而培育新兴产业市场并营造良好的市场竞争环境。

第四节　传统产业高技术化

高新技术产业发展的意义不仅在于其本身，还在于用高新技术改造传统产业，提升传统产业的竞争力。一个国家或地区能否成功地完成产业革命，取决于传统产业与高新技术结合的紧密程度。美、日、欧等世界主要工业国家在这方面积累了许多宝贵的经验，对促进我国传统产业发展，加速经济结构优化升级进程具有十分重要的借鉴意义。

一、问题的提出：法尔胜从麻绳、钢绳到光绳的跨越

法尔胜集团公司前身是1964年创建的江阴麻绳厂，公司创立之初主导产品是捕鱼用麻绳，从1978年开发出胶带钢丝绳开始，公司先后开发出子午线轮胎用钢帘线、大型桥梁用钢丝、缆索等系列产品，建成亚洲最大的子午线轮胎用钢帘线生产基地、中国最大的桥梁用缆索生产基地，占领国内95%的市场份额。2001年，公司进入光通信领域，在短短五年时间内构建了包括光纤预制棒、通信用光纤、光缆、光器件在内的光通信产业链，其中光纤预制棒的成功开发和产业化，解决了多年来制约我国光通信产业发展的瓶颈问题，大幅度提高了我国在国际光通信领域的竞争实力。公司实现了从"麻绳"到"钢绳"的跨越。近几年，公司把科技创新的触角伸向了新材料领域，先后开发了复合管材、形状记忆合金、易切削材料和超导线材等，产品技术水平居于国内领先地位。目前，法尔胜集团公司主产业覆盖金属制品，光通

信和新材料三大领域，拥有控股、参股企业40余家，资产总额55亿元，2005年实现营业收入95亿元，出口创汇1.35亿美元，利税7.2亿元。

法尔胜集团的成功主要得力于其不断的技术创新。在内部，企业建成创新研发体系，主要有三个层次：一是集团公司建立工程技术中心、博士后科研工作站。1986年，法尔胜公司就建立了国内同行业第一个专业技术开发机构——江阴金属制品研究所。1998年，成立江苏法尔胜技术开发中心，后被认定为国家级企业技术中心。2004年，成立博士后工作站。二是检测中心和下属公司的研发中心。法尔胜材料测试中心固定资产投入达1 000多万元，已通过国家实验室认可，其检测报告得到全球47个国家和地区认可。法尔胜集团下属公司成立研发部门，分别围绕生产中的实际问题进行技术攻关。三是企业职工层面的小改小革。他们充分发挥生产一线技术工人的积极性，破除"科技人员只管技术、工人只管干活"的观念，大力开展群众性技能竞争活动，企业员工钻研技术、勇于创新的积极性得到充分激发。在外部，一方面与外资合作借智发展，贝卡尔特公司是全球最大的钢帘线生产基地，也是法尔胜公司合作伙伴和最强竞争对手。法尔胜公司通过与其合资，跃上了国际钢帘线市场平台，不仅将我国的金属制品产业技术向前推进了20年，更重要的是法尔胜公司看到了自己在管理、技术等方面与世界强手的差距，找到了奋起直追的标杆。另一方面，与高等院校、科研院所合作借技发展。在合作对象的选择上，他们变点对点为点对面的合作方式，即在某一产品的研发中，与全国该产品领域内最顶尖的高等院校、科研院所开展拉网式、辐射状的技术合作。在分配制度上，他们采取技术入股、股票股权等形式，加快产学研成果转化。近年来，法尔胜公司开发的网塑复合管、超导线材等，就是这种合作模式的结晶。法尔胜公司在产学研合作中，不满足于国内合作，还积极走出国门，寻求国际合作。2006年6月18日，法尔胜技术开发中心产品室外主任带着公司最新的科研课题——微合金化钢丝的生产研发，远赴加拿大McMaster大学开展为期一年的合作之路。微合金化钢丝一旦研发成功，将以其高性能替代传统钢丝，市场前景广阔。法尔胜公司依托国际一流高校，直接参与最尖端技术的研发，又一次站在行业发展的最前沿。

法尔胜公司的发展表明，产业结构优化升级并不是消灭传统产业，而是采用新技术、新工艺、新装备来改造提升传统产业，提高其技术水平，改变其生产面貌，使这些传统产业能更好地适应市场经济规律和符合现代化发展要求。传统产业高技术化是新经济发展的客观要求。首先，高新技术产业的发展迫切要求传统产业用高新技术对自身进行改造。旧的产业发生革命性变化是新技术产业发展的必要条件。一方面，高新技术产业的研制、开发和产业化需要传统产业提供高性能的生产装备，如电脑芯片就是一个典型的例子。另一方面，传统产业的升级为高新技术发展创造了更加广阔的市场。例如，信息电子技术及其产业向汽车产业的渗透，使每辆汽车的电子装置从 1990 年的 1 383 美元上升到 2 000 美元，汽车电子部件市场的火爆为整个汽车电子业带来数千亿美元的产值。其次，传统产业只有注入新技术才能提高竞争力，提高产品的技术含量和附加值，从而得到更高层次的发展，实现自我的升级。高技术往往是多种知识的融合，多种学科的交叉，作为新的学科综合体的高技术和高技术产品，能够广泛地向各个传统产业部门融合渗透。用高新技术改造传统产业落后的工艺流程，提高其管理水平和产品性能，可以使传统产品更新换代，增强产业和产品竞争力。在新经济时代，由于高新技术与传统产业高度融合，产业结构升级淘汰的不再是所谓的夕阳产业，而只是夕阳技术。一个国家能否成功地完成产业革命，取决于传统产业与高新技术结合的紧密程度。

二、传统产业高技术化的目标取向和路径机制

目前，传统产业高技术化呈现如下目标取向：

1. 由高能耗、高物耗向低能耗、低物耗绿色经营模式转变

众所周知，传统产业多为劳动密集型或资本密集型产业，一般生产周期较长，投资大，能耗、物耗高。如过去美国的三大支柱产业——钢铁、汽车和建筑业消耗了全球 40% 的战略物资。传统产业这种高消耗的发展模式，不仅不能实现经济的持续发展，而且还对人类生存环境造成了极大破坏，因此，加快高新技术改造传统产业，降低传统产业能耗、物耗和环境污染，实现绿色化经营已成为全世界传统产业发展的大趋势。传统产业的绿色化改造主要包括：第一，绿色产品设计。这是在产品设计时，尽量考虑到产品的使用寿命结束后可以方便地进行拆卸、分解，零部件可以翻新和重新使用。第二，生产过程绿色化。生产过程绿色化就是常讲的"清洁生产"。清洁生产强调三个观念：清洁能源，降低能源消耗，利用可再生能源等；清洁生产过程，产品制造过程尽可能少产生废弃物，尽可能减少对环境的污染；清洁产品、降低对不可再生资源的消耗，延长产品的使用寿命。第三，绿色包装。绿色包装是指使用绿色材料，降低包装成本，不使用对环境造成危害的包装材料等；第四，绿色营销。就是在产品销售过程中，宣传绿色观念，引导和强化消费者的绿色意识。

2. 由"重厚大"型向"轻薄小"型产品变化

"重厚大"是传统产业尤其是制造业产品的一大通病，这类产品在消耗大量能源资源的基础上，依赖一成不变的呆板的生产模式生产。产品的"轻薄小"型化是科技进步的反映，也是用先进技术改造传统产业的成果。例如，随着人们消费习惯的变化，大小型收录机无疑衰落了，但袖珍型收录机却经久不衰，虽然两者在功能

上没有显著差异，但由于后者的"轻薄小"特征能够满足人们随身携带的要求，其市场需求也就远远地越过了前者。传统产业产品由"重厚大"型向"轻薄小"型转变，不一定要改变产品的功能，但必然要使用高技术才能实现。如钢铁产业要生产出高强度、质量轻的合金钢，用传统的冶炼技术是不可能的，必须借助于先进的冶炼技术。

3. 由大规模标准化生产向个性化、柔性化生产转变

传统产业大都采用大规模标准化生产方式，在这种方式下，产品多样化、个性化与低成本是一对难以克服的矛盾，企业为了降低成本，获得规模经济，长期忽视顾客个性化需求，实行单一标准化产品生产。面对新经济时代顾客多样化的需求，这种方式越来越难以适应。同时，为了保证大规模生产的正常运行，企业又不得不维持足够的库存。据估计，在"正常"利率的情况下，库存成本平均占到销售成本的 25% 左右，库存量一般超过了制成品价值，大大降低产品市场竞争力。高新技术特别是信息技术的发展，促进了设计技术的现代化，加工制造的精密化、快速化、数字化，自动化技术的柔性化、智能化，以及整个制造过程的网络化、全球化。各种先进生产模式，如 CIMS、并行工程、精益生产、敏捷制造、虚拟运作也在全球范围内迅速发展。目前，发达国家传统产业的制造自动化正从 20 世纪 60 年代的刚性连接的自动线和自动化单机，发展到现在计算机控制的 CNC、FTL（柔性自动线）、FMS（柔性制造系统）和 IMS（智能制造系统），制造业自动化系统正沿着数控化——柔性化——集成化——智能化的阶段发展。个性化、柔性化生产不仅克服了多样化、个性化与低成本的矛盾，降低了企业的生产、库存成本，更重要的是加快了对顾客需求的快速响应，满足了顾客多样化、个性化需求，提高了企业市场竞争力。

为了实现这些目标取向，可以从以下几个方面对传统产业进行高技术化改造：

首先，运用高新技术改造传统设备。企业的生产设备和其他技术装置是生产过程的主要物质基础，生产中对自然资源加工利用的程度、劳动生产率和产品质量的高低，在很大程度上是由生产技术装备的水平所决定的。1963 年，日本汽车工业落后于美国半个世纪，但到了 20 世纪 80 年代日本汽车工业超过美国居于世界首位，究其原因，一个重要方面是日本汽车工业在生产线上采用了机器人，从而使汽车的生产成本大大降低。据有关资料，日本装备有机器人的工厂生产一辆汽车只要 9 小时，而美国不装机器人的工厂生产一辆汽车要花 31 个小时；用机器人生产的日本汽车成本要比美国汽车低一两千美元；在美国工厂要花 8~24 小时进行的换模具过程，在日本工厂只要数分钟即可。用高新技术改造传统产业的落后设备，主要有两种模式：一是功能替代，二是在原有的设备上增加自动控制系统。功能替代最成功的案例是用激光排版技术替代传统的手工铅字排版设备，实现了计算机对书报的自动编

第六章　全球化知识经济背景下的科技创新引领产业升级的具体方法研究

辑排版。此外，数控机床代替人工机床、变频调速电机代替普通交直流电机，提高了产品的加工精度，降低了物耗、能耗，大大提高了劳动生产率。传统产业的控制功能一般由专门的控制部件来操作完成，因此产品完成的精确率低，误差率高，控制设备的通用性差。实现计算机自动控制后，由计算机根据编程内容来控制复杂的操作系统，节省了人工，提高了效率。

其次，运用高新技术改造传统产业的生产工艺。主要有两个方面：一是传统产业自身不断向高新技术方向发展，开发新的生产工艺。如在纺织业中使用气流纺、无梭织布和无绽纺织等新工艺，钢铁工业发展连铸、炉外精炼工艺，有色金属工业发展富氧熔炼、闪烁熔炼、大型预墙糟炼铝等工艺，建材工业发展水泥窑外分解技术、平板玻璃浮法工艺，铁路运输业开发重载列车运输、提高行车密度等工艺技术等；二是高新技术不断向传统产业渗透扩散，改造传统生产工艺。目前这方面最突出的表现是应用计算机技术改造传统产业的生产工艺。广泛采用计算机辅助设计、计算机辅助制造和计算机辅助工程计算系统（CAD/CAM/CAE），加快生产过程自动化。美国从20世纪80年代末开始采用计算机集成制造系统（CIMS），使产品的开发设计、计划、生产、质量保证的整个过程变成一个连续的计算机辅助信息流，从而达到生产系统内部物流和信息流的高度结合和自动化，生产效率可提高40%～70%，工程费用减少3%～5%，新产品开发周期缩短30%～60%，设备利用率提高2～3倍，可见，用高技术改造传统产业的生产工艺，是实现"旧经济"与"新经济"相互融合，协调发展的重要途径。

再次，运用高新技术促进传统产业的管理现代化。当前，传统产业管理现代化的重要内容就是充分利用信息网络技术，实行企业信息化管理。20世纪80年代以来信息网络技术的迅猛发展，给传统产业的管理变革带来了契机，表现在：①企业组织管理变革。Internet/Intranet的出现，将企业的组织结构从传统的垂直结构转变为开放式的水平结构，高层决策者可以与基层执行者直接联系，传统中层组织上传下达的作用逐渐消失。②改变了传统的交易流程。企业之间以信息网络为基础，采用电子数据进行商务数据交换和开展交易活动，大大简化了交易流程，提高了企业的经济效率。③改变了传统的营销管理方式。信息网络环境下的企业营销管理表现为网络互动式营销管理。客户在企业营销中的地位得到提高，买方和卖方可以随时随地进行互动式（而非传统企业营销中的单向）交流。④网络定制式营销管理。Internet改善了企业和客户的关系，随着企业和客户相互了解的增多，销售信息将变得更加定制，电子营销将大量销售转向定制销售。如美国通用汽车公司别克牌汽车制造厂提供一种服务系统，让客户在汽车销售商的陈列厅里计算机终端前自己设计所喜欢的汽车结构。

三、传统产业高技术化的国际经验

随着新经济时代的到来，美、日、欧等世界主要工业国家在大力发展高新技术产业的同时，纷纷制定战略措施，改造传统产业，提升传统产业的国际竞争力。借鉴这些国家传统产业高技术化的国际经验，对促进我国传统产业发展，加速经济结构的优化升级进程具有十分重要的意义。

1. 大力推进传统产业技术创新

传统产业高技术化的本质是创新。推进传统产业技术创新可以从政府和企业两个角度来分析：从政府来看，① 大幅增加科技投入。近年来，美欧各国每年研发费用占 GDP3% 左右，其中相当部分用于推进传统产业技术创新。例如，德国政府把 80% 工业研究与开发经费投入化学、钢铁、建筑与机械工程等领域，目前，德国生产的机械设备有 55% 都是由微电子技术控制，适应了信息社会少批量、多品种、易转产的特点，使这一传统产业旧貌换新颜。② 军事高科技的民用化。1993 年克林顿宣布将全国 726 个国家实验室每年现有预算的 10%～20% 用于民用以及与工业界的联合研究，众参两院 1993 年制订了两个法案，敦促能源部所属的从事军事研究的国家实验室转向民用研究，加快军事高科技成果向民间企业转移的步伐。③ 制订各项优惠政策，鼓励传统产业企业技术创新。1981 年美国联邦政府颁布经济振兴税法，对研究开发新增支出实行免抵 25% 的税收政策，克林顿政府更是使研究开发税收的减免永久化。

从企业来看，① 引进与创新。日本在 20 世纪 50～70 年代期间从国外引进 26000 项先进技术，其中大多数用来改造传统产业。日本企业在引进传统产业技术时有两个特点：一是一般引进的是未产业化阶段的技术，如 20 世纪 80 年代初期日本在纺织、冶金等行业引进的技术有 50%～70% 属于未产业化的技术；二是日本企业并不是将这些引进的技术一般性地应用到生产中去制造产品，而是普遍对引进的技术进行深层次开发。如川崎重工 1968 年从美国尤尼梅申公司引进机器人技术，随后经过一系列创新与开发努力，如今日本已成为世界上机器人技术最先进的国家。② 加大企业研究开发投入。为了克服传统产业高消耗、高污染、低产出的特点，许多企业加大了研究开发投入。如法国著名化妆品企业奥雷阿尔公司耗费 2 亿法郎，经过 10 年研究终于发现可以不再在喷雾剂容器中使用那些损害臭氧层的氧氟烃的新方法；德国大众汽车公司则发明了一种新型涡轮增压柴油引擎，耗油量比传统产品节省 33%，排出的一氧化碳减少了 20%，使这些原来对环境污染严重的企业现在却成了欧洲的绿色企业。③ 改进传统产业的企业技术创新机制。为了适应新的经济环境和竞争形式的变化，美国企业一方面将企业组织结构从以命令控制为特征的科层制向信息共享的网络化转变，缩小大公司总部的规模和缩减中间管理阶层；另一方面，实施"双阶梯制"，以鼓励富有创新能力的科研人员献身技术创新事业。

2.传统产业的信息化作为改造的突破口

信息技术对传统产业的改造可以是全方位的，主要体现在以下几方面：

（1）产品设计开发的信息化。美国波音777飞机的设计就是一例。整个飞机设计由过去的纸上作业转变为无纸张的电子数字式设计，利用电脑辅助系统减少或免除了手制图、草图、模型制造等耗时程序。由于设计制造中的每个步骤都可由不同部门同步参与进行，因此减少了许多不必要的等待时间；更由于系统的精确度以及组装前用电脑所做的三维空间产品模拟，设计师可以在设计阶段就知道增加了零部件新系统在组装后对整个飞机结构造成的压力等影响，从而大大降低了产品开发成本和时间，提高了产品的性能质量。

（2）生产过程的信息化。主要体现在：第一，最优采购。实现信息联网后，企业只要将自己所需要的原材料、零部件和规格、价格等信息输入网络，全世界就会有很多企业通过信息网络向该企业推销自己的产品，这样企业就可以从中选出性能、价格最佳的产品，使自己的产品更具竞争力。第二，减少库存。20世纪80年代末美国学者安塞里和莫达雷斯研究发现，企业生产过程信息化之后，外购材料的库存转化率翻了一番，平均从6.7上升到13.2。第三，敏捷生产。生产过程信息化克服了传统生产方式的产品多样性与低成本的矛盾。美国安德森制窗公司90年代中期实施互联网大规模一次性制作，所有部件按订单制造，生产速度增加了5倍以上，在5年内销售收入增长了3倍，出错率降到0.2%以下。第四，流程控制。美国从80年代末开始采用计算机集成制造系统，使产品的开发设计、计划、生产、质量保证的整个过程变成一个连续的计算机辅助信息流，从而达到生产系统内部物流和信息流的高度结合和自动化，生产效率提高40%～70%。

（3）市场销售的信息化。表现在：第一，快速响应市场需求。例如，20世纪80年代初，美国政府组织服装公司、纺织公司和纤维生产公司联合实施"快速响应计划"，使整个纺织业从纤维到服装到零售的周期从原来的66周缩短到21周，大大降低纺织业的成本。第二，顾客需求主体化。许多企业运用虚拟现实技术，吸纳顾客参与产品设计生产。例如，通用汽车公司别克牌汽车制造厂提供一种服务系统，让客户在汽车销售商的陈列厅里的计算机终端上自己设计所喜欢的汽车结构。客户可以从大量可供选择的方案中就车身、发动机、轮胎、颜色、车内结构等做出具体选择，并可以利用软件包进行模拟驾驶试验直到满意为止。第三，虚拟销售业务。即企业运用信息网络向顾客销售其产品或服务，如虚拟商店、虚拟银行等。

（4）组织管理的信息化。企业实现信息联网后，长期以来统治企业的管理幅度原则被新的信息沟通幅度原则所取代，垂直的科层组织中的大量中间层已经变得多余，企业高层领导可以与下层直接沟通，基层执行者也可以根据实际情况及时进行决策，组织越来越"扁平化"了。同时，由于信息共享，部门之间可以并行地工作，使不同部门之间的联系得以协调。

3. 加快企业组织创新

权变管理理论认为，组织形式是环境的函数，它受企业环境的制约。伴随新技术革命，尤其信息网络技术的发展，使传统产业企业面临的环境发生了根本的变化。市场异变性增强，顾客需求日益多样化、个性化，这就迫切要求加快传统产业的组织创新，提升传统产业竞争力。

（1）业务外包。传统企业为了开展经营活动，往往拥有从原材料供应到运输、后勤服务等一系列完整的功能，结果使得企业规模过大，面对迅猛发展的市场，企业如恐龙般反应迟钝。在这种情况下，许多企业开始不再把精力集中于产品整体，它们的战略和业务日益集中在专门的知识上，从"做所有的事情"转到"做客户感到重要的事情"和"做自己最擅长的事情"，其余实现业务外包。业务外包不仅可以提升企业传统业务的竞争力，而且还有利于形成良好的大、中、小企业之间的协作关系，推动企业技术创新。一方面，大企业把零部件委托给中小企业生产，可以节省扩大规模所需的生产性投资，把更多资源投入产品研究开发、提高产品的技术水平及市场竞争能力；另一方面，中小企业为了满足大企业的产品质量要求和生产技术要求，必须不断进行技术改造、更新设备，以维持与外包大企业的协作关系，争取更多的加工业务；大企业为了确保产品质量也往往向中小企业提供直接的技术指导，援助技术设备，从而带动中小企业技术的现代化。

（2）战略合作。面对科学技术的日新月异和市场需求的瞬息万变，许多传统产业中企业加强了战略合作。例如，20世纪90年代初，美国福特公司加强了与日本马自达公司的合作，在设计供应北美市场的Escort汽车过程中，FORD将在外观设计方面的专长和马自达汽车公司在工程技术的专长优势互补，提高竞争优势。战略合作不仅可以优势互补，还有助于降低研究开发的成本风险。20世纪70年代，通用、福特和克莱斯勒不愿意合作开发催化转换器，结果各自花费了巨额资金开发了相同的产品，如今3家公司已加入多方联合组织USCAR，对从结构塑料、电池到电子汽车控制系统所有的技术、材料和部件进行联合开发，以降低成本风险，提高企业竞争力。

（3）横向并购。近些年来，美、日、欧三地发生了化学工业、汽车工业等传统产业的横向并购浪潮，如1994年日本两大石油化工企业三菱化成和三菱油化合并，新成立的三菱化学年销售收入达到1兆日元，成为日本最大的石油化工企业。1998

年德国戴姆勒-奔驰公司与美国克莱斯勒公司合并，合并后的戴姆勒-克莱斯勒公司年销售量可以达350万辆，成为按销售额计算的世界第三大汽车企业。横向并购适应了全球经济一体化条件下知识创新和市场竞争对资源积聚的要求，这主要是由于工业从以轻工业为主向以重化学工业、电子工业为主的方向发展时，大型机械设施和高价值自动化装备在整个工业生产工具中的比重逐渐扩大，"资本深化"使规模经济进一步凸显，必然要求扩大生产规模，降低平均生产成本。此外，大企业在研究开发投入方面的优势，及所拥有的专业科研机构和收买新技术成果的实力，都使它们以比平均水平更高的增长速度成长，占有和积聚更大规模的经济资源。

4. 促进传统产业地理集中

传统产业地理集中在西方国家非常普遍，如美国底特律的汽车业。好莱坞的娱乐业、加利福尼亚的酿酒业、华盛顿的炼铝业、达尔顿的地毯业；德国多特蒙德的钢铁业、佐林根的刀具业、雷姆萨伊德的车床业、维尔茨堡的印刷机械业；意大利米兰的时装业、萨索尔洛的瓷砖业、马尔凯的制鞋业、阿雷佐和瓦伦扎波的珠宝业；等等。传统产业的地理集中有利于促进传统产业的高技术化。

（1）地理集中促进了传统产业内分工的细化，提高了传统产业的生产效率。美国区域经济学家埃德加·M·胡佛曾生动地描述过这一过程："设有一家小厂，生产女外套，生产过程包括很多独立操作的工序，例如，剪裁和纽扣眼锁边等。在大批量生产时，有开纽扣眼专用设备，既快又省，但需要一笔相当可观的投资。该外套厂家会感到投资这类机器划不来，因为无力使它全时运转，他只得多用人力开纽扣眼，慢且不说，工资成本还很高。但如果该厂处于一小企业集群之中，一起开业的还有很多其他服装厂家，各厂家都有开纽扣眼这道工序，此时，对开纽扣眼的总需求也许至少还可以保持一台开纽扣眼专业机器转个不停。这样就可以有一家专营纽扣眼业务的独立公司脱颖而出，加入到该小企业集群中来。各服装厂家都把业务包给该专业公司，这对有关各方面都有利，其中包括最终消费者，他可以按较低价格买到外套了。"

（2）产业地理集中增强了产业技术创新能力，降低了创新风险。主要体现在：第一，学习效应。在集群内，由于信息沟通的便捷性，如现场参观的便利和频繁的面对面联系，使学习变得更为容易，先进经验、技术和技能的外溢更迅速、更彻底。这样一来，企业层面的创新和技术进步也就越容易升级为产业层面的创新和技术进步，从整体上提高聚集区内产业的生命力。第二，追赶效应。由于企业间在其他方面的竞争优势差异很小，通过持续不断地创新来获取竞争优势是在集群内部的一种绝对性压力。据波特分析，这种压力有竞争性压力、同等条件下的压力、持续不断的比照压力。第三，风险化解效应。集群内公司经常能够寻找到它们所需的要素，以促进创新更快地实现。当地供应商和合作伙伴能够并且确实紧密地参与创新的过程，进一步确保与客户需求保持一致。丰田公司就是一个例子。与福特、通用等公司相比，丰田对外部供应商的依存度是最高的，它自己只生产30%的汽车零件，而通用达65%，丰田的独立供应商离公司的装配厂平均只有95千米，每天可以送8次货，而通用汽车公司的供应商离他们服务的工厂平均687千米，每天交货不到两次。结果用库存占销售的百分比衡量，丰田只有通用汽车公司的1/4。地理位置的相近和有意识地把丰田与供应商交流知识的做法制度化，使丰田具有了无与伦比的创新能力。麻省理工学院汽车行业分析家库茨马诺说，"甚至丰田自己也不能在丰田城外创造同样的效率"。

（3）产业地理集中能增加产业有效供给、创造需求。第一，通过资源共享，增加产业有效需求。一方面，产业集中使系统内企业能产生市场资源的协同效应和互补效应。如系统内一企业拥有良好的企业形象和著名品牌，它必然会扩大该产业产品的市场有效需求，产生无形资源的外溢而使其他企业受益。同一产业或相关产业的众多企业集中在一起，本身就扩大了该产业产品的声誉，而且企业间更易于通过串谋或共谋形成游说集团来获取政治支持，如由政府出面组建贸易协会、开办商品交易会、提供信息技术交流、增加政府采购等，这无疑会扩大产品的有效需求。另一方面，企业赖以生存和发展的公共资源具有显著的规模经济效应，产业集中有利于克服单个企业使用上的不经济现象，降低产品生产成本，扩大市场需求。第二，供给的互补扩大了有效需求。由于在一个集群内相关产业的产品种类齐全，买主的搜寻成本和交易成本较低，这样在市场销售上就比单个分散厂商更具吸引力。第三，产业进退壁垒降低了，有利于新创企业的发展和新商机的形成。集群内完善的产业分工协作体系、基础设施、信息服务体系、技术熟练的人才资源、市场资源等新建企业所需求的基本条件，降低了产业进退壁垒，便于新企业抓住新的商机，使集群内各个成员都受益。

四、我国传统产业高技术化的战略选择

传统产业仍然是我国国民经济发展的支柱产业，我国国内生产总值的87%属于传统产业创造的，国家财政收入的70%左右来自于传统产业。因而，大力促进传统产业的高技术化改造，加速实现传统产业的现代化是我国当前经济发展的主要任务。

1. 打破并消除妨碍传统产业技术创新的体制性障碍

首先，深化企业体制改革，真正使企业成为充满活力的市场竞争主体。企业充满活力，对市场信号具有灵敏的反应能力，并具有旺盛的创新欲望和扩张动力，是传统产业高新技术化的基础和前提。为此，要以产权改革作为突破口，明晰企业产

权关系，同时改革国有企业干部选聘制度，建立经理人才市场，形成对经营者的优胜劣汰机制，从而保证国有企业真正成为市场竞争主体，具有不断追求规模经济、进行技术创新、提高市场占有率的内在动力和压力。其次，建立统一、完善、竞争有序的市场体系，健全市场竞争机制。市场经济条件下技术创新更多的是企业行为而非政府行为，因此，必须加快政府职能转变，坚决打破行业、部门和地区垄断，形成全国统一开放的市场体系。进一步完善商品市场、培育和规范生产要素市场和产权市场，减少不合理的产业进入和退出壁垒，使资源能够在市场机制调节下有效地进行跨行业、跨部门和跨地区的配置，从而为优化产业组织结构、提高资源配置效率创建良好的体制环境。

2. 加快实施以产业集中为导向的产业组织政策

产业集中度低已严重制约了我国传统产业的高技术化的进程，表现在：第一，低集中度条件下的资本积累规模和速度难以满足高技术化的投资要求。产业集中度低使我国大部分企业的生产规模远远低于产业经济规模的要求，企业生产成本居高不下，许多企业长期陷入低利润率和亏损状态之中，企业缺乏资本积累的能力，根本没有机会谋求动辄需要几千万甚至上亿元投资的高技术发展。第二，产业集中度低制约着产业的技术进步水平及企业的知识创新活动。实证分析表明，一定集中程度的产业环境有利于科技进步。首先，革命性的技术创新大部分要通过长期的专业性的研究与开发才能产生，其所需的研发经费以及所面临的风险只有较大规模的企业才能承担。中小企业的创新活动虽然也十分活跃，但其创新大多集中在延伸技术领域，以扩散性创新为主。而且，其技术创新成功后，由于缺乏足够的资金支持，不能迅速转入规模生产。此外，中小企业不具有保障创新收益的实力。创新成果一旦被大量无偿模仿，就会影响其创新的积极性，影响整个产业的技术进步。第三，低集中度导致我国价格大战起伏不止。在企业数量多且规模小的市场上，信息传递成本高，企业之间很难形成兼顾各方利益的价格协议，即使形成了价格协议，也很难被全部企业长期遵守，任何企业试图利用信息不完全降价获利，都会使价格协议流产。产业市场上价格大战起伏不止，削弱了企业研究与开发的能力，使产品长期滞留在低档次、低水平的层次，阻碍了产业技术升级。因此，政府应实行以产业集中导向的产业组织政策，加强对我国目前产业组织结构现状的调查研究，制定产业内企业发展的最低规模标准，形成一种阻碍低于经济规模的企业进入、防止产业内过度竞争的政府性壁垒。

3. 关注企业核心职能，培养企业核心竞争能力

比尔·盖茨说过，"作为一位商务管理者，您必须全神贯注于自己的核心职能，重新审视您的公司里那些并不直接包含在核心职能里的领域，考虑一下有没有可能

使用网络技术将它们划分出去，让别的公司接管这些领域里的工作，然后应用现代化通信技术和他们——现在是合作者而不是雇员——随时保持亲密的联系"。关注核心职能，实现生产专业化是社会分工的结果，也是科学技术发展的要求。随着科学技术的突飞猛进，产品技术结构日益高度化和复杂化，在这种条件下，一个企业很难在承担全部生产环节的同时，不断开发所有的相关技术，使各项技术都达到先进水平。简化生产内容，可以使企业的生产活动集中在较小的范围内，有利于技术积累和在此基础上的创新，保持产业技术的先进性。而目前我国企业一个重要特征就是"大而全"，"小而全"，行业之间、地区之间、企业之间往往自成体系，大中小企业之间难以形成合理的专业分工协作体系，无法实现专业分工的利益。如机械工业，全国12万个机械工业企业中80%属于"全能"企业；机械工业中自制铸件和锻件的企业占80%甚至90%以上，而国外同类企业美国自铸件的占40%以下，日本约占15%左右。非专业化的全能生产分散了企业的资源配置，削弱了企业的创新能力，因此，企业必须尽可能地集中资源，沿着企业技术所导向的路线，培育企业核心竞争能力，保持企业在主要业务领域的技术领先地位。

4. 把推进传统产业信息化放在优先位置

传统产业的信息化改造包括相辅相成的几个方面：第一，信息产业的快速发展。信息产业的发展为企业的信息化建设提供必要的信息管理设备和相关技术，更重要的是，信息产业可以直接带动传统产业升级。如软件与交通运输相结合，开发出基于全球定位系统的动态目标管理系统；计算机技术、微电子技术与机械制造业相结合，开发出数控机床，带动先进装备制造业发展。第二，企业的信息化建设。包括建立以高速数据网络为核心的企业信息基础设施、建立大型动态数据库、建立新型的工作流生产过程、建立网上交易手段等。第三，信息基础工程的建设。信息基础工程的建设是信息化的基本前提，它为信息产业的快速发展和企业的信息化改造创造良好的社会环境，具体包括国家信息基础设施、科研基地、教育基础设施、企业技术中心、企业创新政策及知识产权法规等建设。

5. 促进传统产业区位集中

第一，产业区位重构。即逐步引导产业区位从地区间的垂直分工为主的格局向地区间的水平分工为主的格局演化。根据各类产业的特征寻找最佳区位，从而促进该产业在最佳区域的集中。第二，为优势产业区位创造外部经济。产业聚集力是优势区位吸引力和外部推力的合力。外部推力主要来源于国家和地方政府对产业调整援助。而区位吸引力主要来自然优势和人文凝聚力以及区域的投资环境。对于特定的产业区位而言，前两者是一个历史形成的过程，是常量，变量只有投资环境。因此创造区位外部经济主要是创造良好的区域投资环境。第三，通过资源重组加速产业地理集中。主要途径有：企业异地购并、托管、整体搬迁等。企业购并托管主要是鼓励优势产业区内的企业借助资本市场和产权交易市场进行规模扩张，从存量和增量上促成产业集中；企业整体搬迁主要是政府利用级差地租原理，将原来分散于城市中心或较繁荣地区的传统产业企业搬迁到位于城市边缘的经济开发区，以降低企业生存成本，提高外部经济效益或实现产业升级换代。第四，创造并维持聚集效应。聚集效应是传统产业区位调整的主要追求目标，防止区内企业的非聚集化是传统产业区位调整成败的关键。为此，政府可以采取增强企业之间的"信任与承诺"，实施区位品牌战略，构筑技术创新平台，完善社会化服务体系等措施促进企业间的聚集并增强聚集效应。

第七章　全球化知识经济背景下的产业转型经验与教训

经济全球化的迅猛发展和以信息技术为核心的新科技革命的爆发，带来了世界性的经济产业结构的调整。世界经济的全面发展，在很大程度上依赖于各国有效的产业政策和相应的产业转型。本章通过对世界各主要国家的产业结构调整的考察，理清未来经济发展产业转型的总体趋势，并从中总结经验与教训，得出对我国当前产业转型的深刻启示，以保证我国的经济持续、快速、健康地发展。

第一节　对国外主要国家和地区产业转型的考察

当今世界，某个国家之所以被称为发达国家，是因为它在发展史一次次克服了来自外界的竞争和自身内部的不协调，沿着艰难的台阶一步一步攀登的结果。这个台阶就是产业结构的不断转型升级。因为随着时间的推移，某个领先的技术或产业会被更为先进的技术或产业所替代，如果不能及时用更先进的技术和产业代替原有的旧技术、旧产业，那么这个国家很快就会沦落为二流国家；及时掌握了新技术和以新技术为核心的新产业的国家就取而代之成为新的领先国家。如曾经被誉为"世界工厂"的英国，在 20 世纪初由于没有及时调整产业结构而逐渐落伍。美国、德国等后起国家在产业结构的不断转型升级中得以赶超英国。

在经济发展初期，大部分发展中国家不得不主要依靠增大资源投入的粗放型经营方式来推动经济增长。但随着经济的发展、国民收入的增加，劳动力、原材料等生产要素的成本上升，比较优势就会丧失。如果还依赖于资源的大量投入来维持高产出，不能够实现产业结构的转型升级，生产出附加价值更高的产品来替代原来的低附加价值产品，则经济增长必然受挫，经济会一蹶不振甚至倒退。

自 20 世纪 80 年代以来，世界范围内的各产业不断转型升级，不同国家采取不同的方式都在进行产业结构的转型，也产生了不同的经济效果。此处将分析主要典型国家的产业转型的过程和相关特点。

一、美国的产业转型促进了经济的持续增长

在经历了20世纪60～70年代的经济"滞胀",1979～1981年的经济衰退,以及进入20世纪80年代后,美国的钢铁、汽车等传统优势产业受到优质廉价的日本产品的冲击后,美国能够保持领先优势的只剩下飞机制造和大型计算机等个别产业。美国的经济大国地位有被日本取而代之的可能。美国政府被迫在20世纪80年代初期开始实施以反通胀为目标、以刺激供给和创新为核心、以减少干预和管制为手段、以高新技术产业为龙头的产业结构的战略性调整。通过体制和产业转型,美国建立了比其他国家更有利于供给和生产率增长以及技术创新的经济体制和产业结构,走出了第二次世界大战后凯恩斯国家干预的政策体系和经济滞胀困境。

20世纪80年代初里根总统上台后,采取了一系列产业结构转型措施,奠定了20世纪90年代美国经济增长的优势,这些政策措施包括:一是美国率先实施了减税措施,使劳动者、投资者和消费者有更多的税后收入,用于储蓄、资本积累和长期性消费,从而产生提高要素投入和生产率增长的供给激励效应;二是大幅度削减社会福利开支,减少税收负担和人们对政府的依赖;三是放松对自然垄断行业的价格和进入管制,让市场机制起主导作用;四是政府增加研究与开发投资和公共投资,以提高经济效益;五是政府学习日本扶持出口的政策,并制定相应的鼓励出口的措施和法规;六是确定以领先产业为核心的竞争力提升战略。

20世纪90年代初克林顿入主白宫后,也制定了调整美国产业结构的发展战略,使美国经济沿着健康的发展方向迈出坚实的步伐。克林顿政府采取了产业转型发展战略,其基本内容包括:一是重视科学技术,建立相应的调节机制;二是大力削减国防开支,进一步缩小军事工业生产规模;三是调整联邦政府研究与开发预算,进一步平衡军事研究与民用技术研究在政府研究与开发中的地位;四是为改变军事工业比重过大的局面,联邦政府运用财政投资手段,促使国防部门与民间进行技术开发合作,以进一步加快军转民的步伐;五是政府提供多方面支持,更加重视提高民间产业的竞争力。

在这一系列的产业政策的支持下,美国在新技术革命取得领先地位,主要是通过增加对新生产能力的投资,对作为技术创新基础的研究和开发、技术技能和教育的投资,以及通过竞争机制来改善国家创新系统效率的做法,提高了美国技术结构的创造力和生产力,取得了全球的技术竞争优势。其最重要的因素实质上是"社会能力",即包括技术能力(如教育质量)、对技术和教育的投资以及政治、商业、工业、科研和金融机构相互联系组成的有利于技术创新的环境和条件。经过技术结构

的调整，美国重新夺回了新技术革命的领先地位，把竞争者甩到了后面。

这一切有效的产业结构调整改变了20世纪90年代美国经济的增长方式。1992年以来美国经济出现了以低失业率、低通胀率和股市繁荣为标志的经济增长态势，这是用正统观点无法解释的结构新变化。因为按照正统经济理论分析，当一国的就业和生产能力接近于充分利用时，经济中的通胀压力就会上升，从而形成对经济增长的限制。然而，1995～2000年美国平均年增长率为4%，失业率则降至1973年以来的最低水平，年失业率为4.9%。

在美国的产业转型过程中，其中重要的环节是压缩军工生产，推动军用技术向民用部门转移。长期以来，美国经济发展在很大程度上是靠不断扩展的军事工业刺激起来的，因此不免带有一定程度的臃肿性质，并对美国经济产生种种不良影响。特别是在冷战结束后，庞大的国防和军事工业阻碍了民间产业竞争力的提高。另外，重新焕发活力的制造业发挥着重要作用。美国在制造业上取得的业绩与该国的劳动生产率的提高密切相关。美国运用信息技术来改造传统产业及其管理模式，传统的产品制造业由于先进技术的应用正在向柔性制造方向发展，信息技术的倍增效应使非资源变成资源，形成规模经济，成本不断下降，刺激消费需求，生产处于良性循环之中。

可见，美国经济发展的良好态势，正是美国产业成功转型的结果。在美国，从产业结构分析，知识技术密集型成为最具竞争力和倍增效应的产业。美国的新技术产业，如电脑、软件和半导体产业已摆脱日本、欧洲企业的竞争，取得世界技术的领先地位，产生了全球对美国新技术和新产品的需求。波音收购麦道公司等一系列大公司并购案例说明，美国高科技制造业的航空航天、国防工业和生化技术工业，通过产业结构整合和组织调整，以巩固其所取得的全球性市场、技术和质量的竞争优势。以微软公司为代表的美国信息产业的崛起并不是偶然的，其与美国的教育体制和社会环境密切相关。美国最具竞争力的服务业，如金融、证券、投资等公司，会计、法律、咨询等专业服务以及广告和营销服务等商业服务业不断进入新兴市场，实施其全球化服务竞争战略。毋庸置疑，美国的产业转型堪称发达国家的典范。

二、日本的产业转型滞后使经济增长停滞

日本经济的竞争力在20世纪七八十年代处于最强势的时期，举国上下洋溢着乐观主义情绪，但是日本忽视了进入世界技术领先国家行列后还应该继续进行的经济体制和产业结构转型。20世纪的最后10年日本经济发展的教训是极为沉痛的，本来已完成经济上追赶欧美的历史任务，但对其经济体制上的问题和经济发展中的转型，缺乏本质上的认识和深刻的反省，对今后的经济发展模式没有一个清晰的分析和明

确的目标。当20世纪80年代支撑日本经济和出口高速增长的技术创新成果已进入成熟期，现有体制和结构不能适应新技术革命的需要时，日本也就失去了利用新的技术创新成果推动经济增长的机遇。使"二战"后历次都能以调整应对冲击、化险为夷的日本，这次却与信息产业的核心技术失之交臂。如20世纪七八十年代日本经济最重要的增长点——以模拟技术为基础的家电行业，其竞争力优势已在相当大程度上被韩国等后起国家所取代。支撑经济增长点的技术和产品，如数字技术为基础的新一代家用电子产品，在整个20世纪80年代未能成功地推出。高新技术产业技术选择上的失误，也使日本在"二战"后出现产业结构升级上的空白点，因而失去了像20世纪七八十年代那样具有全球竞争的优势，未能形成新的消费、投资热点的新产品。在这种情况下，到20世纪90年代初曾经不可一世的日本经济和产业陷入了停滞时期。

造成这一结果的主要原因是：一是从总体经济表现来看，20世纪90年代日本经济陷入战后最长的经济衰退期。自泡沫经济破灭以来，1992～1995年日本经济的年增长率未超过1%。虽然1996年增长率有所回升，但1997年又很快降至0.9%左右。由于亚洲金融危机的影响，1998年日本的经济增长率自1974年以来首次出现负增长，这也是发达国家中增长业绩最差的。二是从产业结构分析，日本长期以来形成二元经济结构发展模式是造成经济增长停滞的主要原因。一方面日本具有国际竞争力的产品和技术，如以丰田、东芝、索尼和日本电信公司为代表的、以全球性战略为主导的一批世界顶级的跨国公司。它们与欧美高新技术企业处于直接全球性竞争的位置。另一方面日本又有一大批受到国内保护的、不具竞争能力的国内企业，如国内银行业、不动产、建筑业、零售业和地方制造业等。在高保护和管制壁垒下，日本平均生活费用和工资比美国高一倍多。国内企业的高成本和低效率，成为日本产业结构中新增长力的重要制约因素。尤其当日本越过"赶超"时期而进入世界技术领先行列时，一流公司的技术领先优势被削弱，而技术创新和技术储备的动力不足，势必将减少"经济增长发动机"的作用。三是日本官商联系的制度结构使日本企业在信息技术竞争中失利。日本政府和企业界错综复杂的关系，形成政府制定相关产业政策，银行提供低息贷款，大企业利用与政府和银行的密切关系负责投资和生产、销售的具有日本特色的大企业体制。一方面由于政府官员通过不透明的管理体制，如行政指导、许可证制度和其他管制措施，对大约40%的国内生产进行微观管理，不能适应技术创新时代的结构灵活、反应快捷、小批量生产的国际竞争新机制的需要。另一方面大企业体制很容易遏制知识密集型和技术创新型的小企业发展和成长，使日本企业即使投入巨额研究和开发费用，仍在电脑、软件、半导体和数字化技术的国际进程中败北。

饱受经济增长的长期萧条之苦，背负痛失增值率最高、最具潜力的成长产业竞争主动权的惨痛教训。面对问题，日本政府也提出了相应的政策。一是切实加强对基础研究的重视与投入，并实行结构性战略调整，由技术与产业上的追赶型战略向独创型战略转变，使产业成长与经济增长的基础由移植转向内生。从日本的基本国情和产业发展的现实出发，确定科技研究的重点和新的产业经济增长点，以带动产业结构的调整，重新夺回经济发展的主动权和国际竞争的主导权。伴随着产业转型所进行的是产业政策的调整和变动，强调高新技术在产业调整中的导向性以及科技成果产业化对经济资源在产业部门有效配置的影响。二是以"变革和创新"为核心，制定面向21世纪的高科技发展战略。20世纪90年代中期，日本科技厅发表的科技白皮书指出，必须创造本国的新知识、新技术。为适应整个日本经济的这种转变，1997年初桥本内阁提出了以"变革和创新"为核心，从"经济大国"迈向"高科技大国"的国家发展战略。它所强调的变革，是从过去的那种重技术开发、轻基础研究的状况中摆脱出来，在科研和开发方面进一步适应知识经济的时代步伐。它所强调的创新，是指学科研究上具有国际领先水平的知识创新，结合国家经济发展和市场需求的技术创新，以及新知识、技术的扩散、推广和转移。

三、欧洲国家的产业转型及其经济增长情况

20世纪80年代欧洲国家的产业结构调整政策不同于美国。欧洲国家在20世纪80年代实施的产业转型政策包括：一是欧洲多数国家执行了更为严格的反通胀政策，使整个20世纪80年代欧洲国家平均的通胀率保持在3%以下，低于美国的4.9%左右。德、法等国的通胀率在1996年和1997年仍保持在2%以下。为此所付出的代价也更大，即欧洲国家的失业率高于美国。二是欧洲多数国家至今仍保持着庞大的社会福利计划、相对公平的收入分配体系以及与之相配套的高边际税率制度。虽然人们的基本生活权利得到了充分保障，但对供给和生产率增长则形成某种抑制作用，也使平均失业率长期居高不下，这是高税率和福利计划的体制抑制供给和生产率增长的结果。三是欧洲一国家有相对高份额的国有资产，同时对农业部门、航空、电信等和公共事业保持着高保护或高管制政策。这些政策降低了这些产业经济效率和国际竞争力，造成很大的资源浪费。虽然英国等国在20世纪80年代也开始了类似美国的产业调整，但有着国家主义传统的法等国的产业转型相对缓慢。四是为抵消高税制和高壁垒对经济市场的负面效应，如今欧盟国家实施了货币一体化，并不断加快经济的一体化进程，通过建立要素、商品、服务自由流动的欧洲统一大市场来推动技术和产业结构转型升级。五是在欧盟内部贸易和生产的效益一体化，对美国和日本经济的技术与产业产生竞争日趋激烈的条件下，欧盟各国产业结构出现了明确地

第七章　全球化知识经济背景下的产业转型经验与教训

按各自优势进行全球分工和专业化生产的格局。

20世纪90年代以来，欧盟国家经济前期经历低速增长，但后期增长在加速。20世纪90年代初期，欧盟国家的增长势头不如美国那么强劲，但好于日本。失业问题仍然是欧盟国家面临的最紧迫的问题，1997年欧盟的失业率达12.4%，远高于美国的失业率。为加入欧洲货币同盟，各国努力削减预算赤字并实行同一利率水平，这种相对紧缩的支出政策将对欧盟各国的产业结构产生直接的影响。目前另一个制约欧盟各国供给增长和结构变化的关键因素是解除经济管制的进程仍相对缓慢，但可以预见，随着欧洲经济一体化程度的加深，统一大市场的规模和范围经济效应将带动欧盟经济的供给和技术创新活动的增长。

欧洲产业转型的结构变化是：服务业增长的基础是开放和提高竞争力。从三次产业结构来看，发达国家经济普遍有由工业和制造业向信息和服务业转化的结构性变化。据统计，发达国家作为整体，1980年农业、工业（括号中为制造业份额）、服务业分别占GDP份额的3%、37%（24%）、66%。其中服务业份额最高的是美国，约占72%。欧洲国家普遍在中值（66%）上下。这种结构与各国进入后工业化程度或全面追求生活质量阶段的程度有正相关性。首先，欧盟主要国家的服务业在全球范围内是有竞争力的，如英国的金融、保险业，德国的电信业，法国的商业和信息业等。如英国在美国《财富》杂志公布的世界最大的500家公司中有33家，其中属于银行、保险和商业等服务业领域的公司就有17家，占50%以上。其次，这些国家的金融、保险、电信和航空等服务受到政府或欧盟严格的价格和进入管制，使这些传统竞争优势行业逐步落伍。如欧洲在互联网和信息技术、电信和金融领域明显受到来自美国、日本等国的竞争压力。如英国首创的投资银行业务因面对激烈的竞争，无法与美国竞争对手抗衡而不得不退出该领域。

作为欧盟最重要的一员——德国政府自20世纪90年代中期开始明显加速调整产业结构。政府与市场的良好互动主导了德国以发展新经济产业为核心的最具革命性的世纪产业转型。

一是注重和加强研究与开发。企业和科学界的技术创新能力决定了德国新经济可持续发展的能力和潜力，而创新研发正是生产新兴技术的特殊产业，因此，德国政府视促进创新研发为重中之重，研发部门的资金增长迅速。德国研究政策的重点是新信息技术和通信技术的开发、生物技术前沿领域、健康与医学研究、分子医学和基因研究。为加强德国对信息通信技术的创新研发实力，德国政府特别为加强对学生创新意识和创新精神的培养，鼓励高校毕业生创建高新技术创新企业，在高校的教学、研究和管理中吸收企业的先进管理经验，高校科研成果优先向技术区内技术创新企业辐射转化，高校积极为区内企业培训研发人员，为企业技术创新提供技术支持，提高区内技术创新企业的研发能力。

二是强化投向人力资本。一方面，德国政府加强基础人力资本的投资；另一方面，也采取措施加强建立与市场伙伴的合作关系，促进市场的投资动力。教育是进行人力资本投资的基本形式，德国的目标是要通过教育体制改革在培养四个方面人才上取得重大进展，以满足经济发展的要求，即促进技术创新发展趋势的人才、掌握先进信息技术的人才、掌握金融知识和具有创新精神的人才、了解各国多元文化的人才。德国政府还特别关注对信息技术人才的培训，在德国政府、私人部门和工会的共同推动下，综合性的培训措施开始实施。

三是促进创新融资。为向产业的转型提供高效率、低成本的资本供给，德国政府加大资本行业的发展。德国风险投资业特别是针对生物技术的风险投资业取得了突飞猛进的发展，为处于初创阶段的尖端技术企业提供了广阔的资金市场和坚实的资金保证。德国政府《年轻技术企业的风险资本计划》的实施导致了德国风险资本市场的极大扩张。

四、东亚国家和地区的产业转型趋势及存在的问题

美国的学者克鲁格曼在东亚危机发生前就曾说过："东亚经济增长是靠投入增长驱动，而不是通过生产率增长驱动的。因此，这种增长模式从长期看是不可持续太久的。"在危机发生后，又出现用否定政府主导型增长模式来否定东亚增长模式的观点。实质上东亚国家和地区陷入金融危机的基本原因，主要是在信息技术革命和经济全球化的大环境中，东亚国家和地区的体制结构调整滞后，使旧的体制和产业结构不能适应新的竞争环境的需要，因此在外部冲击下陷入困境。

一是不能用东亚国家和地区的产业转型中遇到的问题而否定东亚模式。据统计，东亚"四小龙"1979～1988年平均经济增长率约为8%，1989～1996年平均经济增长率约为6.9%，经济增长在减速。因此，人们认为东亚经济的生产率增长不足以保持以往的高增长。研究表明，发展中国家生产率对增长的贡献小于发达国家，资本投入是增长的主要来源。如我国台湾地区的制造业生产率对产出增长的贡献率在1961～1973年平均是7.1%，1973～1981年平均是23.5%，1982～1987年平均是46.3%，1987～1993年平均是15.2%。韩国的技术变化主要是由受教育的劳动力比例增长很快和资本利用效用增长很快引致的。这些研究说明，对于发达国家，技术变化是增长的主要来源。对于高增长过程中的东亚国家，即使现阶段是投入驱动型的经济增长，技术变化小于发达国家，但随着产业结构从轻工业向知识密集型工业和高附加价值服务业的转变以及人力资本投资和技术能力的提高，技术变化已出现加速趋势。

第七章　全球化知识经济背景下的产业转型经验与教训

二是东亚国家和地区的产业转型缺少协调的合作抗风险机制。东亚经济模式常被人们形象地描述为"雁阵效应",即东亚像大雁一样,沿着动态比较优势梯次一批接一批地起飞,头雁是最先革新的国家和地区。头雁的产业结构调整快,后续国家和地区的产业结构也会随之调整。反之,当头雁受到冲击后,经过一段时滞这种负面影响很快会波及后续国家和地区,使整个东亚经济遭受损失。如果头雁带头顶住,整个雁群齐心协力,也许会减缓甚至渡过危机。

三是东亚国家和地区的体制结构调整迫在眉睫。金融危机暴露出东亚经济在产业结构调整方面的严重滞后。从日本开始的工业化过程就是一个以政府产业政策为主导的、以政府投资或优惠政策支持为基础的、阶段性不平衡发展的过程。韩国等东亚经济都不同程度地受这种模式的影响。这种发展模式曾在相当长时间里取得了高增长的成绩。但由于用产业政策和长期战略替代了市场机制的作用,这种模式一方面需要阶段性结构调整,否则结构扭曲和不平衡的矛盾会越积越多。另一方面既得利益集团会阻碍产业结构调整,使结构调整滞后越来越经常发生。因此,通过开放引入外来竞争的压力,打破国内行业垄断,并通过放松行业进入管制,让更多的企业自由进入和退出来强化国内竞争,是解决产业结构变化障碍的重要方面。

但事实上,让市场机制更多起作用的体制结构调整有相当难度。韩国本可以借金融危机的机遇,通过大企业破产来淘汰弱者,使经济尽快恢复元气,但政府并不愿意看到大企业破产。比如,人们担心政府会强制效益好的浦项钢铁公司收购韩宝公司而抛售其股票。1998年三星集团在政府支持下获准进入生产能力已严重过剩的汽车工业,即投资100亿美元,取得1997年7月破产的起亚集团的控制权,使韩国保留了六大汽车公司。尽管韩国钢铁工业已有两家工厂倒闭,现代集团仍投资58亿美元建设钢铁厂。这些现象说明,仅依靠国内力量很难解决大企业垄断问题,因为这些企业规模都已太大。只有通过开放市场,即从外部引入竞争机制,才可能打破国内垄断,使市场机制起作用。

四是产品和技术结构升级的机遇和风险。第一,传统产业通过产品和技术结构升级而保持竞争优势。如我国台湾地区的传统出口产业是纺织业,由于产业提高和结构转型,产业开始由劳动力密集型转向技术密集型。其传统产业纺织品面对我国大陆地区和东南亚产品的竞争开始产品的升级换代,即沿着附加价值链条向上升一级,出口由以前的纱和布升级为成衣和毛衣,出口保持稳定增长的态势。第二,转向新产品领域寻求新的发展机会。在通货紧缩和供给能力普遍过剩的新时期,东亚经济结构调整的一个重要方面,是从传统的出口导向型和技术含量低的制造业领域转移到服务业和信息技术领域。这种调整是在经济全球化已不断削弱东亚经济在廉价的劳动力、土地和技术人员的传统优势,而信息技术革命创造进入新产业的机遇条件下发生的。我国台湾地区的产业调整比较成功，它主要是以极为周到的服务和高品质的产品进入跨国公司的生产链条，为跨国公司提供各种廉价的电脑、零部件和外部设备而介入高新技术产业，一般不单独承担某种新产品的研究和开发投资。这使他们躲过1995年日、韩制造商遭受的芯片价格暴跌和全球供给过剩的打击。当高技术产业学习到一定程度时，他们开始以投资或收购方式进入更高附加价值的产品。第三，不合理的产品和技术升级的风险和问题。韩国在这方面有很深的教训。韩国曾通过巨额投资建立起从研究与开发到制造芯片研制体系，希望凭借其生产和出口高附加价值产品——芯片的出口竞争力来阻止经济下滑。但由于日元贬值提高了日本芯片产品的竞争力，更重要的是世界市场对半导体芯片需求下滑使价格暴跌，严重打击了韩国半导体产业，影响了韩国出口收益和贸易状况。此外，韩国人认识到他们在尖端技术层次上缺少竞争力。面对竞争，他们只能以扩大企业规模，并通过兼并市场占有率高、有名牌和先进技术的外国公司来提高技术档次。

金融危机过后，东亚国家和地区纷纷进行产业结构的调整，积极培育高新技术产业，加快发展信息技术产业，充分利用高新技术改造传统产业，增加服务业的科技含量和提高服务水平。概括起来就是，发展以提高高科技含量为核心的高新技术产业和高新技术产业带动传统产业升级并重，为东亚国家和地区未来产业发展的目标和方向。

第二节　世界产业转型的未来演变趋势

通过对世界各主要国家和地区产业转型的考察，我们可以看到，21世纪将是经济全球化、信息化、知识化迅猛发展的时代，因而经济增长不是靠资本和就业的增加，而是靠技术和知识的投入与技术创新能力的提高。在竞争激烈的国际经济环境中，各国纷纷制定、调整或完善各自的产业政策。世界正处于21世纪的发展时期，产业转型的总趋势将是高新技术产业化步伐进一步加快，转型后的传统产业赢得新的发展空间，知识型服务业成为拉动经济增长的主导产业。

一、高新技术产业化与产业结构高级化将是全球产业转型的主要发展方向

21世纪将是发展知识产业的世纪，技术密集型和知识密集型产业将继续得到蓬勃发展，劳动密集型产业所占比重会趋于下降，信息、生物和纳米技术将成为影响未来科技进步与产业转型的核心技术。产业结构高级化意味着高新技术对工农业产出的增长、效益优化和劳动生产率提高的贡献率加大，用更少的自然资源和更多的

信息资源生产出更为丰富的物质产品。原有主导产业，如钢铁、石化、汽车等将被信息与通信、生命科学与生物工程、新材料与新能源等新兴产业所替代。展望未来，信息技术仍是影响各国产业结构走势的关键因素。发达国家和部分新兴工业国家将主要从事知识密集型和技术密集型产业，欲借信息技术等高新产业实施跨越式发展，以实现经济的第二次起飞。但在大多数发展中国家，劳动密集型产业仍将是国民经济的支柱产业，工业化与信息化将是这些国家产业转型的长期目标。

二、第三产业比重趋增且产业结构软化将是世界产业转型的最终目标

知识型服务业，包括金融、信息、咨询服务等在国民经济中的比重将增加，在经济社会发展中的作用将越来越重要。第一产业与第二产业在国内生产总值中比重的下降，第三产业比重的上升，是多数国家产业转型的基本脉络。目前，美国知识产业中83%以上集中于金融与保险、信息与通信和企业服务等行业；20世纪90年代美国实际国内生产总值增长的70%左右来自第三产业。西欧预测，其产业转型的结果将使知识服务业在国内生产总值中的比重由目前的25.4%增加到2020年的37.5%。服务业迅猛发展在很大程度上得益于信息服务业的长足发展。继硬件、软件、网络业之后，作为信息产业的第三产业，信息服务正成为信息业的基本行业。目前，全球信息服务业产值已占整个信息业的40%左右，成为信息业中的第一产业。各国都在加快向第三产业的转移，使第三产业中的服务业在整个经济活动中占据主导地位，应对经济全球化的迫切需要。

三、以高新技术改造后的传统产业将赢得新的发展空间

高新技术，尤其是信息技术在第三产业中的广泛应用，使趋于衰退的传统产业——农业与制造业发生逆向回归。新科技革命推动了传统产业的现代化，促进产业结构的转型升级。20世纪90年代以来，美国用高新技术改造传统制造业，使其全面升级，劳动生产率明显提高。20世纪80年代，美国制造业劳动生产率年增3.4%，20世纪90年代，美国制造业劳动生产率年增长提高到4.7%。制造业成为推动美国经济扩张的第一大产业。日本、欧洲与发展中国家同样把以高新技术改造传统产业列为产业转型的重要目标。事实证明，用高新技术改造传统工业，不但使已经失去竞争优势的劳动密集型产业，如纺织业、服装业、建筑业正在转变为资本和技术密集型产业，而且使钢铁、汽车、化工等资本密集型产业转变成为技术密集型产业。用信息技术改造传统服务业，可使其日趋信息化与知识化。

从发展角度分析，实体经济通过与网络技术的结合，很可能成为新经济中的最大赢家。新科技成果的广泛应用，不仅使传统制造业得到改造，延伸出许多新

型制造业，而且将以更少的原材料和能源消耗或替代材料，生产出更多的产品。人类基因知识的利用，将完全改变传统的医药和医学行业；克隆技术与转基因技术的开发也正引起传统的农业革命，转基因食品的应运而生有望解决发展中国家的吃饭问题。

第三节　科技创新提升产业竞争优势的微观战略：持续创新

通过前面的论述可以看出，科技创新作为影响产业竞争优势的核心要素，对产业的发展和演化起着重要的作用。但是，对于微观层面的企业，应该怎样通过科技创新来提高产业竞争优势呢？本研究认为，持续创新是企业提高竞争优势的必然选择。本章将详细介绍这一重要战略：持续创新。

一、持续创新概念的渊源及含义

近年来，随着创新理论研究的深入与发展，国内外学者提出了一系列新的创新概念，诸如组合创新、用户创新、全时创新、全员创新、系统创新、全面创新、持续创新等，使创新理论不断得到丰富和发展。持续创新已经成为21世纪企业谋求可持续发展的必然途径和企业创新研究的重要方向。持续创新国际组织（Continuous Innovation International Organization，CINet）自2000年开始，以持续创新为主题已连续召开多次国际会议，推动了持续创新理论研究不断深入。

1. 持续改进

持续改进（continuous improvement）是指"公司广泛参与的过程和持续的渐进性创新"。这一概念的起源可以追溯到泰勒的科学管理理论。20世纪六七十年代在日本以及欧洲一些国家开始广泛研究。日本在20世纪六七十年代的高速经济增长很大程度上得益于持续改进活动的推进。目前持续改进已经在全球被广泛研究以及普遍采用，而且被认为是提高企业竞争力的一个非常重要的环节。越来越多的学者认为，持续改进的重要性已经远远超出其在质量管理上的应用，而是主要表现在企业持续发展和阻止企业组织僵化上。

成功的持续改进需要企业建立明确的持续改进目标，同时这种目标能被企业上下广泛、清楚地认知。提高持续改进能力最重要的一点是全体员工持续参与企业的改进活动，持续改进已经成为员工日常工作的一部分。在持续改进活动中最困难的是所有员工坚持这种改进活动直到出现真正的创新，而不仅仅是开始持续改进活动。英国贸易与产业部（Department of TradeIndusty，DTI）研究计划的研究结果表明，对于持续改进能力，公司的规模、技术以及其他变量的重要性并不突出，然而人们之间的合作的重要性却表现得非常重要。Bessant认为，增强持续改进能力不完全依靠科学的进步，而主要是依靠每位员工都具有发现与解决问题的能力且具有高度创造性的思维模式。

2. 从持续改进到持续创新

在20世纪80年代，日本经济的繁荣让很多学者将对持续改进的研究置于对创新的研究之上。到了20世纪90年代，美国经济的复苏以及日本经济的停滞使更多学者将研究从持续改进转移到创新。现代西方创新管理理论的发展方向似乎也在逐步从渐进性创新转向突破性创新，这对持续改进理论提出了进一步发展的要求。持续创新可以说是对持续改进的一种延伸与扩展。但关于持续创新与持续改进关系的讨论，尚存在许多分歧：①持续改进已经过时，现在应该讨论持续创新，在企业中应该实施持续创新而不仅仅是持续改进；②持续改进正在演化为持续创新；③广义的理解持续改进就是持续创新；④创新发生在持续改进的过程当中；⑤持续改进与持续创新是两个不同的体系，适合于不同的产业。Cole在《从持续改进到持续创新》一文中提出，按照对持续改进的常规理解，持续改进更适合一些低速增长的产业，对于低速增长产业内的企业而言，需要对现有产业的持续改进；Boer认为，持续改进活动在低速增长的经济体系中更为合适，而创新更加适合于高速增长的经济体系，持续创新引出了一个新的产业博弈阶段。

3. 持续创新的含义

目前，持续创新（continuous innovation）尚处在概念的开发阶段，还没有一个统一、规范的定义。持续创新的定义有多种，大体上可以分为两大类。第一类是将创新理解为不断创新；第二类是从企业近期发展目标与长期发展战略存在矛盾的可能性出发，企图寻找一种新型的企业创新战略、方法，能够有效地将企业的近期目标与长远发展相结合，即企业不仅仅能持续不断地改进现有的产品，满足现在的顾客的需求，获得近期的利益；同时也能够从长远发展的角度出发，满足将来的顾客的需求，获得长期的发展。简言之，第二类是从一种新的可以满足企业持续发展的创新战略或方法的角度来理解持续创新的。

对于从第二类的角度出发来定义持续创新的概念主要有以下几种：①根据持续创新国际组织的定义，持续创新是一种正在发生的方法，这种方法旨在创造一些新的产品→市场→技术→组织的组合，而这些组合对于个人、工作小组、企业、某个特定市场甚至是整个社会都是全新的。②按照Boer对持续创新的定义，持续创新是对开发（exploitation）和开创（exploration）完美的结合，持续创新既能提高企业的运行效率又具有灵活的战略，是企业运作、渐进性改进与学习、突破性创新的有效、持续的相互作用与结合。③ Rodriguez 将持续创新定义为一个能够创造新产品和服务并改进企业流程的新创新系统。他认为，持续创新是通过各种管理方法来加速改进过程的管理战略，是一种依靠快速的产品创新、服务创新、过程创新等来实现企业利润和获得更大的市场份额的一种管理战略，这种创新战略与这是一种什么类型（如渐进性创新、非持续创新、突破性创新等）的创新没有关系，这种战略不仅仅对在制造业适用，而且适用于几乎所有的产业。④ Soosay 认为，持续创新是企业不断在企业组织中运用新的观点和方法的过程，持续创新包括企业的所有方面，如产品、技术、设施、生产过程、工作方法等，持续创新需要一套系统的、程序性的、渐进性的或突破性的能贯穿企业的所有员工和企业的所有层面的组织的方法。

对于用第一类方法来定义持续创新，比较典型的是向刚对持续创新的定义，即企业持续创新是企业在一个相当长的时期内，持续不断地推出、实施新的技术创新（含产品、工艺、原料、组织管理和市场创新及其内部扩散）项目，并不断地实现创新经济效益的过程。

4. 持续创新的模式

对企业创新模式研究的文献表明，有些公司主要采取的是渐进性创新（incremental innovation）的模式，有的公司主要采用的是突破性创新（radical innovation）的模式。我国很多学者也在引进国外概念的基础上对这两种模式进行研究。渐进性创新相对于突破性创新而言被更加广泛地研究。国外研究持续创新领域的学者们普遍认为，突破性创新和渐进性创新是实现持续创新的两种主要模式。持续创新是将与学习相联系的渐进性改进、与变化相联系的突破性创新两种模式的对等、结合和一体化。持续创新是一个能够将渐进性创新和突破性创新有效结合的创新方式。而且持续创新要有一套系统的、渐进性的或突破性的方法在企业的所有层面推行，推行层面应该涉及公司的所有员工。

5. 持续创新对企业的竞争优势的重要意义

在产业发展的历史中，有很多企业会因为选择错误的创新战略而丧失产业竞争优势，甚至从产业竞争优势发展为产业竞争劣势。有的企业过于强调突破性的技术创新，一味地追求新的技术，而忽略了其他影响产业竞争优势的因素，最终只能在竞争中处于劣势地位。而有的企业过于强调渐进性的创新，忽视了新的技术发展趋势，没有采取新的突破性技术，即使这些企业能生产出质优价廉的产品，但也可能会因为新技术的发展而被淘汰，如寻呼机淡出市场、数码相机给胶片产业带来的冲击等案例在历史上数不胜数。对于企业而言，要想获得持续的竞争优势，持续创新是一种必然的选择。

二、持续创新的战略选择

持续创新不仅是一个新的观念，而且是一种新的战略。持续创新战略是对开发（exploitation）和开创（exploration）的完美结合。开发是与边干边学的次级创新相联系的，而开创是与基础研究相联系的。一般认为，企业运行的效率是基于开发能力的，而企业战略弹性是基于开创能力的。持续创新应同时包括以下几个部分：同时包括改进和创新、持续的和间断的变化、积累和突变、进化和革命、自下而上的发起和自上而下的发起、适应性的和战略性的变化等，如图7-1所示。

目前有些学者在一些案例与数据分析的基础上，提出持续创新是对图7-1这些创新概念的综合，并且以上这些创新理念能够在企业内没有冲突的一并实施。但是也有学者认为这些概念之间本身就存在冲突，要实现统一是不现实的。March提出组织管理的核心问题是开发与开创之间的关系以及对于开发与开创的结合。

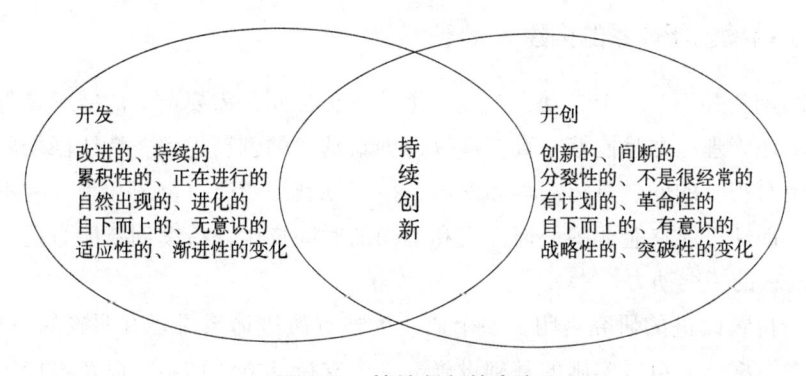

图 7-1 持续创新的内容

但是对于开发和开创战略能否在企业完美的结合，持续创新战略是否可行引起理论界的广泛争议。关于持续创新理论争论最多的是开发与开创战略是否可以在企业中同时实现的问题。一些学者对这两种战略在企业内是否能够同时实现进行了一些调研。从目前的研究文献来看，有很多学者认为有效、稳定的开发和灵活、变化的开创是不可协调的，将其有效结合是不可能的。比如，Burs等认为，机械性的管理系统比较适合稳定的状态下运行，而有机的系统比较适合在变化的状态下运行。Skinner认为，那些在某一个特定的市场领域集中发展的企业将会比那些试图在更广的领域发展的常规企业做得更好。Porter认为，有三种战略：成本领先、差别化战略和集中化战略，采取不同战略的企业具有不同的特征，在一个企业内将他们三个有机结合而不降低竞争优势是不可能的。Laugen等通过一些案例及数据分析也得出形式化对突破性创新是有负面作用的。

但是如果这两种能力在企业中不能很好地结合并平衡关系，那么对于企业而言，可能会出现以下问题：采用开发战略的企业会发现企业可能会在一些几乎要被淘汰的技术领域发展得越来越好；而采用开创战略的企业会发现企业很难真正发掘企业发明的所有优势。开发与开创应该是两个相互联系的永远互补的依存关系，但是企业总是未能在这两个之间实现平衡。

只有极少数学者认为开发和开创战略可以在企业内部有效结合。很多学者也在努力寻求一种能结合这两种战略的组织与方法。Tushman等提出一种称为"Ambidextrous组织"的能够有效结合效率、创新、战术、战略和企业的规模的组织方法。Sutcliffe等对企业有效均衡开发战略与开创战略的方法进行了一些论述，他们提出一种能够使这两种战略相互作用、相互促进和提高效率的方法。Petersen等等通过一些案例分析，得出如果一个企业要从只有开发或开创的单一模式到开发与开创共存的多元的或二重的模式，需要增加使企业的团队能够操作新模式的能力。

三、持续创新体系的构建

持续创新并不是一个自动在企业产生的过程，而是需要员工的持续参与和不断地、主动地管理，并且能够一直积极保持创新动力的创新过程。持续创新要求企业能够不断对现有的问题进行洞察和学习，持续创新需要所有员工和管理者不断地发起创新。创新可能在企业的任何部门和不同的时间产生，持续创新能力是一种企业发展的潜在的持续动力。

对于持续改进的研究表明，一个成功的持续改进体系需要有明确的战略体系、潜在的支撑文化、可以实施的基础设施、一个支持的方法体系，以及将持续改进作为一种过程来管理。对于在持续改进基础上发展起来的持续创新的研究，也有一些理论体系的探讨，但是目前都不够完善。比如，Boer等提出在产品创新中实施持续创新的行为包括以下方面：产品家族战略、创新过程定义、组织一体化机制、人力资源管理制度、计划实施与控制、业绩的测评、方法和工具的设计以及以计算机为基础的相关技术。再如，Rodriguez认为，持续创新体系需要以下几个方面：领导者、员工、战略一致、创新的文化、快速创新以及对创新的测评等。在对现有的持续创新文献进行综述的基础上，持续创新体系可以有下几个方面：

1. 学习

在目前西方对于持续创新的文献中，很多学者都认为学习是建立持续创新的关键因素。持续创新要求企业不断学习和改进个体和群体获取知识、创造知识、扩散知识、巩固知识及应用知识的过程。Anders将与持续创新相关的学习分为生产性学习、适应性学习以及改进性学习，并将学习定义为产生、获得、解释、扩散、吸收、存贮、检索以及实践知识的过程。持续创新体系非常强调全体员工积极主动的参与性与建立学习型组织。Bessant 认为，增强持续创新能力不完全依靠科学的进步，而主要是依靠每位员工都具有发现与解决问题的能力且具有高度创造性的思维模式。对于企业员工的学习，不仅仅局限于包括与工作相关的企业流程，而且也应该包括与突破性创新相关的知识，以及一些其他的领域（比如产品、系统以及公司业务的其他方面）的知识。按照 CIMA 模型，企业持续创新学习能力包括以下几个部分，产生新的知识的能力、联盟学习的能力、知识在企业中传递和扩散的能力、知识在企业中保留的能力。

2. 战略

创建一个长期的持续创新体系，必须有明确的被公司上下广泛认知的战略。在企业管理中经常可以发现，企业的新产品计划并没有列入公司的战略。公司在制定战略时，应该将公司战略与企业创新战略联系起来，并且保持相互之间的一致性。

3. 员工参与

持续创新体系强调广泛的员工参与。新型的持续创新组织下的员工的关系可以描述为企业是员工发展的一个合作者，员工都能在工作中得到不断的学习与提高。每个员工不仅仅只是完成自己的工作，而且能够获得企业的所有的信息，并可能对企业的决策做出贡献。员工与企业的雇佣关系是一种弹性的雇佣关系，员工可以在不止一个组织中工作，而企业也鼓励员工在多组织中工作，这种组织可以是企业内部的组织也可以是企业外部的组织。持续创新组织下，员工与企业的关系表现为一种更加灵活的激励员工积极性的方式，在新型的方式下，企业尽可能地提供一些有意义的工作，而员工也是尽可能去做一些有意义的工作，而不是仅仅接受被安排的工作。持续创新需要企业不断激励所有的员工学习并且对员工提供学习的机会，不断向员工介绍新的理念并鼓励员工的创新，管理人员也应对员工的创新给予足够的支持并推动员工创新。

4. 领导者

研究表明，缺乏领导者的持续创新体系是很危险的，资源的有限性和技术标准的不确定性，使对于持续创新的战略领导相当重要。对持续创新领导者的要求不仅仅局限于管理方面，他要求持续创新的领导者具有以下综合能力：① 对产品发展的问题和相关任务的认知能力；② 对于现状和挑战的分析能力；③ 构建与所面临的挑战一致的备选战略的能力；④ 发展与所选择的战略一致的计划的能力；⑤ 实施计划的能力；⑥ 从过程中学习和产生新知识的能力。同时在与持续创新相关的研究中，领导者对待风险以及员工的态度在一些文献中被研究。一方面，公司的领导者应该有足够的对新风险的认识，如果员工创新失败，领导者应该不会因为员工的失败而影响到员工的未来。另一方面，在持续创新中，如果员工有创新的想法，不论是什么方面的创新，不论领导者是否感兴趣，都应该给予极大的重视。

5. 企业文化

持续创新需要相应的企业文化来支持。渐进性创新与突破性创新对于文化有不同的要求，渐进性创新要求企业将事情做得更好，重点是维持，而突破性创新文化要求企业做不同的事情，重点是开创。对于持续创新型的企业文化，要求企业能够同时兼顾这两种特点。在英国，DTI 研究计划的研究结果表明，对于企业持续创新能力，公司的规模、技术以及其他变量的重要性并不突出，然而人们之间的合作的重要性却表现得非常重要。一个成功持续创新体系，需要将持续创新变成员工日常工作的一部分。企业不应该对创新活动持怀疑和保守的观念，而应该不断培养一种尊重新思想、新改变的企业文化。

6. 组织

知识与其他竞争优势资源不同，主要属于企业的员工而不是属于一个组织。因此，对于对持续创新组织环境的培育实际上是营造一种氛围，在这种氛围下，企业的员工能够主动地消化、吸收、创造、转移、贡献、资本化和应用知识。有的学者提出持续创新的组织体系应包括平等的制度，有效的持续培训体系、沟通平台，灵活而且可以实施的方法（如问题组和建议计划）。Sutcliffe 等提出组织进化过程模型，即包括与开发、开创相关的单一（singular）、二元（binary）及双重（dual）三种组织模式。

7. 快速创新

快速创新是在开发新产品和服务中，不连续、不交叉、具有回路特征、能够减少进入新市场的时间的过程。快速创新包括以下四个步骤：新理念的产生、评估、开发以及商业化。在快速创新中，这四个步骤与传统的创新理论几乎没有区别。但是很重要的是，它们的执行不是线型的，而是具有回路特征的。很多对快速创新的研究表明，加速新产品和服务开发的快速创新的关键问题是简化沟通。一般而言，如果一个企业能将所有可能的信息持续反馈并且减少决策的时间，企业就能减少新产品进入市场的时间。

8. 测评

一般来讲对创新活动的监控与测评比较困难。对于持续创新的评价应该包括传统的财务评价、能力评价以及顾客价值的评价。同时，测评不仅包括对企业财务、运作上绩效测评，而且还包括一系列的对时间、质量、成本和效率上进行测评的方法；不仅需要了解企业新产品开发的周期，也需要了解关于新产品的赢利性、成本以及产品开发的能力；不仅需要明确对多少的项目予以支持，以及企业所能够支持研发的能力，也应该明确企业的每个员工对创新的贡献率及对企业赢利的贡献率等。

第八章 从世界科技革命案例看产业结构转型

案例一 云计算

云计算以资源聚合和虚拟化、应用服务和专业化、按需供给和灵便使用的服务模式，提供高效能、低成本、低功耗的计算与数据服务，支撑各类信息化的应用。云计算可以提供三类服务：软件即服务（SassS）、平台即服务（PaaS）和基础架构即服务（LaaS）。按照云服务的提供者和用户的关系可分为公共云、私有云及混合云。

目前云计算产业在全球市场尚处于初期。北美市场始终是应用公有云服务的最大的地区市场，中国市场也显示出较大的发展潜力。目前在全球TOP100的云计算企业中，美国占84家；亚马逊占全球LaaS市场的40%、微软占全球PaaS市场的64%。我国云计算的发展始于2008年，正好处于全球云计算兴起兴盛的阶段，我国牢牢把握住了行业发展的机遇期，因此也能够在市场格局未定的情况下实现诸多突破性成果。在当前云计算发展初期，实力雄厚的大型互联网，业都是最主要的云计算服务提供商，例如阿里巴巴、百度等，以及在信息通信方面占据绝对优势的大型供应商。

发展云计算产业对提升我国制造业、金融业、信息产业、农业等产业的科技水平都将起到积极作用。利用云计算平台，围绕优势特色产业，可以在科研、原料采购、资源调配、生产、销售、仓储、运输等环节实现信息集成，促进产业升级，提升产业核心竞争力。发展云计算将有助于推动我国信息基础设施建设和信息化进程，提升科技创新能力，助力绿色IT和节能减排，支撑中小企业信息化升级，保障国家经济平稳较快发展。

中国的人口基数决定了云计算在中国的巨大需求。在云计算的机遇面前，国内运营商与国外相比没有差距，并且在中国这个巨大的互联网市场上具备本土化优势。如果抓住机遇，实现技术突破，则有望实现超越，掌握主导权。为推动我国云计算发展，赶超发达国家，国家应加强云计算的宏观指导，将云计算纳入国家级战略规划；充分考虑云计算的需要，加强信息基础设施建设；采取多种措施，努力解决"云安全"的问题；加强国际交流与合作，探索制定国家标准。

一、概念及核心要素

云计算是互联网时代信息基础设施与应用服务模式的重要形态，是新一代信息技术集约化发展的必然趋势。它利用分布式计算和虚拟资源管理等技术，通过网络将分散的ICT（信息通信技术）资源（包括计算与存储、应用运行平台、软件等）集中起来形成共享的资源池，并以动态按需和可度量的方式向用户提供服务。用户可以使用各种形式的终端（如PC、平板电脑、智能手机甚至智能电视等）通过网络获取ICT资源服务。

二、国际国内发展现状

云计算产业正处于发展迅速的新阶段，未来几个发展趋势应引起我们关注。

1.云计算的发展

云计算的发展演变从1990年左右开始，经历了网格计算、公用计算、软件即服务（SaaS）几个阶段。云计算的发展也是并行计算（Parallel Computing）、分布式计算（Distributed Computing）和网格计算（Grid Computing）的发展，或者说是这些计算机科学概念的商业实现。

云计算共有三个发展阶段：准备阶段、起飞阶段、成熟阶段。准备阶段（2007～2013年），主要是技术储备和概念推广阶段，解决方案和商业模式尚在尝试中。在起飞阶段（2013～2020年），产业高速发展、产业生态环境建设和商业模式构建成为关键词，进入云计算产业的"黄金机遇期"，公有云、私有云、混合云建设齐头并进。在成熟阶段（2020年以后），云计算产业链、行业生态环境基本稳定；各厂商解决方案更加成熟稳定，并提供丰富的云服务产品。

2.云计算的应用与市场分析

云计算已经广泛应用于多个领域，如制造业、医疗行业、政府部门、教育行业、交通行业、金融行业和电信行业等。目前制造业开始建设一些云系统，使用更先进的信息化服务模式，以提高其竞争力，如中国航天二院的云制造平台、天津卓朗科技的数字化工程仿真云平台和宁波市云制造服务平台等。医疗卫生行业已经尝试推广应用云计算。云计算可以把分散于各自医院内部的大量医疗资源集中起来，建设信息化平台和医疗信息系统（HIS）、PACS等体系，以提高医院的服务水平与核心竞争力。政府部门利用云计算技术实现跨部门、跨区域的协同办公和数据资源的共享。高校科研院已经开始研究云计算技术并尝试应用，如北京工业大学用于科研的云计算平台。云计算在交通行业也已有应用，如 Google 地图服务，伦敦交通局与微软合作推出的移动应用开发平台等，但在国内交通行业的应用尚处于研究阶段。大型金融机构已经建立数据中心和灾备中心，并通过数据的大集中实现了信息和功能的跨区域共享，信息化程度相对较高，而中小金融机构面对云计算相对保守或信息化能力不足。电信行业把云计算作为未来数据业务的重点，推出了各自的云计算计划，如 2009 年，中国移动启动大云计划，中国联通启动"互联云"，2011 年中国电信启动星云计划。

作为信息技术领域发展的最新成果之一，云计算产业在全球市场尚处于发展初期，发展空间十分广阔。数据显示，2013 年全球公有云服务规模已达到 1 307 亿美元，较 2012 年增长 19%。

从服务内容来看云市场结构，云广告占据近半份额，成为最大的公共云细分市场。2013～2016 年，全球云服务支出总计达 6 770 亿美元，其中 3 100 亿美元都花在云广告服务上。云业务流程服务（BPaaS）是继云广告之后第二大的云服务细分市场，占到 2016 年云计算总支出的 27%。其后依次是云应用服务（SaaS）占 15%，云计算基础设施服务（IaaS）占 7%，云管理和云安全服务占 3%，云平台（PaaS）占 1%。

根据 Forrester 发布的调查报告显示，2020 年全球云计算市场规模将增至 2 410 亿美元，年复合增长率为 22% 左右。在云计算的三种服务模式中，SaaS 的市场规模占比是最大的，比例为 85% 左右，PaaS 的占比为 10% 左右，IaaS 的占比为 5%。越来越多的企业开始采用 SaaS，2011 年该市场规模达到 212 亿美元，2016 年达到了 928 亿美元，此时的 SaaS 市场就已经接近饱和。

从国家和地区发展格局来看，美国领跑全球云服务市场，欧洲、日本云计算受到挤压。2015 年全球云计算服务规模约为 900 亿美元，美国云服务市场规模约占全球 60%，远高于欧洲（24.7%）和日本（10%）等地区和国家。

Gartner 报告显示，从云计算兴起至今，北美市场始终是应用公有云服务最大的地区；西欧市场的公共云普及率将继续保持第二的排名，公共云在所有云计算支出占到 24% 的比例。

随着云计算的发展，全球云计算市场的势力地图必将会重新划分。2009 年，美国云计算市场占全球市场的 60%，而到 2016 年这个比例减小到了 50% 以下，西欧各国云计算市场份额比例超过了 29%。在亚太区，日本、新加坡、中国香港正在竞争亚太区云计算中心的地位。日本将从完善基础设施建设、改善制度、鼓励创新三方面推进云计算发展，培育新市场，使其 2020 年前累计规模超过 40 万亿日元（约 3 万亿元人民币）。未来几年印度的云计算市场也将迎来一个快速发展期，尤其是作为云计算重要组成部分的 SaaS，预测到 2015 年，印度 SaaS 应用总收入将突破 6.5 亿美元。中国市场也显示出较大的发展潜力。在用户群体方面，金融服务组织仍是公有云服务的最大用户，而在2015年，高技术产业、制造业、金融业以及公共服务业也已经成了采用云服务的核心企业。

从企业竞争格局看，目前在全球TOP100的云计算企业中，美国占84家，欧、日等地区和国家的发展空间受到美国企业的挤压，在全球TOP100的云计算企业中，欧洲只有9家，日本无一家企业上榜。云计算世界已分化两大阵营，形成了两大垄断集团：第一大垄断集团是亚马逊和谷歌，第二大垄断集团是EMC和VMware。除此以外，SAP、甲骨文、苹果、IBM、戴尔、微软等都在积极推广云计算服务。其中，亚马逊占全球IaaS市场的40%、微软占全球PaaS市场的64%；Salesforce占全球SaaS市场的21%。

2008年至今，我国云计算市场规模一直保持飞速增长，年平均增长61%，2015年市场规模已达到752.37亿元。从内部结构看，我国公共云服务市场仍处于低总量、高增长的产业初期阶段。据估计，2016年我国公共云服务市场规模约为47.6亿人民币，增速较2015年有所放缓，但仍达到36%，远高于全球平均水平。2016年，我国的IaaS市场规模约为10.5亿元，增速达到了105%，显示出旺盛的生机。我国PaaS市场在众多互联网巨头的介入和推动下得到了迅速发展，2016年市场规模增长近20%，但由于目前国内PaaS服务仍处于吸引开发者和产业生态培育的阶段，整体市场规模并不大。

阿里巴巴和百度等大型互联网企业，以及在信息通讯方面占据绝对优势的大型供应商（如华为、中国电信、中国联通、中国移动等）都是最主要的云计算服务提供商。其业务形式以"IaaS+PaaS"形式的开放平台服务为主，其中IaaS服务相对较为成熟，PaaS服务初具雏形。

三、对产业的影响

云计算技术正不断打破既有技术锁定和传统垄断体系，推动着产业链和产业力量的分化重组，催生新兴产业体系，为重塑产业格局带来新的重大机遇。

云计算产业的发展对制造业、金融业、信息产业、农业等起到很好的提升和支持作用，同时将为发展高新技术产业提供强大的支持，对改造提升传统产业提供科研创新的平台。利用云计算平台，围绕优势特色产业，可以在科研、原料采购、资源调配、生产、销售、仓储、运输等环节实现信息集成，促进产业升级，提升产业核心竞争力。

1. 云信息：云计算对信息产业的影响

信息产业是指计算机和通信设备行业为主体的IT产业，是云计算诞生的大环境，也是受影响最深的产业。

云计算构建更大规模的信息产业生态系统。云计算在信息产业具有极大的产业带动力量，包括从芯片、服务器、网络设备、存储等硬件设备，到平台软件、中间件、应用软件、信息安全厂商，到服务运营和外包服务商，以及政府、企业、个人用户，都将成为大规模生态系统的一员。在云计算的驱动下，新的业态和新的商业模式将层出不穷，各种融合式创新将不断涌现，从而推动信息产业整体产值的大幅提升。

云计算促进电信运营和服务的转型升级。伴随数据量和带宽增加以及移动互联的发展，要求电信运营商走向云计算，否则其运营效率和模式都不具长期竞争力。中国电信、中国移动、中国联通等传统电信企业通过对不同国内行业用户需求分析与云产品服务研发、实施，打造自主品牌的云服务体系。此外，通过云计算构建新兴商业模式的基础资源平台，提供公用IT服务，提升传统电信经济的效率，将加速电信运营商平台化趋势与产业链的整合趋势，并在应用层面推动云计算的落地。电信企业从提供的各类付费性云服务产品中得到大量收入，实现电信企业利润增长。

2.云医疗：云计算对医疗健康的影响

云医疗（Cloud Medical Treatment，简称CMT）是指在云计算、物联网、3G通信以及多媒体等新技术基础上，结合医疗技术，旨在提高医疗水平和效率、降低医疗开支，实现医疗资源共享，扩大医疗范围，以满足广大人民群众日益提升的健康需求的一项全新的医疗服务。云医疗包括云医疗健康信息平台、云医疗远程诊断及会诊系统、云医疗远程监护系统以及云医疗教育系统等。

（1）云计算可以促进医疗信息的资源共享。云计算加快了医疗信息资源的建设，实现了信息资源共享，提高了整个医疗机构服务水平，也降低了医疗行业信息系统建设成本。通过推动医疗卫生服务和管理机构之间的标准建设，数据共享，信息整合，有效规划信息系统建设和整合，提高医疗卫生机构的医疗质量和服务能力，运营管理效率，实现以患者为中心的医疗信息化系统建设。

（2）促进医疗信息系统提升服务水平。在医院数字化建设中，医院以医疗业务为核心，整个诊疗过程都是以病人为中心，病人医疗信息能够在各科室实现共享，深层次利用病人信息，进行数据挖掘、分析和利用。全面整合医院内的管理信息、患者的诊断及治疗、费用信息及经营管理，实现医院各项业务数字化运作和智能化管理。并与医院外部的信息系统进行数据交换和信息共享，全方位提升医院的服务水平。

（3）电子病历和健康档案创新服务模式。云计算可以将电子病历、预约挂号、电子处方、电子医嘱以及医疗影像文档、临床检验信息文档等整合起来，建立一个完整的数字化电子健康档案系统，并将健康档案通过云端存储便于作为今后医疗的诊断依据以及其他远程医疗、医疗教育信息的来源等。基于云计算的电子病历和健康档案共享将为医院和病人节约大量时间，提高医疗运作效率。它大大改善了现有信息资源孤立的状况，有利于形成医疗信息大联合的景象，从而将整个社会的医疗资源和各种医疗服务，如医院、专家、远程服务、社会保险、医疗保险、社区医疗、药品供应厂商、数字医疗设备供应商等通过"云"连接在一起，以实现全面整合医疗信息资源，提升整体医疗水平和效率的目标。

（4）通过远程医疗云平台扩大服务范围。云计算技术下的远程医疗大大扩展了有限医疗资源的服务范围，提高了医疗资源的使用效率。大型医院运用数字化医疗设备、计算机网络平台和各类应用软件系统对医疗服务和管理信息进行收集、整理、统计、分析和反馈。基层卫生机构运用云计算，通过数据、文字、语音和图像资料的远距离传送，实现专家与病人、专家与医务人员之间异地"面对面"的会诊。针对边远地区和社区门诊，通过云计算技术远程诊断及会诊系统，在医学专家和病人之间建立起全新的联系，使病人在原地、原医院即可接受远地专家的会诊，并在其指导下进行治疗和护理，可以节约医生和病人大量时间和金钱。

远程医疗云平台也可用于医疗教育系统中。在以云计算技术为基础的医疗健康信息平台基础上，以现实统计数据为依据，结合各地疑难急重症患者进行远程、异地、实时、动态电视直播会诊以及进行大型国际会议全程转播，并组织国内外专题讲座、学术交流和手术观摩等手段，可极大地促进我国医疗事业的发展。

3.云教育：云计算对教育领域的影响

云教育是云计算技术在教育领域的迁移，是未来教育信息化的基础架构，包含了教育信息化所需的一切软硬件计算资源，这些计算资源虚拟化之后，向教育机构、教育从业人员和学生提供以计算资源为形式的服务。

（1）云计算促进教育公平发展。云计算使教育信息资源的共建、共享更为便捷，大大促进了教育的公平性。目前我国各级教育行政机构、学校和教育企业已经建设了大量的教育信息资源，并且在建设更多的教育信息资源。由于可以将教育信息资源存储在云上，这样使教育信息资源的共享将更为方便与快捷。各个教育机构或信息资源建设人员也可以利用云计算所提供的强大的协同工作能力，实现教育信息资源的共建。受教育者不再局限于学校的学生，只要以低成本获取接入资格，就都可以公平地享用教育资源。教育的公平和普及将有利于全民素质的提高。

（2）云计算降低教育信息化成本。教育云计算能够节约学校等教育机构在计算机、网络交换、教学软件等软硬件设备上的购买和维护成本，从而降低教育信息化的成本。目前，各级大中小学都配备着大量的计算机和网络设备，为了满足越来越多的计算需求，学校不得不经常购买更新计算机和网络设备。云计算固有的特点使其比其他新技术更容易进入学校。

如果使用云计算服务，绝大部分计算任务就可交给云端（分布式计算机服务器）

来完成，学校只需让电脑接入互联网即可。云计算能把分布在大量的分布式计算机上的内存、存储和计算能力集中起来成为一个虚拟的资源池，并通过网络为用户提供实用计算（Utility Computing）服务。云计算对用户端的设备要求很低——这一特点决定了云计算将会在学校大受欢迎，可以为学校节约大量的计算机、网络交换等硬件设备的购买和维护成本。Google APP 提供的教育套件也能大大降低软件购置和更新成本。

（3）云平台变革教学活动方式。利用云计算平台，实现网络教学、移动教学、自主学习，通过资源汇总形成云端资源池，让传统的"填鸭式"教学转变为一个自由而宽松的"自我为主"的开放式教育方式。学生可以根据自己的需要，在自己的学习终端上选择不同的课程组合、主讲老师，并及时获得老师帮助、与同学分享，完全自主掌控学习节奏，有针对性地"查漏补缺"，形成个性化"定制教育"。

此外，一些教育云计算项目中提供的云共享功能使得学习进度随时上传到云终端，这样，学生在任何时刻任何地方，都可以利用台式电脑、笔记本电脑或是手机等终端接入系统，从而继续学习进度。

（4）云计算提高教育管理效率。云计算以其通用性、高可靠性、共享、公用的特点，可以将不同平台、不同后台数据库的管理系统有机地整合在一起，招生管理、注册管理、学位管理、校友管理、教师管理、学籍管理、教务管理、培养管理、就业管理、公寓管理等各管理系统的数据，可以按需求便捷提取到决策支持系统，进行数据汇总、分析和统计，依据科学的统计分析，做最正确的决策，使各管理部门实现精细化管理、精准化管理，显著提高教育管理效率。

4.云安全：云计算对信息安全业的影响

云安全是中国首创的云计算应用范畴，在国际云计算领域独树一帜，在反病毒领域得到广泛运用。云计算发展的最大风险即在于安全和隐私问题，云安全可以说是决定云计算未来发展水平的关键因素之一。

云安全的原理是通过网状的大量客户端对网络中软件行为的异常监测，获取互联网中木马、恶意程序的最新信息，推送到服务端进行自动分析和处理，再把病毒和木马的解决方案分发到每一个客户端，使得整个互联网变成了一个超级大的杀毒软件。

云计算改变了传统信息安全提供商的服务模式。云计算扩展了传统信息安全提供商的服务领域，对其业务能力提出了更高的要求；同时，对于传统的反病毒、入侵检测和防御厂商而言，他们利用云计算平台，获得共享的病毒库，减少了每台机器上的资源占用，也大大提升了服务能力和水平。

云计算的发展还推动了认证安全业发展，诞生了信息安全领域的新业态。在各国为政府采购云服务所建立的制度体系环境中，第三方评估和认证成为保障云服务质量和安全性的必要手段。目前美国、德国、日本、韩国等多个国家的第三方组织已开展了云计算评测活动,并推动传统的软件评测认知业务的转型提升发展。

5. 云制造:云计算对制造业的影响

云计算对制造业的影响主要表现在创新了制造业的运营模式,诞生出"云制造"。云制造借鉴了云计算的"服务为中心"精神,提出"制造即服务",不直接出售标准产品,而是将"制造能力"作为商品出售,提供更多个性化定制产品。云制造将制造业资源进行虚拟化、优化调度并协同互联,这些制造资源包括制造全生命周期活动中的各类制造设备(如机床、加工中心、计算设备)及制造过程中的各种模型、数据、软件、领域知识等。

云制造是希望采取包括云计算在内的当代信息技术前沿理念,支持制造业在广泛的网络资源环境下,为产品提供高附加值、低成本和全球化制造的服务。

在企业层面上,采用云制造模式的企业能够通过购买服务的方式,降低设计与制造成本,大幅缩短企业产品升级换代周期、提高产品性能、提升企业信息化能力、大幅提升工业企业的自主创新效率,并推动企业核心竞争优势的提升。

云制造模式尤其适合专业化中小企业的发展。基于互联网的云制造服务平台支持制造外包,可实现制造资源和制造能力的网上交易,帮助专业化的加工制造企业赢得更多商业机会,促进中小型制造企业优胜劣汰,实现企业的合理分工与高效协作。

在产业整合层面上,云制造能将个性化的工厂、小设备公司结合起来,形成一个制造个性化产品的产业链条,完成只有大公司才能完成的制造实践,充分利用分工提升社会生产力。

对于消费者和整个社会来说,将获得种类更加丰富、更符合消费者需求的制造品,提升消费体验,促进制造业实现质的飞跃。

6. 云金融:云计算对金融业的影响

云金融是指基于云计算商业模式应用的金融产品、信息、服务、用户、各类机构以及金融云服务平台的总称。云平台有利于提高金融机构迅速发现并解决问题的能力,提升整体工作效率,改善流程,降低运营成本。从技术上讲,云金融就是利用云计算机系统模型,将金融机构的数据中心与客户端分散到云里,从而达到提高自身系统运算能力、数据处理能力,改善客户体验评价,降低运营成本的目的。

(1)云金融信息处理系统的构建降低了金融机构的运营成本,避免造成大量IT资源的重复建设。云计算的最大优势就是利用并行计算、分布式计算和网格计算节约了软硬件资源,共享的基础设施和数据信息大大降低了金融机构各自建立信息处理系统的物力成本和费用,提高了线上(虚拟化)的业务收入,实现效益最大化。

(2)不同类型的金融机构分享金融全网信息,降低了金融风险。金融机构构建云化的金融信息共享、处理及分析系统,可以使其扩展、推广到多种金融服务领域。

诸如证券、保险及信托公司均可以作为云金融信息处理系统的组成部分，在全金融系统内分享各自的信息资源。通过分析全网信息，金融机构能够更准确地挖掘隐蔽的经济趋势，提前预警并防范，一定程度上可以降低系统性金融风险的发生概率；金融机构也可以利用云端信息分析个别客户的信用情况，降低业务风险。

（3）云计算时代的金融业诞生了新产品、新业务。基于云计算技术，金融业也再次发挥创造性，迎合市场需求，出现了例如云保险、一站式财富管理等新兴业态。

云计算在金融行业中的首要问题就是如何保障信息的安全可靠，包括避免数据信息泄漏、非法使用、丢失以及保证信息的真实可靠等。这种对信息安全的担忧促进了云保险业的诞生，即保险公司对于云服务提供商可能发生的服务失败做出经济赔偿的承诺。

此外，基于云服务平台，金融机构可以将不同地理位置的服务器、风险控制中心、客服中心等部分联结起来，共同组成该金融机构的产品服务体系，为不同地理位置的不同客户提供同样细致周到的产品体验。在这种模式下，客户不再需要去往特定的营业部或柜台办理特定手续，从而有效解决了金融机构饱受诟病的用户服务体验问题，改善吸引、留住和服务客户的方式，并扩大其服务的市场，提升了金融机构的形象。

7. 云农业：云计算对农业领域的影响

通过云计算等基础设施建设，对农业生产的各种要素进行数字化设计、智能化控制、精准化运行、科学化管理，实现云服务与农业发展紧密结合，从而推动农业信息化的建设，引发了传统农业的转型升级，诞生出了"云农业"。

云农业是指以云计算商业模式应用与技术（虚拟化、分布式存储和计算）为支撑，统一描述、部署异构分散的大规模农业信息服务，满足千万级农业用户数以十万计的并发请求，满足大规模农业信息服务对计算、存储的可靠性、扩展性要求。

在农业生产中，信息化平台使农业数据更加精确、全面、即时，而通过云计算进行的数据挖掘可以有效帮助管理者做出决策。云计算与农业的结合使得农民或农业管理者能够按需部署或定制所需的农业信息服务，实现了多途径、广覆盖、低成本、个性化的农业知识普惠服务，帮助农民增产、增收；同时农业生产中通过软硬件资源的聚合和动态分配，实现资源最优化和效益最大化，降低了服务的初期投入与运营成本。

农民在生活中可以借助云平台信息传播媒体，设计并提供针对农村、农业、农民特点和使用习惯的软件与服务，以提高农民生活素质。

8. 云政务：云计算对电子政务的影响

云政务是云计算在政府中的应用，可提供对海量数据存储、分享、挖掘、搜索、分析和服务的能力，使得数据能够作为政府的无形资产参与到统一有效管理中。通过对数据集成和融合技术，打破政府部门间的数据堡垒，实现部门间的信息共享和业务协同。通过对数据的分析处理，将数据以更清晰直观的方式展现给领导，为领导更好的决策提供数据支持。

（1）云计算中心将为政务应用提供硬件保障。在传统电子政务建设模式，省市政府各部门一般自行建设机房，导致大量硬件设备的利用率不高，各部门累计的运行维护费高居不下。通过建立统一的云计算中心，根据各部门业务量统一采购服务器、交换机等硬件设备，统一进行运行维护，可以大大提高硬件设备的利用率，减少机房工作人员数量，降低硬件设备的运行维护成本，并便于管理。

政府云计算中心的设立除了降低硬件设施成本、提高运作效率外，由分散向集中的转变使得政务应用得到了更专业化的硬件保障，避免了经常受到个别操作失误、个别机房故障的影响。

（2）云服务平台将充分整合政务服务资源。传统电子政务模式下，政府部门各自为政，电子政务系统分散建设、分散管理、分散运维，暴露出很多问题，如重复建设、信息孤岛、高投入低效益等。采用基于云计算技术的电子政务模式，统一采购软硬件设备，对政府信息系统进行统一管理、统一运维，对各地方、各部门的政务信息汇总管理，不但可以减少政府财政投入，而且便于信息资源整合，发挥电子政务的整体效益。

（3）云交换平台将实现政府部门间业务协同。经过"金字工程"等电子政务重大工程的建设，垂直管理部门的纵向电子政务已经达到比较高的水平。但国务院、各省市政府的横向电子政务比较滞后。云计算技术的发展给政府信息资源横向整合带来了契机。例如，建设基于云计算技术的大OA系统，使之具有网上办公、信息发布、行政审批、电子监察、信息归档等功能，各部门可以定制自己的业务流程，并实现跨部门业务流程在各部门的对接，就可以实现政府部门之间的信息共享和业务协同。

四、中国面临的机遇与挑战

国内企业的云计算发展水平较国外企业差距并不大，目前已经在千万亿次高效能计算机、高端容错计算机、网络计算平台软件技术、PB级海量存储系统与数据处理技术等方面积累了一批技术成果；大型互联网企业开发了云主机、云存储、开放数据库等基础信息资源服务等；电信和IT设备制造在云计算专用服务器、存储设备、企业私有云解决方案的技术研发上具备了一定实力，专用服务器产品已经开始进入国际市场；IDC企业依托自己的数据中心开始提供弹性计算、存储于网络资源等服务；软件厂商逐渐转向云计算领域。

云计算产业格局在国际上尚未定型，技术体系和标准有待成熟，对中国而言存在发展窗口期，况且我国已经具备一定的产业基础，云计算的技术特点和开源化趋势也为我国企业提供了掌握核心技术、实现局部突破的良好契机。

1. 我国发展云计算的机遇

（1）经济社会发展需求为云计算发展提供了难得的历史机遇。中国的人口基数决定了云计算在中国的巨大需求。推进经济社会各领域的信息化，需要利用信息和网络技术优化服务业态、创新服务模式和改善社会公共服务，这对云计算服务带来巨大的潜在需求。中国云计算服务市场规模近年来正以每年50%的速度增长，到2015年末时，已达到136.69亿美元。

（2）云计算领域的技术尚未成熟，对我国而言存在窗口期。云计算的概念提出时间不长，云计算产业格局在国际上尚未定型，技术体系和标准有待成熟，未来还有很大的发展空间。对中国而言存在发展窗口期。况且我国已经具备一定的产业基础，云计算的技术特点和开源化趋势也为我国企业提供了掌握核心技术、实现局部突破的良好契机。

（3）我国在云计算领域与国外基本处于同一起跑线，有机会实现超越发展。业内专家认为，在云计算的机遇面前，国内运营商与国外相比没有差距，并且在中国这个巨大的互联网市场上具备本土化优势。传统巨头的技术优势在云计算时代将构不成优势。云计算在国内乃至整个互联网的发展需要的不是一两家厂商的努力，而是整个产业共同推动。我国在云计算方面的自主知识产权与核心技术方面与外国相比基本上处于同一起跑线，如果抓住机遇，实现技术突破，则有望实现超越，掌握主导权。

2. 我国云计算发展面临的挑战

（1）云计算的相关标准尚未建立，用户对云计算缺乏信任。在云计算发展初期，用户对云服务抱有不信任态度是正常现象，在IDC全球调查中，对云计算安全、性能、可靠性等抱有怀疑态度的用户占70%以上。在2015年工信部电信研究院的调研中，我国用户同样对云服务的稳定性、安全性抱有很大的担心，在用户选择云服务商的时候，首要考虑的三个因素为稳定性、安全性和网络质量。由于我国云计算的标准规范等相关配套制度尚未建立，导致用户在选择云服务时产生顾虑和担忧，在重点行业领域的应用和推广仍面临很多的障碍。国内IT采购仍以硬件为主，而国际上以服务采购为主，硬件采购低于30%，这也阻碍了云计算的发展。

（2）云计算的基础设施还不能完全满足云计算发展的需要。我国互联网在网速方面仍然比较落后，数据的长途传输引起的时间延迟较长，难以满足云计算发展的要求。同时，云计算需要数据资源、软硬件资源更多地部署在网络中，其核心环节就是稳定的互联网数据中心（IDC），并以此承载若干的应用服务平台。我国许多科技园区或大企业拥有自己的数据中心，但是这些传统的数据中心分布比较分散，存在高能耗、高成本、低效率等问题，无法满足云计算发展的需要。少数企业数据中心规模较大，还需进一步整合，更多现有的数据中心还达不到提供云服务的要求。

（3）信息安全和隐私保护问题仍是制约云计算发展的关键因素。云计算在安全方面的弱点是制约云计算应用和发展的一个重要问题。"云安全"包括两个层面：一是用户层面担心的数据安全问题，包括由于系统不可靠造成的数据丢失，以及可能被对手或黑客攻击并窃取隐私或商业秘密。用户将数据存放在"云"中，并不能确保100%的安全，会面临黑客攻击、信息窃取等安全威胁。二是国家层面的安全问题。由于公有云计算环境由外部供应商提供并与他人共享，这就有可能导致有关国家经济、军事、政府部门的敏感数据以及科研成果失窃，从而威胁到国家的经济和社会安全。

五、应对策略

1. 加强云计算的宏观指导，纳入国家级战略规划

加强战略引导，统筹我国云计算发展总体部署和宏观管理，将云计算纳入国家级战略发展规划，统筹云计算基础设施规划。发挥部门和地方的积极性，形成多层次、多渠道加强云计算科技工作的格局，推进地方云计算科技工作与国家云计算科技工作的有机衔接，统筹部署云计算基础技术研发、产业化及在关键领域的应用。加大对云计算相关技术研发的扶持力度，建立企业、科研院所和高等院校产学研相结合的云计算产业创新联盟，加强关键、共性技术的联合攻关，形成产业技术创新链。充分发挥政府投资的引导和撬动作用，进一步拓宽云计算产业投融资渠道。鼓励科技型中小企业技术创新基金中心重点支持相关技术研发及应用，鼓励中小企业通过中小企业板、创业板上市发展。

2. 充分考虑云计算的需要，加强信息基础设施建设

在信息基础的规划和建设过程中，要充分考虑云计算发展的需求，避免基础设施成为云计算应用的瓶颈。首先，应提高互联网的速度和可靠性。要进一步评估云计算发展带来的网络带宽和可靠性要求，力求布局网络基础设施建设时以满足云计算应用需求为标准。其次，在基础设施建设规划中，应统筹考虑大规模数据中心的建设和布局，为云计算市场增长提供有力保障。在市场准入方面，应考虑对有条件的云计算服务商发放全国性数据中心牌照，同时注意区域布局问题，避免不必要的重复建设。

3. 采取多种措施，努力解决"云安全"的问题

云计算的优点远大于风险，如果精心策划、认真实施，风险是可以缓解的。首先，要大力扶持自主知识产权云计算的发展，防止核心技术被外国企业控制。加强

对相关技术的研发,增强云计算的安全性;其次,要研究和制定云计算安全法律法规,明确各方责任。应以法律形式明确云服务提供商与用户之间的责任和义务,并以此法规为指导确定云服务的合同范本。用户与服务商之间需要签订协议,具体规定一些详细的责任条款及承担的后果。最后,要做好对云计算服务提供商提供云计算服务水平、保护用户权益的能力进行审查,做好事前、事中、事后的全过程管理。建立云计算安全审计制度,定期对云服务提供商进行以安全为主要内容的全面评估。

4.加强国际交流与合作,探索制定国家标准

目前,以跨国公司为主导的国际组织已经开始成立相关机构,并在有关国家成立分支机构,积极倡导和参与云计算国际标准的制定。在这种形势下,应由国内社会团体出面,积极开展云计算国际标准研讨交流活动,争取获得同国际云计算机构对等交流的资格。鼓励国内企业或者机构尽快加入云计算国际组织,成为组织成员,并在我国成立分支机构,直接参与国际标准的制定工作。同时,应该在接受国际先进技术标准的同时,大力提倡自主知识产权标准的制定,并将知识产权政策、产业研发政策和标准化政策协调起来,逐步建立云计算的国家标准体系。政府部门在制定标准时,应该使标准的制定程序和过程更加公开透明,积极鼓励国内龙头企业参与国家标准的制定工作。

案例二 物联网

为实现物物相连,物联网有四项关键性技术:射频识别技术(RF1D)、传感器技术、嵌入式系统和微机电系统。从技术架构上来看,物联网包含感知层、网络层和应用层三个层面。

物联网从1991年提出至今,欧美日韩等国均提出了智慧社会的计划,并大力发展物联网相关技术。我国在技术领域并不落后于先进国家,2009年温家宝总理提出了"感知中国"的讲话,物联网成为我国战略新兴产业之一。2015年,我国物联网市场规模实现4 896亿元。预计到2020年,我国物联网市场规模将超7 500亿元,年复合增长率超过30%。

物联网从方方面面影响着我国人民生活。在产业发展领域,物联网首先影响直接相关的物联网感知制造业和信息通信产业。在应用服务领域,物联网可以实现电力业安全、经济,能及时发现故障快速控制损失;对交通运输业,物联网实现智能交通,并可影响物流运输,实现货物的实时信息分享;对医疗产业,物联网有助于医疗物资的监督管理,实现了医疗信息的数字化,并且使远程医疗变成可能;对制

造业，物联网可以实现传统制造业的智能监控、智能管理和智能物流，还可以带动新型制造业的发展；对农业，物联网改变生产模式，实现科学种植、精确控制、高效生产和绿色农业等；对零售业，物联网帮助企业实现产品的质量监管、销售分析、消费者偏好分析、库存优化等。在经济社会领域，物联网是信息化与工业化"两化融合"的切入点，逐渐转变着经济发展方式。同时物联网促进了智慧城市的建立，帮助管理者更好地管理城市。

在我国，物联网发展的优势在于市场潜力巨大，拥有通信网络优势，国家重视物联网产业发展，我国又是物联网标准化主导国，在物联网领域与国外基本处于同一起跑线，有机会实现超越发展。而劣势在于目前我国缺乏物联网关键技术、研发投入强度不足、知识产权的法律保护不足，信息安全和个人隐私问题亟待解决，缺乏国家层面统筹规划等。

针对物联网的发展情况，我国应加大研发投资，突破核心和关键技术，加快物联网标准的制定，加强政策引导、充分发挥典型物联网应用的示范作用，完善与物联网安全相关的法律法规建设，加强知识产权建设和隐私保护等，加强国家层面各部门之间以及国际之间的互联与合作。

一、概念及核心要素

物联网（The Internet of Things），即物物相连，是新一代信息技术的重要组成部分。国际电信联盟（ITU）对物联网做了如下定义：通过二维码识读设备、射频识别（RFID）装置、红外感应器、全球定位系统和激光扫描器等信息传感设备，按约定的协议，把任何物品与互联网相连接，进行信息交换和通信，以实现智能化识别、定位、跟踪、监控和管理的一种网络。

根据国际电信联盟（ITU）的定义，物联网可以解决物品与物品（Thing to Thing，T2T）、人与物品（Human to Thing，H2T）、人与人（Human to Human，H2H）之间的互联。物联网可以说是物物相连的互联网，但物联网与传统的互联网不同的是，它不仅可以解决传统互联网所强调的人与人的信息沟通问题，它还可以通过人与物品、物品与物品的互联，解决信息化的职能管理和控制问题。举个简单的例子来说，当我们携带智能手机驾车时，物联网就发挥着重要作用。智能手机可以把我们的位置发送到谷歌，与此同时，谷歌通过用户发过来的信息汇总生成实时的路面交通信息，提供给所有驾车的人查询，这样的网络平台就是物联网的一种。简而言之，物联网可以被理解成一个基于互联网、传统通信网等信息载体，让所有能够被独立寻址的普通物理对象实现互联互通的网络。

在构成物联网的技术中，有三项关键性技术，分别是传感器技术、射频识别技术（RFID）和嵌入式系统技术。

传感器技术是主要是利用传感器（Transducer/Sensor），感受到被测量的信息，并能将感受到的信息，按一定规律变换成为电信号或其他所需形式的信息输出，以满足信息的传输、处理、存储、显示、记录和控制的需求。

射频识别技术（RFID）是非常重要也是应用最广泛的。它又称无线射频识别，是一种通信技术，可以通过无限电信号识别特定目标并读写相关数据，而无须识别系统与特定目标之间建立机械或光学接触。它已经在包括射频门禁、电子溯源、食品溯源和产品防伪等多个领域进行了实际应用，并在物联网的大环境下对产业发展发挥着重要作用。

嵌入式系统技术是综合了计算机软硬件、传感器技术、集成电路技术、电子应用技术为一体的复杂技术。经过几十年的演变，以嵌入式系统为特征的智能终端产品随处可见：小到人们身边的 MP3，大到航天航空的卫星系统。嵌入式系统正在改变着人们的生活，推动着工业生产以及国防工业的发展。如果把物联网用人体做一个简单比喻，传感器相当于人的眼睛、鼻子、皮肤等感官，网络就是神经系统用来传递信息，嵌入式系统则是人的大脑，在接收到信息后要进行分类处理。

从技术架构上来看，物联网包含感知层、网络层和应用层三个层面。感知层指的是通过二维码、RFID、传感器等装置，对物品进行监测的层面。它的作用相当于人的眼耳鼻喉和皮肤等神经末梢，它是物联网识别物体，采集信息的来源，其主要功能是识别物体，采集信息。网络层由各种私有网络、互联网、有线和无线通信网、网络管理系统和云计算平台等组成，相当于人的神经中枢和大脑，负责传递和处理感知层获取的信息。应用层是物联网和用户（包括人、组织和其他系统）的接口，它与行业需求结合，实现物联网的智能应用。

二、国际国内发展现状

1. 国际发展状况

2010 年，美国权威咨询机构弗雷斯特研究公司（Forrester Research）预测：十年后，物联网市场将是人与人的市场的 30 倍。麦肯锡全球研究院在《12 种改变未来的颠覆性技术》报告中指出，物联网在 2025 年之前能够给全球经济带来每年最多 6.2 万亿美元的经济效益。物联网的市场规模自 2007 年起每年都保持 10% 以上的增长速率，并且这个增长速率有逐渐加快的趋势，到 2015 年全球的物联网市场规模达到了 3 300 亿美元，2016 为 4 320 亿美元。

目前，全球已形成了发展物联网的共识，其他国家或地区物联网的发展，诸如新加坡、俄罗斯、澳大利亚、马来西亚等国家也在加快推进下一代网络基础设施的建设，以加强部署物联网经济发展战略。巴西、英国、德国、印度、中国、韩国、马来西亚、俄罗斯、美国、法国和日本等国家全部参与了全球 RFID 运作及标准化协调支持行动，旨在建立 RFID 和物联网相连接的标准化平台，并研究实施研发和应用的构想。

美国作为物联网技术研究与应用的主导和先行国之一，无论基础设施、技术水平还是产业链发展程度，都走在世界各国的前列。美国国家情报委员会将物联网列为 2025 年对美国利益潜在影响的六种关键技术之一。其中的传感网技术，被美国国防部确定为五大国防建设领域之一；美国《技术评论》将传感网络技术看作未来改变人们生活的十大技术之首；美国自然科学基金委员会制定了传感器网络研究计划，投资 3 000 万美元用来支持相关基础理论的研究。

物联网从最初基于 EPC 系统的"物联网"研发，到"智慧地球"全面推动，其发展一直如火如荼。美国的"智慧地球"战略推动着物联网应用领域的发展，其中包括城市安全与管理、公共管理与政务、智能交通与消防、工业生产与监测、个人健康与护理、食品追溯与检测等多个方面。

欧盟于 2009 年系统地提出了物联网战略研究的关键技术和路径。欧盟同时建立 RFID 与物联网模型，力推物联网在航空航天、汽车、医疗、能源等 18 个主要领域应用，明确 12 项关键技术，以确保欧洲在构建物联网过程中起主导作用。2010 年，欧洲数字计划作为"欧盟 2020 战略"七项旗舰行动的第一项行动，希望利用 ICT 帮助实现欧盟 2020 战略目标。

日本总务省 2004 年提出 U-Japan 计划，力求实现人与人、物与物、人与物之间的连接，希望将日本建设成一个随时、随地、任何物体、任何人均可连接的泛在网络社会。2009 年，日本出台"ICT 新政"，公布了新一代的国家信息化发展战略"U-Japan 战略 2015"。通过一系列的物联网战略部署，日本针对国内特点，有重点地发展了城市交通、卫生医疗、智能家居、环境监测、灾害防护、移动支付等物联网业务。

韩国在 2006 年也确立了相似的 U-Korea 计划，旨在建立无所不在的社会，在民众的生活环境里建设智能型网络和各种新型应用，让居民可以随时随地享有科技智慧服务。为成为 RFID 和传感网行业世界前三强，2010 年韩国又陆续出台了推动 RFID 发展的数项相关政策。

2. 国内发展状况

我国物联网发展与全球同处于起步阶段，初步具备了一定的技术、产业和应用基础，呈现出良好的发展态势。其中，在芯片、通信协议、网络管理、协同处理、智能计算等领域，我国已取得许多成果。在传感器网络接口、标识、安全、传感器网络与通信网融合、物联网体系架构等方面相关技术标准的研究取得进展，成为国际标准化组织（ISO）传感器网络标准工作组（WG7）的主导国之一。

目前，我国物联网应用市场快速增长，产业发展步入黄金期。2015年，我国物联网市场规模实现7 896亿元。据预测，到2020年，我国物联网整体市场规模将超过12 000亿元，年复合增长率超过30%。

物联网技术在安防、电力、交通、物流、医疗、环保等领域已经得到应用，且应用模式正日趋成熟。在安防领域，视频监控、周界防入侵等应用已取得良好效果；在电力行业，远程抄表、输变电监测等应用正在逐步拓展；在交通领域，路网监测、车辆管理和调度等应用正在发挥积极作用；在物流领域，物品仓储、运输、监测应用广泛推广；在医疗领域，个人健康监护、远程医疗等应用日趋成熟。除此之外，物联网在环境监测、市政设施监控、楼宇节能、食品药品溯源等方面也开展了广泛的应用。

三、对产业的影响

新技术的产生和发展，对产业产生的影响主要分三类：颠覆型，改善型与创造型。物联网也是如此。

1. 智慧医疗：物联网对医疗产业的影响

物联网的出现使医疗产业更加公平、智能和高效。物联网主要可以应用于医疗物资的监督管理、医疗信息数字化和远程医疗。

物联网有助于医疗物资的监督管理，使医疗产业的发展更加透明、公平。通过RFID标签，可以实现医疗设备和药品从科研、生产、流动到使用的全方位监控，从而减少医疗器械和药品的非法销售。RFID标签也可以作为识别假冒伪劣药品和仪器的重要信息，市民可以通过RFID标签查询药品和仪器的生产源，判别真伪，从而抑制假冒伪劣药品和仪器的生产。这样一来，医疗产业的发展会更加公平。

物联网实现了医疗信息的数字化，使医疗产业的发展更智能，力求做到智慧医疗。目前医院对医疗信息管理的应用主要集中在身份识别、样品识别和病例识别方面，具体体现在对病患信息的数字化管理、对医疗急救信息的数字化管理、对药品信息的数字化管理、对血液信息的数字化管理、信息共享互联等。例如，物联网可以记录下病患的家族病史、既往病史、检查和治疗记录、过敏药物等电子健康档案，为医生制定治疗方案时提供帮助，并且通过信息共享互联，无论该病患在哪里就诊，医生都能够获得该病患过往的医疗信息，加快诊断的精度和速度，也便于患者更换医院和医生。所以，物联网使医疗产业的发展更智能。

物联网使远程医疗变成可能，使医疗产业的发展更高效。远程医疗，主要是利用物联网技术和平台，构建以患者为中心，基于危急重病患和慢性病患者的远程会诊和持续监护服务体系。对于慢性病患者，护士和医生可以通过传感器装置远程监控患者的监控状况，为患者在需要治疗时提供建议和帮助。这样一来，既有利于降低患者因突发病症带来的风险，也节约了患者和医护人员的时间和费用，医护人员可以服务更多的病人，大大提高了医疗产业的发展效率。

2. 智能制造：物联网对制造业的影响

物联网的出现使传统制造业更加高效、便捷和智能，同时可以带动如 3D 打印这样的新型制造业的发展。

在传统制造业上，物联网可以实现制造业的智能监控、智能管理和智能物流。首先，物联网可以智能监控设备和产品的状态。传感器可以实时监控生产机器的状态，及时检测并汇报机器的潜在问题，减少机器的停工时间。对产品进行检测，确保产品的质量。其次，物联网能够实现制造业的智能管理。一方面，通过信息数字化和物联网，生产车间能够减少原材料库存，只在需要时进口原材料，同时可以完成原材料以及产品的快速查找，盘点货物信息。最后，物联网可以提高生产车间的物流效率。人们可以在传送装置上安装传感装置，传感装置可以实时汇报货物的传输状态，减少货物在传输过程中的闲置等待时间，让生产过程更加透明从而使生产效率最大化。在精细生产中，传感器和促动器可以调整产品的位置，确保它们在到达机床前处于最佳位置，加快加工速度也避免机床拥堵甚至被损坏。

对于新型制造业技术，如 3D 打印，物联网也有其应用。2013 年于美国加利福尼亚州阿纳海姆（Anaheim）召开的 SIGGPAPH 计算机图形和交互设备会议上，微软公司首席研究员安迪威尔逊在与卡尔威利斯合著的论文中提出了一项在数字化制造过程中把信息嵌入到物体中的技术，这项技术被誉为"开创了读取嵌入 3D 打印物体内唯一标志符的技术"。通过物品和信息的融合，再把信息进行加工或者直接倒入 3D 打印设备，就可以打印出相似或者相同的物品，实现物品与物品的互联。同时，物联网提供的信息平台，可以让人们共享 3D 打印的模型文件，打印出自己想要的产品。所以，物联网的出现对于 3D 打印的发展大有益处。

3. 智能交通：物联网对交通运输业的影响

物联网对交通运输业的影响主要有两个方面，一是智能交通，二是它能使交通运输业更高效、可靠。

智能交通（ITS）指的是将先进的信息技术、数据通信传输技术、电子传感技术及计算机软件处理技术等有效地集成运用在整个海陆空和管道交通管理系统而建成的一种在大范围内、全方位发挥作用的高效、便捷、安全、环保、舒适、实时、准确的综合交通运输管理系统。前面已经举例提过，当驾驶员携带智能手机或者其他车载定位设备上路行驶时,就已经处在了物联网形成的大环境中。通过数据传输,智能手机将驾驶员的位置传到网络服务平台,网络服务平台汇总成千上万的驾驶员的位置信息得到路面实时交通信息,再把这些信息传回给驾车的人,让驾驶员对实时交通状况掌握得一清二楚,帮助人们提高出行效率,也提高道路利用率。物联网智能交通系统也在公交行业无线视频监控平台、智能公交站台、电子票务、车管专家和公交手机一卡通等业务上应用。

物联网同时影响着运输业和物流的运输环节。全球快递业巨头联邦快递(FedEx)在运输过程中率先利用Sense Aware技术,它通过感应装置可以即时监控货物的位置、温度、湿度等,并在货物超出客户预计的撞击度时,及时发送警告以便补救。运输公司可以通过将贵重或易碎物品的运输信息分享给客户,让客户能够追踪到货物的实时状况来提高客户对运输公司和运输业的满意度和可信度,有利于运输业的发展。

4. 农业物联网:物联网对农业的影响

农业物联网一般是将大量的传感器节点构成监控网络,通过各种传感器采集信息,以帮助农民及时发现问题,并且准确地确定发生问题的位置,这样农业将逐渐地从以人力为中心、依赖于孤立机械的生产模式转向以信息和软件为中心的生产模式,从而大量使用各种自动化、智能化、远程控制的生产设备。农业物联网的出现也是物联网对农业影响的最直接产物。

农业物联网通过以信息和软件为中心的生产模式,比传统的农业更科学、精准、高效和环保,对农业发展大有裨益。

首先,农业物联网实现了科学种植。通过传感器数据分析可确定土壤适宜种植的作物品种。

其次,农业物联网可以精确控制生长环境。农民可以通过传感设备实时采集大棚里的空气温度、空气湿度、二氧化碳浓度、光照强度、土壤水分等信息,并通过部署的各种传感器,系统迅速按照作物生长的要求,对大棚里的空气温度、空气湿度、二氧化碳浓度、光照强度等进行调控。

再次,农业物联网提高了生产效率。农业物联网作为新型农业生产模式,强调自动化、智能化和远程化,比手工灌溉更便捷、更高效。

最后,农业物联网倡导绿色农业的发展。传统农业很难将种植过程中的所有监测数据完整记录下来,而物联网农业可通过各种监控传感器和网络系统将所有监控数据保留,便于食品的追根溯源,实现农业绿色无公害化。

大唐移动根据农业物联网的功能和特性提出了新的建设目标,利用物联网信息化手段进行农业经济运行监测,掌握农业生产与农业经济运行的动态,监测农业生产经营的成本收益变化，对农业生产经营活动提供分析；提高农业市场监管的电子化、网络化水平，公开一站式服务，提高工作效率，降低企业成本；利用信息化为决策支持、生产经营服务，实现动态监测、先兆预警等。加强农业信息化服务体系，提高信息化装备，健全信息服务队伍，延伸信息网络，提高信息服务能力。

5. 智能电网：物联网对电力业的影响

随着世界各国现代化进程的加快，各国对电力的需求也与日俱增。目前，各国不仅通过开发多种能源增大发电总量，也在寻求合理用电的方式。智能电网就是基于物联网的基础上，将电网智能化的一种手段。它是建立在集成的、高速双向通信网络的基础上，通过先进的传感和测量技术、先进的设备技术、先进的控制方法以及先进的决策支持系统技术的应用，实现电网可靠、安全、经济、高效、环境友好和使用安全的目标。

智能电网的概念起源于2005年，加拿大科学家马克·坎贝尔利用群体行为（Swarm）原理发明了一种无线控制器，让大楼里的电器相连，并相互协调，减少大楼在用电高峰期的用电量，降低用电费用。智能电网的目的和坎贝尔的设计目的大同小异，因为目前的电池技术还不能够将用电低峰期的电力储存并在用电高峰期释放，所以智能电网期望通过物联网技术，更合理地分配电力资源。

物联网技术通过电信采集系统可以记录下所有家庭、企业以及各个地区在不同时段的用电需求，集成各个地区用电量的实时需求，再通过各级电网对不同地区不同时段输送合适的电量，达到资源的有效分布。与此同时，在用电高峰期，智能电网通过记录大型商业用电的电量，对用电高峰期收取高额电费以限制用电高峰期的商业用电量，鼓励企业在用电低峰期用电，提高用电效率。对于家庭，许多地方也已经安装智能电表，通过用电高峰期的高电价限制居民将不必要的生活用电安排在低峰期使用。

在英国，GE能源集团正在帮助英国政府实施"能源需求研究计划"。该计划的目标是，到2020年每个家庭都安装上智能电表。

"能源需求研究计划"将智能电表当作收集及报告信息的工具，以便跟踪每天任何时间段的用电情况，通过显示器等装置将家庭用电量传达给家庭成员，并在用电量达到一定数值时发出警报，以及给在用电低峰期时间用电的消费者降低电费等方式督促各个家庭节约用电。

6. 物联网对零售业的影响

沃尔玛首先在零售领域运用物联网。通过使用RFID标签技术，零售商可实现对商品从生产、存储、货架、结账到离开商场的全程监管，货物短缺或货架上产品脱销的概率得到了很大降低，商品失窃也得到遏制。RFID标签未来也将允许消费者自己进行结算，而不再需要等待流水结账。沃尔玛通过物联网的RFID技术每年可以节省约 83.5 亿美元。

但是，物联网对于零售业的影响不仅在于对产品的监管，同时可以通过 RFID 记录下来的信息，利用大数据对产品的销售信息进行分析和利用。物联网通过对产品的监控，可以详细地记录下一个企业在某一时间段的销售信息，利用这些信息，商家可以分析出消费者对每个产品的需求和喜好，决定市场走向，从而决定在下一阶段应该发售什么样的产品、发售多少产品以及以什么形式发售。过往的数据告诉我们全球零售订货时间通常在 6~10 个月不等，在缺少科学预测消费者对产品需求的前提下，商家不得不在商品的库存、消费趋势和物流上下大赌注，因此而导致的商品库存积压价值超过 1.2 万亿美元。同时，零售商每年因措施交易遭受的损失高达 930 亿美元，而原因则是没有合适的库存产品来满足消费者的需求。同时在新产品上市时，利用物联网技术得到的数据可以推断出消费者对于新产品的偏好，从而决定哪些产品更受消费者青睐，哪些产品应该减少或者停止生产。

总之，企业利用 RFID 技术从前端建立海量的信息库，借助它们完善的信息化策略，采用商业智能捕获、处理、建模、估算、汇总、排序、预测和分析企业运营状况、客户价值分析、物流分析获得与客户、服务、产品和市场策略相关的信息，物联网以一个完美的闭环，规避了上述因为信息得不到有效利用而造成的商业机会的错失，同时还能为企业提供新的利益增长点。

7. 物联网服务业——物联网对服务业的影响

科技的进步和经济的发展在不断改变着服务业的内部结构，有些行业的服务业逐渐衰弱甚至消失，而有些行业的服务业则快速成长，还有一些行业的服务业保持着相对稳定的形态。互联网的出现，引发了一系列的基于网络基础的服务业，也极大地改变了消费者的消费方式。物联网的产生和应用则引发了基于物联网的现代服务业的新形态，即物联网服务业。

物联网服务业，是在物联网应用中融合现代管理理念、信息通信技术的服务业的新形态。物联网对许多行业的服务业都有影响，例如物流、金融服务业、社会公共服务业等。在物流领域，物联网可以监控产品的运输全过程，并且基于 GPS 全球定位系统，可以实现对配送车辆的可视化的在线调度和管理，提高物流的安全性、可靠性和时效性；在金融服务业，物联网可以在安防、联网收费、支付、内部管理等方面得到应用。例如，现在手机 QQ、微信都可以进行网络支付，并且能够通过手机支付的业务种类繁多，包括话费查询和缴纳、银行卡余额查询和转账、彩票投注、商品购买等。物联网在金融服务业的应用极大地方便了消费者，也促进了金融服务业的发展；在社会公共服务业，物联网可以实现"智慧养老"等举措，通过传感装置对老年人的生活状况进行监控，在老年人出现紧急情况时及时提供救助。

8. 物联网对其他产业和领域的影响

物联网的影响存在于我们生活中的方方面面。除了上述已经具有物联网产业链的产业之外，物联网还涉及我们的生活家居、网络安全和城市管理等。在城市管理方面，物联网的应用就非常重要。例如，在美国，交通信号灯的红绿灯时间长度不是固定的，而是根据传感装置进行调控，当某一道路的实时车流量较大时，绿灯信号时长会被延长，最大限度地优化城市交通流量。美国克利夫兰市和辛辛那提市，不可回收废品和可回收废品都嵌入了 RFID 标签，这样市政工作人员就可以监督市民是否将不可回收废品和可回收废品分别放入了正确的垃圾桶。在这样的监督和法律制约下，克利夫兰市在垃圾管理上的运营成本下降了 13%。同时，这两个城市还提出了"扔垃圾需要付款"的倡议，旨在限制市民的不可回收废品的产生量，减少浪费，在这样的倡议下，辛辛那提市的废品总量下降了 17% 而可回收的废品总量上升了 49%。所以，尽管物联网在这些领域的应用没有详尽列出，但是物联网的影响力不可谓不大。

9. 物联网对产业影响小结

通过物联网对以上产业的影响，不难发现这些影响都是基于物联网的功能而产生的。物联网的功能可以大致分为信息监控、处理和分析以及自动化与控制两个层面，前者更强调理论层面后者更强调应用层面。在信息监控、处理与分析层面，物联网有在线监控、跟踪溯源和决策分析的功能；在自动化与控制层面，物联网可以被用于流程优化、资源优化和自动控制。物联网的各种功能是物联网对产业影响的直接原因，也是物联网的最基本的功能。

四、中国面临的机遇与挑战

1. 我国发展物联网的机遇

（1）我国处于经济转型升级期，物联网市场规模潜力巨大：经济转型升级的实质是转变经济增长方式，由原来的粗放型向精细化和集约式转变，即用现代科技改造传统产业，发展高新技术产业，提高经济发展中的科技含量。物联网是高技术密集型产业，具有精细化、智能化等特征，利用其可以改造传统产业，降低能源和原材料消耗、减少污染排放等。经济转型升级为物联网产业提供了广阔的发展平台，将会促进物联网产业快速发展。

（2）国家重视物联网产业发展，确立国家创新战略：我国已将物联网的研发计划列入《国家中长期科学和技术发展规划纲要（2006—2020 年）》等相关政策文件，全国大多数省市区也出台了物联网产业发展规划，从这点可以看出国家十分重视物联网产业的发展。

十八届五中全会提出，坚持创新发展，必须把创新摆在国家发展全局的核心位置，不断推进理论创新、制度创新、科技创新、文化创新等各方面创新，让创新贯穿党和国家一切工作，让创新在全社会蔚然成风。物联网产业是战略性新兴产业，集高技术和行业应用于一体，需要源源不断的技术创新和应用创新。我国国家创新战略的确立以及创新强国的提出将会加大对物联网产业的投入，完善相关的制度。国家创新战略的确立对物联网产业发展来说是难得的机遇。

（3）拥有标准化主导国及通信网络优势：《中国RFID与物联网2009年度发展报告》显示，我国与美国、韩国、德国并列为物联网标准化主导国，在制定国际标准中享有重要话语权。国际标准化组织（ISO）技术委员会提交的报告还大量采用了我国的研究成果，如传感器标准网络部分顶层设计，包括参考模型、系统架构等。这些都标志着我国在物联网产业中拥有标准化主导国的优势。

通信网络方面，经过多年的发展，我国通信网络技术水平在世界上处于领先地位。我国拥有全球最大的互联网和移动通信网基础设施，3G网络已经覆盖全国所有县城和大部分乡镇，光纤通信普及率显著提高。在通信网络方面的优势是我国物联网全面扩展过程中形成国际领先优势的保障。

2. 我国物联网发展面临的挑战

（1）缺乏国家层面统筹规划：物联网是一个将任何物体相互联系的巨大网络，也就是说，在物联网产业发展的过程中，涉及多个部门。有专家指出，目前我国尚未在全国范围内对物联网的产业发展进行统筹规划，部门横向与纵向之间缺乏联系和沟通，资源共享不足，导致了难以形成真正的高效、智能的网络体系。

（2）研发投入强度不足，缺乏关键技术：正像我们之前讲到的，研发投入强度（R&D经费/GDP）与产业发展水平息息相关，研发投入强度大说明国家对该产业重视，从而会推动该产业快速发展。然而，我国物联网产业的研发投入强度跟发达国家相比差距较大，以2015年为例，美国在物联网产业的研发投入强度为2.82%、法国为2.02%、日本为2.14%，而我国仅为1.72%。研发投入强度不足将会阻碍物联网在我国的发展。

目前，我国物联网技术问题呈现"两头弱、中间强"的态势，即网络层技术跟发达国家基本同步，但是感知层和应用层技术跟发达国家相比存在较大的差距。

在感知层方面，缺少核心设备。物联网要想实现万物相连，就必须在互联网的基础上依靠传感器等设备进行辅助，所以传感器、射频识别、无线通信等技术与设备的发展对于物联网的发展非常重要。我国物联网研发时间早，在技术研发上并不落后于发达国家，但是对于进口设备的依赖度高，导致大量成本集中在采购传感器和RFID电子标签等设备上，阻碍了物联网的发展。其中，RFID方面，我国缺失RF1D标识标准，超高频段和微波频段产品缺乏自主生产能力。传感器方面，核心芯片、接入技术和中间技术有待进一步发展。一是当前传感器所能连接的通信距离受限，传感器对外部工作环境指标要求较高，受外部环境影响较大。二是传感器节点计算能力、存储能力和通信能力不足，能量有限。因此，许多高端传感器以进口为主。

在应用层方面，我国关键基础软件研发技术落后，数据库、操作系统等基础软件基本依赖进口。

（3）缺乏标准规范：缺少产业的标准规范是我国许多产业都存在的问题，物联网作为一项新兴的产业，我国也尚未出台统一的标准规范。缺少标准规范，对于潜在的市场进入者是很大的威胁，与此同时，随着物联网产业的逐渐扩大，标准规范的缺失也会导致整个物联网产业的混乱。

目前，物联网标准体系尚在建立，中国、美国、德国和韩国是世界物联网领域标准的重要制定国。ISO/IEC 在传感网络、IUT-T 在泛在网络、IEEE 在近距离无线、IETF 在 IPv6 的应用、3GPP 在 M2M 等方面纷纷启动了相关标准研究工作。由于物联网发展涉及国家间巨大利益，制定一种能被世界各国认可的统一的物联网国际标准，难度很大，短期内标准难以统一，规范协议难以形成。

（4）知识产权的法律保护尚未真正实施：由于我国对知识产权保护不够，导致了世界其他物联网高技术拥有国不愿意将高端技术产品出口到我国，当前我国引进的物联网技术产品大多数是落后的，这样就产生了"引进→落后→再引进→再落后"的恶性循环。因此，我国必须要加强知识产权保护法律的执法力度，大力保护知识产权，为我国物联网产业提供良好的创新法治环境，为创新提供原动力。

（5）国家安全与个人隐私问题：中国大型企业、政府机构，如果与国外机构，进行项目合作，如何确保企业商业机密、国家机密不被泄漏，必须引起高度重视。

物联网是实体化的虚拟网络，要实现的是更为广泛的、更为有效的人与物的信息交流，因而其所带来的个人隐私保护和财产问题（如个人出行路线、消费习惯、个体位置信息、健康状况、个人物品的安全等）也将更为广泛，如若发生个人信息泄漏，其所造成的程度与危害也更为严重。

在射频识别系统中，任意一个标签的标识（ID）或识别码都能在远程被任意地扫描，且标签自动地、不加区别地回应阅读器的指令并将其所存储的信息传输给阅读器。这一特性可用来追踪和定位某个特定用户或物品，从而获得相关的隐私信息。而且，标签有可能预先被嵌入任何物品中，但由于该物品（如衣物）的拥有者，不一定能够觉察该物品预先已嵌入有电子标签以及自身可能不受控制地被扫描、定位和追踪，这势必会使个人的隐私问题受到侵犯。在数据处理过程中同样存在隐私保护问题，如基于数据挖掘的行为分析等。因此要建立访问控制机制，控制物联网中信息采集、传递和查询等操作，保证不会由于个人隐私或机构秘密的泄露而造成对个人或机构的伤害。而且,这不仅仅是一个技术问题,还涉及政治和法律问题。这些涉及个人隐私和财产的问题必须得到法律的明确保护,否则会阻碍物联网在我国的发展。

另外,加密在较多情况下仍然是保证实现信息机密性的重要手段,保密现在已经成为物联网识别技术的关键问题。由于物联网的多源异构性,使密钥管理显得更为困难,而对感知网络的密钥管理更是制约物联网信息机密性的瓶颈。物联网的安全特征体现了感知信息、网络环境和应用需求的多样性,其网络的规模和数据的处理量大,决策控制复杂,给安全研究提出了新的挑战。

五、应对策略

根据我国物联网发展面临的挑战和物联网未来的发展趋势,我国应当制定相应的政策加快我国物联网的发展。

1. 加强物联网国家宏观指导,地方协调联动执行

国家层面建议进一步加强宏观指导,推动物联网转向行动计划的落地实施;推动物联网终端应用示范工程区域试点落地实施,同时进一步扩大示范工程范围;推动物联网发展专项资金工作的落实,明确物联网相关财税和金融支持,重点支持关键技术研发和产业化;鼓励物联网企业兼并收购,培育具有国际核心竞争力的品牌企业等。

地方部门应当研究和制定物联网产业发展的专项规划,积极响应中央政府的领导和号召。同时需要政府给予相关物联网企业更多的资金扶持,以期在核心技术上实现全面突破。另外,政府应以需求为导向,重点建设物联网在公众服务与重点行业的典型应用示范工程,确立以应用带动产业发展的模式,引领物联网产业的良性发展。最终将该产业的主导权控制在国内企业手中。

物联网作为能够将万物相连的网络,关联领域广、涉及部门多、产业间交叉融合,它的发展与繁盛少不了各部门之间的互联与合作。我国需要加强物联网的政企合作、产学研合作和产业链之间的合作,提升产业链之间的相互融合程度,提高资源共享水平,从而带动整个产业链共同推动物联网的发展。政府需要主动融入物联网,各部门之间要有一个开放的心态,建立和完善协同工作机制,各部门按照职责分工,加强合作,共同促进物联网发展实现信息共享,广泛合作共同推进物联网的发展。

2. 加大研发投入,突破核心和关键技术

鉴于我国在核心设备上的技术和生产规模都和发达国家有差距,我国应该加大物联网的设备研发投入,在核心设备和技术上实现突破和创新,减少对设备进口的依赖。

在传感器及传感器网络、芯片等关键设备制造、海量数据处理等核心技术上,我国应集中多方资源,协同开展物联网重大技术攻关。进一步推进传感器及芯片技

术、传输、信息处理技术研发，并结合新一代移动通信、云计算、下一代互联网和卫星通信等技术，对物联网关键感知、智能传输、智能信息处理和安全技术等进行验证示范，集中实现核心技术突破，通过示范带动产业发展。

3. 加强国际互联与合作，加快物联网标准的制定

标准、成本和技术一直是业界公认的阻碍物联网发展的三大问题。统一标准是促进产业规模化发展的前提。标准化的缺失一直被认为是业内制约物联网产业发展的重要因素之一，因此，物联网标准的制定和技术的研发同样重要。行业标准和规范的制定有利于潜在的市场进入者进入，更多的投入和市场的扩大有助于物联网产业的发展。目前，国内提供物联网最核心部分 RHD 服务的大部分都是国外厂商的代理集成商。这些公司都坚持着自己的标准。各系统间不能互联互通。我国必须抓住新一轮新兴科技的先发优势，加强国际交流与合作，更多地积极参与国际标准的制定，掌握制定标准规范话语权。

我国要加快构建物联网标准体系，开展安全、标识、数据和测试等领域共性技术标准，以及感知、网络传输和信息处理领域关键技术标准的研制工作，要加强国际标准化工作，提交国际提案，增强国际影响力和竞争力，同时要启动标准验证与服务平台建设并开展相关服务。

4. 完善与物联网安全相关的法律法规建设，加强隐私保护

在物联网时代，如果没有完善的安全防范技术和健全的法律制度，信息的破坏将更甚于互联网时代。因此，在物联网的发展中，信息的有用性和私密性将不得不引起国家的高度重视。我们要密切关注物联网产业发展可能带来的安全问题，加强法制和技术手段，进一步完善信息安全、知识产权、个人隐私保护等方面的法律法规建设。例如，借鉴他国物联网技术立法经验，如美国加州 1834 法案等，将隐私权作为一项独立的人格权加以规定，出台物联网技术的相关立法。

5. 加强人才队伍培养与引导

物联网的快速发展必然导致一些行业的兴起和一些行业的衰落或者转型，我国在加大对物联网相关人才培养的同时，要结合实际情况对其他行业的人才进行辅导和引导，让这些人才和这些行业能够与物联网互联，降低物联网导致的失业和产业衰减。

案例三　大数据

大数据通常用来形容一个组织创造的大量非结构化和半结构化数据，从各种各样类型的数据中，快速获得有价值信息的能力，就是大数据技术。大数据的特点有

四个层面：第一，数据体量巨大。第二，数据类型繁多。第三，价值密度低。第四，处理速度快。物联网、云计算、移动互联网、车联网、手机、平板电脑、PC 以及遍布地球各个角落的各种各样的传感器，无一不是数据来源或者承载的方式。

我国大数据刚刚起步。我国互联网用户数在 2013 年就已经超过 5 亿人，全球第一。海量的互联网用户创造了大规模的数据量。大部分中国企业在数据基础系统架构和数据分析方面都面临着诸多挑战。目前国内大部分企业的系统架构在应对大量数据时均有扩展性差、资源利用率低、应用部署复杂、运营成本高和高能耗等问题。

发展大数据对我国信息产业、农业、制造业、金融业、健康医疗等产业的发展都将起到极为重要的作用。利用大数据技术，可以在统计分析、价值挖掘、决策支持等各方面实现数据价值，促进产业升级，提升产业核心竞争力。同时更有助于推动我国信息基础设施建设和信息化进程，提升国家和社会治理水平，保障国家经济平稳较快发展。

中国的人口基数、产业发展光谱、区域自然差异等决定了大数据在中国的巨大资源优势和需求空间。在大数据的机遇面前，一方面，国内外的技术差距不大，另一方面我国具有巨大的互联网市场、本土化优势、丰富的数据资源以及市场需求的巨大优势。如果抓住机遇，实现技术突破，则有望实现超越，掌握主导权。为推动我国大数据发展，奠定我国信息化基础，国家应将大数据纳入国家发展战略；充分考虑大数据的需要，布局关键技术研发创新，加强信息基础设施建设；采取多种措施，努力解决"大数据"的安全问题；加速推进大数据示范应用，优化完善大数据发展环境。

一、概念及核心要素

云计算研究机构 Gartner 给出大数据（BigData）这样的定义。"大数据"是需要新处理模式才能具有更强的决策力、洞察发现力和流程优化能力的海量、高增长率和多样化的信息资产。从数据的类别上看，"大数据"指的是无法使用传统流程或工具处理或分析的信息。它定义了那些超出正常处理范围和大小、迫使用户采用非传统处理方法的数据集。"大数据"这个术语最早期是用来描述为更新网络搜索索引需要同时进行批量处理或分析的大量数据集。随着谷歌 Map Reduce 和 Google FileSystem（GFS）的发布，大数据不再仅用来描述大量的数据，还涵盖了处理数据的速度。从某种程度上说，大数据是数据分析的前沿技术。

虽然大数据已经成为全社会热议的话题，但到目前为止，"大数据"尚无公认的统一定义。我们认为，认识大数据，要把握"资源、技术、应用"三个层次。大数据是具有体量大、结构多样、时效强的数据；处理大数据需采用新型计算架构和智能算法等新技术；大数据的应用强调以新的理念应用于辅助决策、发现新的知识，更强调在线闭环的业务流程优化。因此说，大数据不仅"大"，而且"新"，是新资源、新工具和新应用的综合体。

大数据的特征：

1．数据量大（Volume）

第一个特征是数据量大。大数据的起始计量单位至少是P（1 000个T）、E（100万个T）或Z（10亿个T）。

2．类型繁多（Variety）

第二个特征是数据类型繁多。包括网络日志、音频、视频、图片、地理位置信息等，多类型的数据对数据的处理能力提出了更高的要求。

3．价值密度低（Value）

第三个特征是数据价值密度相对较低。如随着物联网的广泛应用，信息感知无处不在，信息海量，但价值密度较低，如何通过强大的机器算法更迅速地完成数据的价值"提纯"，是大数据时代亟待解决的难题。

4．速度快时效高（Velocity）

第四个特征是处理速度快，时效性要求高。这是大数据区分于传统数据挖掘最显著的特征。

既有的技术架构和路线，已经无法高效处理如此海量的数据，而对于相关组织来说，如果投入巨大而采集的信息无法通过及时处理反馈有效信息，那将是得不偿失的。可以说，大数据时代对人类的数据驾驭能力提出了新的挑战，也为人们获得更为深刻、全面的洞察能力提供了前所未有的空间与潜力。

二、国际国内发展现状

1．大数据的发展

2012年全球大数据产业总体规模为114亿美元，2013年总体规模增长至180亿美元，2016年大数据市场规模将近500亿美元。

美国是世界上大数据技术、市场应用的领先国家。美国联邦政府于2012年3月发布了"大数据的研究和发展计划"，该计划涉及美国国家科学基金、美国国家卫生研究院、美国能源部、美国国防部、美国国防部高级研究计划局、美国地质勘探局六个联邦政府部门，旨在提高从海量数字数据中提取知识和观点的能力，从而加快科学与工程发现的步伐，加强美国的安全和实现教学的变革，是美国为应对大数据革命带来的机遇，推进相关研究机构进一步进行科学发现和创新研究的重大举措。

美国联邦政府将大数据开发上升到国家发展战略层面，对世界各国产生了重大的影响。目前，欧洲的许多大型机构仍然处在大数据使用的早期阶段，而且严重缺乏有关大数据的技能，许多有关大数据的最新进展和技术都来自美国，因此，部分欧洲的机构要想跟上大数据快速发展的步伐，仍然面临着一定的挑战。但是，金融服务业，尤其是伦敦的投行业是欧洲最早采用大数据的行业之一，其在大数据方面的经验和技能足以媲美美国的大数据领军机构。而且该行业对大数据的投资一直维持着良好的势头，前景乐观。2013年1月，英国政府宣布将在对地观测、医疗卫生等大数据和节能计算技术方面投资1.89亿英镑。

日本政府对于大数据战略的应对相对比较及时。2012年7月，日本总务省推出新的ICT综合战略"活力ICT日本"，重点关注大数据应用。2013年6月，安倍内阁正式公布了新IT战略——"创建最尖端IT国家宣言"。这篇"宣言"全面阐述了2013年至2020年间以发展开放公共数据和大数据为核心的日本新IT国家战略。

中国大数据市场规模正在迅速扩展。根据计世资讯（CCW Research）研究数据，2012年中国大数据市场规模为4.5亿元，2013年增长到11.2亿元，且此后将保持每年超过100%的增长率，到2016年，中国大数据市场规模已达93.9亿元。

大数据也引起了我国政府的高度关注。《国务院关于推进物联网有序健康发展的指导意见》（国发〔2013〕7号）提出，要"加快情感器网络、智能终端、大数据处理、智能分析、服务集成等关键技术研发创新"。2012年12月，国家发改委将数据分析软件开发和服务列入专项指南；科技部在2013年初所公布的《国家重点基础研究发展计划（973计划，含重大科学研究计划）2014年度重要支持方向》中，将大数据计算的基础研究作为其中的一项重要内容，中国电子商务企业发展报告2013要求"研究多源异构大数据的表示、度量和语义理解方法，研究建模理论和计算模型，提出能效优化的分布存储和处理的硬件及软件系统架构，分析大数据的复杂性、可计算性与处理效率的关系，为建立大数据的科学体系提供理论依据"。一些地方政府也在积极应对大数据的调整，加快本地区的大数据技术产业发展步伐。2012年12月，广东省启动了《广东省实施大数据战略工作方案》；北京成立"中关村大数据产业联盟"；2013年7月，上海市政府有关部门发布了《推进大数据研究与发展三年行动计划（2013～2016年）》，将重点选取金融证券、互联网、数字生活、公共设施、制造和电力等具有迫切需求的行业，开展大数据行业应用研发，探索"数据、平台、应用、终端"四位一体的新型商业模式，促进产业发展。

2. 大数据的市场分析

分析机构Wikibon认为，2012年全球大数据企业营收50亿美元，未来五年的市场复合年增长率将达到58%，到2017年将达到500亿美元。IDC则预测大数据技术与服务市场将从2015年的169亿美元攀升至2020年的769亿美元。尽管所预测的产业规模存在差别，但所给出的高增速说明两家机构对大数据的发展前景都充满信心。从实际看，作为第一家专注于大数据领域的上市企业，Splunk凭借大数据监测和分析业务，营业收入连续四年实现80%以上的高速增长。

三、对产业的影响

总体上来讲，大数据对产业结构的影响有以下几点：

第一，大数据将进一步推动信息产业创新。美国社会思想家托夫勒在《第三次浪潮》中提出，"如果说IBM的主机拉开了信息化革命的大幕，那么大数据才是第三次浪潮的华彩乐章。"大数据将为信息产业带来新的增长点。面对爆发式增长的海量数据，基于传统架构的信息系统已难以应对，同时传统商业智能系统和数据分析软件，面对以视频、图片、文字等非结构化数据为主的大数据时，也缺少有效的分析工具和方法。信息系统普遍面临升级换代的迫切需求，为信息产业带来新的、更为广阔的增长点。

第二，大数据将进一步改变经济社会管理面貌。大数据技术作为一种重要的信息技术，对于提高安全保障能力、应急能力、优化公共事业服务，提高社会管理水平的作用正在日益凸显。增强安全保障能力。在国防、反恐、安全等领域应用大数据技术，能够对来自于多种渠道的信息快速进行自动分类、整理、分析和反馈，有效解决情报、监视和侦察系统不足等问题，提高国家安全保障能力。

第三，大数据深度应用不仅有助于企业经营活动，还有利于推动国民经济发展。宏观方面，大数据使经济决策部门可以更敏锐地把握经济走向，制定并实施科学的经济政策。微观方面，大数据可以提高企业经营决策水平和效率，推动创新，给企业、行业领域带来价值，增加企业收入，并提高企业效率，推动企业创新；而在承上启下的中观层面，作为新兴的生产力资源和信息技术，大数据对国民经济众多产业的生产关系、生产方式影响更为巨大而深远。就整个社会情况而言，大数据的发展使得产业边际更趋于模糊。

1.大数据对农业的影响

在传统产业中，农业作为第一产业，具有基础性的作用。在大数据时代，农业与大数据必然发生各种联系，通过大数据带来的技术突破推动农业迈向全面信息化时代，通过农业的快速发展推动大数据更加落地，产生实效。

农业大数据的集成和未来的挖掘应用对于现代农业的发展具有重要作用。在农业发展中，大数据不仅可以渗透到耕地、播种、施肥、杀虫、收割、存储、育种、销售等各环节，而且能够帮助农业实现跨行业、跨专业、跨业务的发展。

对于中国的8亿农民、18亿亩耕地、186万个乡村来说，所产生的数据量不仅巨大，而且类型丰富。如果能够通过深度挖掘，产生的价值不可估量。但问题如同大数据第一个和第四个特征所说，需要高度精确化、处理速度及时的分析，才能够实现价值的显现。大数据对农业影响具体体现在三个方面：

（1）面向农村、农业、农民的大数据垂直应用：通过农业大数据的应用，不仅将为农民的农村生产和生活提供方便，而且将为生产发展和政府决策提供科学、准确的依据。通过开发指向农业的移动大数据应用系统，让农民在田间地头就能够获知到各种农业动态信息；通过开发面向农业移动智能大数据感应系统，让农作物的生长情况"扫一扫"就能及时显示在农民的手中，并通过网络直接连接政府提供的农业大数据平台实现精确的生产性指导；通过开发直达农民家门口的农村智能大数据分析系统，让农民对市场、政策、生活的预期更加准确。

（2）面向农产品市场、农业产业的大数据预测系统：首先要建立农产品智能标签。标签是行业应用的基础。不管什么行业，都需要精细化整理自己顾客的属性标签以及商品属性标签，农业作为生产农产品的行业，必然会涉及各种农产品的标签汇整问题，而且这些标签必须能够细化到单株作物，实现农业生产的精细管理和准确预测。

（3）跨行业的农业内外部数据的管理、链接与整合：通过在农业政策层面，将整个农业行业内外，包括生产、加工、物流、营销、回溯的各种数据进行数字化的记录、分析和整理，为农民管理生产提供依据。这种"大数据驱动的"农业，必使得农民的生产活动变得更有效率、更开放、更精细。同时，基于大数据的分析，也能够帮助政府有效监控各种农业政策的实施情况，及时纠正农业生产中的偏差和失误。

另外，通过整合每个农村内部和外部数据，农业与行业外数据，并在户与户、巷与巷、村与村、农产品与农产品、农产品与相关配套、当季生产与未来预期之间建立连接，并进行分析整理，实现农民、农村、农业三个层面的数据共享互通，形成现实的网状的面向农村、惠及农民、给力农业的大数据场景。

2. 大数据对制造业的影响

大数据应用制造业领域可以重构制造业方向，让制造企业从战略角度更准确地预见未来，在市场营销阶段更精准地营销客服。可以说，针对互联网平台的大数据分析应用，最大机遇不在互联网本身，而将在中国的传统制造业。未来，在企业开拓资本、市场、人才管理的过程中，来自互联网平台的大数据技术能够发现、解决现存隐形问题，并预先对企业未来事态进行预测，从而让企业抢占发展先机。或许未来更多的制造业企业会选择携手互联网企业，来挖掘大数据技术在这些传统行业中的价值所在。

例如，在汽车产业目前汽车制造商已经开始通过互联网技术，利用试驾、车辆平均故障记录等一系列数据，帮助工程师在新车推出之前实现快速地检测与漏洞修复。所以，我们看到，大数据技术正在深度改变着汽车业。同时，大数据也在重构传统汽车业，并将成为未来行业变革的催化剂。比如使用谷歌眼镜，工人们的操作细节可以更好地被检测形成数据，并作为提升产品制造细节的一个无形资产。数据的产生和收集本身并没有直接产生服务，最具价值的部分在于：当这些数据在收集以后，会被用于不同的目的，数据被重新再次使用。我们可以看到，在互联网大数据平台方面的跨界联姻，皆因对于数据的再挖掘与再利用。

3. 大数据对零售业的影响

瞄准特定的顾客群体来进行营销和服务是商家一直以来的追求。大数据技术使得对消费者的实时和极端的细分有了成本效率极高的可能。零售业可以基于全市场数据提供商品推销策略分析；大数据可以对顾客群体细分，然后对每个群体量体裁衣般地采取独特的行动。实际上，国外传统零售巨头早已开始大数据的应用和实践。Tesco是全球利润第二大零售商，其从会员卡的用户购买记录中，充分了解用户的行为，并基于此进行一系列的业务活动，例如通过邮件或信件寄给用户的促销可以变得更个性化，店内的商家商品及促销也可以根据周围人群的喜好、消费时段而更加有针对性，从而提高货品的流通。这样的做法为Tesco获得了丰厚的回报，仅在市场宣传一项，就能帮助其每年节省3.5亿英镑的费用。

沃尔玛以3亿美元高价收购了一家专长分类社群网站Kosmix。Kosmix不仅能收集、分析网络上的海量资料（大数据）给企业，还能将这些资讯个人化，提供采购建议给终端消费者（若不是追踪结账资料，这些细微的消费者习惯，很难从卖场巡逻中发现）。这意味着，沃尔玛使用的"大数据"模式，已经从"挖掘"顾客需求进展到能够"创造"消费需求的阶段。在零售商内部，根据用户喜好推荐各类业务或应用是常见的，而通过关联算法、文本摘要抽取、情感分析等智能分析算法后，可以将之延伸到商用化服务，利用数据挖掘技术帮助零售商进行精准营销。

4. 大数据对电子商务企业的影响

大数据的重要趋势就是数据服务的变革，把人分成很多群体，对每个群体甚至每个人提供针对性的服务。消费数据量的增加为电子商务企业提供了精确把握用户群体和个体网络行为模式的基础。电子商务企业通过大数据应用，可以探索个人化、个性化、精确化和智能化的广告推送和推广服务，创立比现有广告和产品推广形式性价比更高的全新商业模式。同时，电子商务企业也可以通过对大数据的把握，寻找更多更好地增加用户黏性，开发新产品和新服务，降低运营成本的方法和途径。

从国内来看，我国电子商务企业均积极在大数据领域进行布局和深耕，已逐步认识到大数据应用对于电子商务发展的重要性。电子商务企业通过大数据应用推动差异化竞争。当前，我国电子商务发展面临的两大突出问题是成本和同质化竞争。而大数据时代的到来将为其发展和竞争提供新的出路，包括具体产品和服务形式，通过个性化创新提升企业竞争力。以阿里巴巴为例，阿里巴巴通过对旗下的淘宝、天猫、阿里云、支付宝、万网等业务平台进行资源整合，形成了强大的电子商务客户群及消费者行为的全产业链信息，造就了独一无二的数据处理能力，这是目前其他电子商务公司无法模仿与跟随的。同时，也将电子商务的竞争从简单的价格战上升了一个层次，形成了差异化竞争。目前，淘宝已形成的数据平台产品，包括数据魔方、量子恒道、超级分析、金牌统计、云镜数据等100余款，功能包括店铺基础经营分析、商品分析、营销效果分析、买家分析、订单分析、供应链分析、行业分析、财务分析和预测分析等。

5. 大数据对金融业的影响

金融行业强烈依赖数据存储、处理、传输和智能终端等IT技术。IT技术已经从根本上形成推动金融创新的原动力，业务需求和信息技术的结合将不断推动金融产品和服务的创新。信息技术是信息化时代金融创新的首要成因，目前，以云计算、虚拟化、大数据等为代表的新兴信息技术为金融创新提供了有效的、不可或缺的工具。

（1）对传统金融业的影响：大数据技术可多维度掌握客户及业务的有效信息，全面综合分析出客户的资产负债、支付情况、流动性状态及客户行为，有助于金融机构开展产品创新和精准营销，以"用户为中心"、强化用户体验的服务模式将成为未来金融业的重要发展方向。实现数据资产向战略资产和市场竞争力的转化。同时，通过整合金融机构内部数据、社交媒体数据和外部公共数据，大数据还可提供信贷征信、反洗钱、反欺诈、金融环境变化等风险评估和预警信息，降低信息不对称带来的各种金融风险，营造更加安全、高效的经营环境。

客户管理方面，随着大数据的大量涌现，尤其是在社交网络的背景下，服务渠道不应仅局限于传统的金融业、保险和券商渠道，而应整合新的客户接触点（即社交媒体网站等），这种趋势已经变得日益清晰。传统金融业发展战略也逐步从以产品为中心转向以客户为中心，客户成为传统金融业发展的重要驱动力。传统金融行业不仅仅销售产品和服务，而且还应为用户提供完美的多渠道体验，成为真正以客户为中心的组织。

营销管理方面，借助大数据分析平台，通过对形式多样的用户数据（用户消费数据、浏览记录、购买路径等）进行挖掘、追踪、分析，将不同客户群体进行聚类，有助于获取用户的消费习惯、风险收益偏好等特征信息，从而根据不同客户特性打造个性化的产品营销服务方案，将最适合的产品服务推介给最需要的客户。

风险管理方面，随着金融业务的快速发展，相关经营者必须有效地甄别风险、防范风险和控制风险。风险管理成为金融企业稳健发展至关重要的一环。社会化媒体的互动、实时的传感器数据、电子商务和其他新的数据源,正给传统金融机构经营带来一系列的挑战。仅仅借助传统的解决方案,无法全面进行风险管理。大数据分析帮助传统金融业了解客户的自然属性和行为属性,结合客户行为分析、客户信用度分析、客户风险分析以及客户的资产负债状况,建立完善的风险防范体系。

(2)互联网金融的影响:随着传统金融的互联网化,现在越来越多掌握大数据的互联网企业开始涉足金融业,运用有别于传统金融业的思路设计金融产品,以更精准的方式进行推广和销售,通过全新的概念进行金融服务,也给传统金融业带来新的挑战。相对于传统金融而言,大数据对于互联网金融的影响更多地表现在催生和推动方面。

互联网金融有明显的互联网特征,打破了传统金融业的收费模式。通过免费方式和完全开放的平台,在分享数据信息的同时聚集大量的数据、大量的客户,覆盖了传统金融业无法覆盖到的基层用户和小微企业。以阿里巴巴为首的跨行业的"颠覆者"发挥了互联网的优势,他们积累了比银行活跃度更高的中小微企业用户,并掌握着这些用户产品数据、销售数据、应收账款、存货金额、资金流向、物流信息、点击次数、与外界的链接程度以及相关产品等多方面信息。即使是普通购买者也存留了消费偏好、消费习惯、资金流向、支付方式、家庭住址等相关信息,其中某一个信息结合多个维度就会得出实时、精准的相关预测和结论。它对用户个体的了解,远远比银行拥有的代收税费加工资卡的信息颗粒度更细、活性更强。

同时互联网企业也有着独特的互联网金融时代的基础设施。主要有第三方支付平台、点击与评价体系和非常重要的基础设施云平台和云服务。在这三个互联网基础设施具备的条件下,数据分析团队基于数据对未来产品进行设计、定价、管理、风险控制将是互联网金融的核心。互联网金融产品将紧密贴合消费者需求,强调客户的极致体验,精准的推送信息,形成一种互联网和金融的融合经济,不断挖掘新的需求,形成更多的金融业态和金融形态。

大数据技术影响下,互联网金融和传统金融沿着不同的路径分别切入,共同推进金融产业的大变革,而大数据的积累和挖掘成为企业经营的核心资产,并加速金融脱媒,提高资源分配效率。

6.大数据对健康医疗产业的影响

在健康医疗产业中,居民的个人身体状况、健康行为、临床医疗数据等都将汇集成巨量数据,如何在大数据环境下应用好这些医疗、健康信息,使大数据能够更好地提升我国健康服务业的价值,是该产业发展的方向。大数据对我国健康服务业的影响,主要表现在以下几方面。

（1）个人医疗、健康数据成为重要的经济资源：从上述对大数据的定义可见，个人碎片化的医疗、健康数据经过采集、分析和处理，能够成为整合化的有用信息。正是这种加工后的可用性，使个人医疗、健康信息如同矿产资源一样能够实现价值增值，成为一种重要的经济资源。但这种资源与矿产资源等有所不同，这些数据必须在电子信息技术、互联网技术、云计算技术等高新技术的支撑下才能够实现经济价值。

（2）健康服务产业链得以延伸：医疗、健康信息数据作为一种资源，能够使传统健康服务业发生变革。这种变革以电子信息、互联网、云计算等为技术手段，以医疗、健康大数据为生产资料，通过产业融合的方式使传统健康服务产业链得以延伸。

首先，使医疗、健康信息数据采集、分析和处理等新行业出现在新产业链中；其次，使健康管理、疾病管理、远程医疗等目前尚处于萌芽阶段的行业，由于医疗、健康大数据的支撑出现蓬勃的发展；最后，使传统的药品研发、诊疗服务等行业实现个性化药品、个性化医疗等服务。可见，大数据对健康服务产业链的延伸作用表现在三方面：催生新行业的出现，带动萌芽行业的增长和推动传统行业的创新。

（3）健康服务企业价值创造得以深化：健康服务业中的企业，通过自身的信息化建设和改造，以医疗、健康信息大数据为决策依据，实现企业价值创造的深化。

健康服务企业的价值创造过程中，均有医疗、健康大数据为支撑。生产型企业在设计研发环节，可以通过大数据信息了解产品需求，进行产品开发；在生产、销售环节可以依据大数据信息进行产量测算和营销方案制定；在售后服务环节可以进行数据的再搜集。服务型企业对大数据的需求可能更高，因其需要根据个人基本信息做出处方、健康管理等决策，信息掌握的越全面决策的最优水平就越高，大数据为健康保险、临床决策、健康咨询、健康管理等服务提供了更全面的决策依据。可见，大数据以提高决策科学性的方式，使健康服务业中生产型、服务型两类企业均能够实现价值增值。

7. 大数据对电信业的影响

由于大数据的特征，运营商首先获取更多有用的大数据资源，如很多的网络运行信息，包含大量有价值的用户行为和位置信息。由此大数据技术应用对运营商主要影响表现在四个层面。

首先，在市场层面，运营商可以利用大数据对自身的产品进行服务，通过大数据分析用户行为，改进产品设计，并通过用户偏好分析，及时、准确进行业务推荐，强化客户关怀，这样就可以不断改善用户体验，增加用户的信息消费以及对运营商的黏度；其次，在网络层面，可以通过大数据分析网络的流量、流向变化趋势，及时调整资源配置，同时还可以分析网络日志，进行全网络优化，不断提升网络质量和网络利用率；第三，在企业经营层面，可以通过业务、资源、财务等各类数据的综合分析，快速准确地确定公司经营管理和市场竞争策略；第四，在业务创新层面，可以在确保用户隐私不被侵犯的前提下，对数据进行深度加工，对外提供信息服务，为企业创造新的价值。这样，大数据将助力运营商实现从网络服务提供商，向信息服务提供商的转变。

大数据产业具有强烈的互联网特征，现有的运营模式很难帮助运营商实现大数据产业的迅速发展。这是因为，对于大数据产业，运营商传统的金字塔式的组织结构已经过时，传统架构的信息系统及组织架构已无法应对海量数据和创新型应用，那种由上而下的运营模式无法更接近用户的需求，这显然已经阻碍运营商自身大数据业的纵深发展。根据市场需求，运营商必须全面转向以客户和消费者为中心的运营体系，重新梳理企业的经营模式和组织架构，这就是模式的创新，大数据产业发展要求运营商实现管理经营和市场信息系统完美对接，新型大数据应用必将助力运营商向信息服务模式转型。

面向大数据时代，运营商的及时转型成为必然，否则将有被互联网企业超越的可能性。理论上讲，运营商拥有的颇具优势的大数据资源并不是完全不可替代，例如，用户的位置信息就可以通过多种APP应用获得，用户的网络使用信息也可以通过多家互联网企业合作获取，互联网企业可以通过泛互联网化收集更多的大数据信息。另一方面，多行业的垂直整合将成为趋势，在数据应用层面，行业企业通过多种手段搜集大量的用户数据，将更贴近用户，更理解用户，为其提供更适当的服务，大数据将成为资产、更具有战略意义，各个行业及单位都在关注大数据。

四、中国面临的机遇与挑战

在过去的几十年中，中国信息产业，一直落后于国外的巨头，长期处在产业链的末端，赚取低端的利润。尽管国家拿出大笔资金扶持上游环节的拓荒者，比如CPU、操作系统、办公软件，但是花国家钱的，鲜有成功的先例。然而在新兴的大数据处理领域，中外公司几乎站在同一起跑线。单纯考虑狭义的大数据处理技术（如Hadoop、MapReduce、模式识别、机器学习等），中外差距仅有五年左右。如果考虑数字资产规模以及利用的技术，中外差距更多体现为意识上的差距。我国大数据产业面临着人才匮乏、数据资源不够丰富、数据开放程度较低、相关的法律法规不完善等不利因素。事实上，我国目前对大数据的价值和应用，政府、学界、产业界和资本市场尚待达成一致的认知。各部门、各地方普遍存在"数据割据"和"数据孤岛"的现象。

随着互联网技术的不断发展，数据将像能源、材料一样，成为战略性资源。如何利用数据资源发掘知识、提升效益、促进创新，使其为国家治理、企业决策乃至个人生活服务，是大数据技术的追求目标。随着技术不断成熟，大数据技术将成为国家治理的重要工具。

丰富的数据资源和经济社会发展需求为大数据发展提供了难得的机遇。中国人口和经济规模以及社会经济结构的多元化与复杂性，决定中国的数据资产规模，冠于全球。客观上为大数据技术的发展，既提供了充沛的原材料又同时提供了巨大的市场需求。2012年大数据市场规模为4.5亿元，未来几年大数据市场将呈现爆发式增长，以超过100%的年均复合增长率增长，到2016年，大数据已经成为百亿级的市场。

我国在大数据技术领域与国外基本处于同一起跑线，窗口期没有消失，有机会实现超越发展。大数据技术以开源为主，迄今为止，尚未形成绝对技术垄断。即便是IBM、Oracle等行业巨擘，也同样是集成了开源技术，和本公司原有产品更好的结合而已。开源技术对任何一个国家都是开放的，中国公司同样可以分享开源的蛋糕。

大数据的发展还面临着网络安全、消费者终端安全、隐私等潜在的安全风险。除此以外，我国大数据产业面临着人才匮乏、数据资源不够丰富、数据开放程度较低、相关的法律法规不完善等不利因素。大数据意味着大机遇，但同时也意味着工程技术、管理政策、人才培养等方面的大挑战。只有解决了这些基础性的挑战问题，才能充分利用这个大机遇，得到大数据的价值。

五、应对策略

从宏观层面上，我国亟须在国家层面对大数据给予高度重视，首先特别需要从战略定位、政策制定、资源投入、人才培养等方面给予强有力的支持；同时，政府部门的数据，应该在大数据国家战略和法律的保障下，向社会开放，从而推动国民经济相关产业发展、促进科技创新。

从技术、应用和保障层面上，我国应将大数据作为新一轮科技竞争和产业竞争的战略重点和制高点，充分认识"数据、技术、应用"三位一体、有机统一的内涵，掌握未来大数据发展主动权。

具体可以从以下方面着手：

1. 布局关键技术研发创新

总体来看，大数据的技术门槛较高，目前在大数据领域展开竞争的信息技术企业多是在数据存储、分析等领域有着传统优势的厂商。为实现产业升级，为在技术产业发展中不落人后甚至实现弯道赶超，我国不能再跟随式发展，必须及早布局关键技术和新兴技术的研发应用。

一是以数据分析技术为核心，加强人工智能、商业智能、机器学习等领域的理论研究和技术研发，夯实发展基础。

二是加快非结构化数据处理技术、非关系型数据库管理技术、可视化技术等基础技术研发，并推动与云计算、物联网、移动互联网等技术的融合，形成较为成熟、可行的解决方案。

三是面向大数据应用，加强网页搜索技术、知识计算（搜索）技术、知识库技术等核心技术的研发，开发出高质量的单项技术产品，并与数据处理技术相结合，为实现商业智能服务提供技术体系支撑。

2. 提高软件产品发展水平

一是推动以企业为核心的产学研用合作，加快提高软件发展水平，为大数据发展和应用奠定基础。

二是利用本土语言优势，结合云计算技术与服务，加快中文数据采集、汇总与分析，加快开发和建设中文知识库、数据库与规则库。

三是利用产业发展引导资金，鼓励软硬件企业和服务企业应用新型技术，与信息内容服务相结合，面向实际的大数据应用提供具有行业特色的系统集成解决方案和数据分析服务。

四是以百度、腾讯、阿里巴巴等企业牵头，基于开源、开放操作系统或应用平台，整合优势资源，聚集一批有实力、有特色的中小互联网信息服务提供商，加速本土化信息服务的开拓与整合，形成良性发展的生态系统。

五是以有基础优势的数据处理软件商牵头，统合各方技术优势与数据优势，形成完整、可实用的数据分析软件，不断提高服务内容的精确度与匹配度。同时培育形成一批具有较高集成水平、较强市场能力的大数据解决方案提供商，为大数据在各行业领域的应用提供成熟的解决方案。

3. 加速推进大数据示范应用

一是面向健康医疗、金融、电信、流通等数据量大的领域，引导行业厂商参与，大力发展数据监测、商业决策、数据分析、横向扩展存储等软硬件一体化的行业应用解决方案。

二是面向智慧城市建设与百姓日常生活需求，加快推动大数据在智慧城市建设及个人娱乐、生活服务领域的应用，不断提升数字内容加工处理软件等服务发展水平。

三是推动行业数据的深加工服务。大力开发深度加工的行业数据库，对高科技领域数据进行深度加工，建立基于不同行业领域的专题数据库，提供内容增值服务。

四是选择重点领域、重点企业，鼓励其应用数据清洗等手段，对企业积累的数据进行初步分析整理，去除重复数据，减少噪音数据，提高大数据集合的建设质量。

4. 优化完善大数据发展环境

一是要加强大数据应用背景下信息安全问题的研究，应对好大数据应用可能带来或面临的信息安全风险，特别是研究面向基于大数据的情报收集分析工作的信息保密问题。

二是要明确数据分析处理服务的价值和作用，支持数据加工处理企业发展，将具备一定能力企业的数据加工处理业务列入营业税优惠政策享受范围。

三是完善相关体制机制，以政府为切入点，推动信息资源的集中共享，夯实大数据的应用基础。

案例四　移动互联网

移动互联网将移动通信和互联网这两个发展最快、创新最活跃的领域连接在一起，并凭借数十亿的用户规模，正在开辟信息通信业发展与传统产业商业模式转型升级的新时代。

从移动互联网的发展阶段看，全球移动互联网已处于爆发性发展阶段，但其发展方向、产业规则尚未最终形成，国际格局仍然在不断变幻，我国仍存在创新突破的巨大空间和时间窗口。我国移动互联网蓬勃酝酿态势已经十分明显，智能终端占移动终端出货比例猛增超过10个百分点，超过全球平均水平；中国企业在操作系统、跨平台应用软件、芯片等关键技术领域已经开始突破；应用商店应用数量超过10万。随着4G网络和智能终端的成熟和普及，互联网企业的移动化转型，我国移动互联网产业将在未来两年内出现质的飞跃，成为具有实质意义的重量级产业。

移动互联网对产业的影响主要体现在对自身所处信息通信行业的影响和对其他产业的影响两方面。第一，对信息通信行业的影响：① 移动互联网让互联网进入新的产业周期；② 移动互联网让移动通信产业发生颠覆性变化，基本的业务模式、商业模式和资源发展模式受到巨大冲击；③ 移动互联网推动了移动终端产业跨越式发展，终端能力、形态与服务的关系都发生巨大变化。第二，对其他产业的影响：① 颠覆性产业影响：一是文化产业中的一些传统业态；二是传统的通信与物流行业。② 改造升级性产业影响：主要包括传统制造业、金融服务业、医疗健康、文化传媒和休闲旅游等。③ 创新性产业影响，主要包括基于移动电子商务的创新型商业模式。

移动互联网具有个性化、实用化以及时间和位置的高度灵活性等特点，在需求端、供给端以及政策支持与企业发展等方面均具有巨大的潜力和优势，但在技术、人才、管理及信息安全方面仍存在较大的不足。这也是未来政策对移动互联网技术及相应产业的支持方向。

一、概念及核心要素

移动互联网是以移动网络作为接入网络的互联网及服务，具体是指用户通过移动终端获取移动通信网络服务和互联网服务，以及多媒体、定制信息等其他数据服务和信息服务。移动互联网包括三个要素：移动终端、移动网络和应用服务。

移动互联网业务体系可以分为三类。其中，结合移动通信与互联网功能的移动互联网创新业务则代表了移动互联网的发展方向。

移动互联网作为空前广阔的融合发展领域，与广泛的技术和产业相关联，纵览当前移动互联网业务和技术的发展，其主要涵盖六项技术产业领域：移动互联网关键应用服务平台技术、面向移动互联网的网络平台技术、移动智能终端软件平台技术、移动智能终端硬件平台技术、移动智能终端原材料元器件技术、移动互联网安全控制技术。其中，智能终端软、硬件技术是移动互联网技术产业中最为关键的技术。

移动互联网业务的特点，不仅体现在移动性上，可以"随时、随地、随心"地享受互联网业务带来的便捷，还表现在更丰富的业务种类、个性化的服务和更高级的服务质量。

二、国际国内发展现状

1. 移动互联网的发展

移动互联网发展迅速，从21世纪初萌芽开始，经历了飞速发展。2000年至2003年，智能手机开始逐步增长。大量互联网服务商从2006年开始转型进入移动互联网市场。2007年苹果公司、Google纷纷推出智能手机，同年诺基亚宣布转型为移动互联网服务商；2008年苹果公司宣布开放基于iPhone的软件应用商店AppStore，这个将网络与手机相融合的经营模式被认为是移动互联网划时代的创新商业模式。2011年，移动互联网的各种应用开始普及，移动互联网的用户习惯开始养成。根据CNNIC的报告统计，2013年全球移动用户已超过50亿，国内移动用户已达到8亿。2013年，"互联网+"成为热词，传统行业纷纷与互联网尤其是移动互联网"联姻"。从报刊、网站到医院、银行，从读书、教育到娱乐、购物，几乎各行各业都在试水移动客户端。

我国移动互联网的发展在近年来也呈现出迅猛态势。2008年中国移动互联网市场规模达到了388亿，用户数量突破2亿大关，达到20 514万。继2007年产业盘整后，移动互联网内容及应用开始规模化丰富，用户渗透率及活跃度得到巨大提升，如无线音乐、手机游戏、手机浏览器和移动搜索等移动互联网应用服务。

从 2014 年到 2016 年，中国移动互联网经历了飞速发展的三年。2016 年，我国移动购物市场交易规模达 1 676.4 亿元，各大电商在移动端加速"跑马圈地"。同时，基于移动互联网的新型移动支付发展迅猛，2016 年移动支付市场交易规模突破 1.3 万亿元，同比增长 8 倍多，远超个人电脑支付增长率。2015 年，中国移动互联网将进入持续稳定期，逐步探索实现入口平台整合、行业跨界融合，终端全智能化、应用大数据化。

根据 CNNIC 中国互联网络发展状况报告统计，截至 2016 年 6 月，中国网民有 6.32 亿，互联网普及率达到 46.9%。其中，手机网民规模达到 5.27 亿，占 83.4%，手机使用率首次超越传统 PC 使用率，手机作为第一大上网终端设备的地位更加稳固。

2. 移动互联网的应用

2014 年以来，网民对移动网络应用的使用越发深入。交流沟通类应用中，即时通信使用率继续攀升，第一大网络应用的地位更为稳固。微博客市场逐步进入成熟期，整个市场呈现出集中化趋势。社交类网站呈现持续下降趋势，移动社交逐渐向单一应用聚合。移动商务类应用在移动支付的拉动下，正历经跨越式发展，在网络应用中地位愈发重要，手机网上支付、手机网络购物、手机网上银行和手机旅行预定应用的网民规模半年增长速度均超过 40%，带动整体互联网商务类应用增长。休闲类娱乐应用中，手机网络游戏和手机网络音乐使用率保持快速增长，在 2013 年整体发展下行的背景下，网络游戏、网络音乐 2014 年上半年出现回暖，使用率基本恢复到 2012 年底水平。信息获取类应用发展较为平稳，但手机搜索引擎随着各大品牌手机搜索 APP 的推出、手机浏览器等多渠道推广及各类应用的用户导流，用户规模在保持高位情况下依然增长强劲。互联网金融类应用增多，互联网理财产品仅在一年时间内，使用率超过 10%。

移动互联网的应用呈现出以下特点：

（1）应用服务本土化优势明显：我国部分移动互联网应用服务在技术创新、服务体验、内容资源等方面已实现较好的用户积累，形成稳定的市场格局，保持着较为领先的竞争优势。同时，我国互联网巨头全线进入移动互联网，新浪、腾讯等依托自身的互联网业务优势在应用服务领域起了一定的引领作用，如微博客、移动 SNS 等。

（2）新的应用服务模式不断涌现：追随全球发展潮流，我国产业各方积极参与，应用商店全线铺开。目前，我国三大运营商、联想、宇龙酷派等终端制造商、华为等网络设备厂商均面向自身的用户需求开设了应用商店，促进应用的自主创新。同时，结合产业发展情况，我国应用商店在合作、推广等方面也表现出独有的特色，如中国移动同终端合作的"店中店"模式；华为数字商城同运营商合作的应用销售分成模式。另外，移动支付产业链的逐步完善推动了移动电子商务迈向正轨。

（3）运营商加快向移动互联网转型：三大运营商都把移动互联网作为最重要的发展方向之一，不仅以最快的时间全部开设了应用商店，而且面向典型的移动互联网业务应用（无线音乐、手机阅读、游戏、视频、位路、电子商务等）构建了平台级的产品和运营基地；同时，运营商也与产业链的各方积极合作，如中国移动和新华社联合推出搜索引擎——盘古搜索，将互联网服务与移动终端深度融合，充分利用自身的技术优势，实现了将桌面搜索结果"直达"手机的搜索服务新体验。

3. 移动互联网的市场分析

目前发达国家的移动互联网产业已处于爆发性发展阶段。从总体上看，全球大的格局仍在变化中，但初步形成了几大阵营。在终端软件平台方面，目前苹果、谷歌、微软协同诺基亚三大阵营实力最强，RIM、惠普、三星紧随其后，谷歌的Android已居全球智能终端出货量的第一位，在过去的一年中达到惊人的615.1%的增长率。在终端硬件平台方面，目前智能终端芯片的竞争集中于美、英两国若干IC巨头之间（特别是Intel和ARM）；显示屏等关键器件则由韩国、日本、台湾地区把持；此外占据成本较高的存储技术主要由韩国阵营掌握，台湾地区处于跟随状态；而传感器作为重要元器件则由美国引领。在网络应用服务方面，谷歌和苹果处于领先地位，在最关键的应用商店方面，苹果遥遥领先，其App Store应用数量超过35万。在其他应用服务方面，移动互联网继承、融合了大多数互联网风行的业务，如Twitter、Facebook、搜索、电子商务、网络广告、网络游戏等。

以美国为代表、由移动互联网应用巨头、领袖型的消费电子、智能终端企业、富有创造力的移动互联网用户群体构成的移动互联网产业雏形已经具备。对比来看，我国移动互联网发展在总体上仍然处于产业的初步形成阶段，产业形态、格局还不是非常清晰。在关键的终端操作系统、终端核心芯片、移动Web技术方面基本处于追随状态。大量的移动互联网典型应用，如微博客、移动视频、移动电子商务还刚刚兴起，用户应用范围相对局限，大规模产业放量尚未出现。但是，目前我国移动互联网蓬勃酝酿态势已经十分明显，中国（移动）互联网企业获得国际一流资本市场青睐，海外上市屡创新高；智能终端占移动终端出货比例猛增超过10个百分点，超过全球平均水平；中国企业在操作系统、跨平台应用软件、芯片等关键技术领域已经开始突破；应用商店应用数量超过10万。

三、对产业的影响

移动互联网目前已经成为信息产业当中发展最快、竞争最激烈、创新最活跃的领域，并给信息产业中的主要领域带来巨大的影响与变革。

第八章 从世界科技革命案例看产业结构转型

移动互联网让互联网进入新的产业周期。一是互联网的接入终端形态发生变化，并成为产业的基本要素。移动上网终端数量已超过 PC，移动终端的独特性让移动互联网改变了互联网产业的基本要素——终端成为关键环节，谷歌以智能终端操作系统 Android 为支点发起了移动互联网业务的竞争。二是互联网业务的发展重心、用户消费方式和业务组织模式发生了重要变化。互联网业务及信息逐步从以 PC 为中心转变为以手机为中心，以应用程序为中心的应用商店模式改变了用户使用、购买互联网服务的方式，让应用程序与浏览器平分了用户的业务入口；在业务组织方面，应用商店改变了互联网业务的开发、提供和产业链组织方式，形成了以终端和互联网为中心、基于接口开放和开发者广泛参与的新的互联网业务模式。移动互联网跨越了产业之间、产业链上下游之间的壁垒，让互联网公司、消费电子公司、电信运营商、终端厂商甚至芯片厂商之间形成短兵相接的竞争，其融合效应远远超过目前所有已知的产业融合，让互联网延伸至更广泛的领域。

移动互联网让移动通信产业发生颠覆性变化，基本的业务模式、商业模式和资源发展模式受到巨大冲击。应用商店模式成为移动通信（数据）业务的主导业务模式，电信运营商在通信领域仅存的贴近用户和理解用户感知的优势被颠覆，在新一轮的浪潮中逐渐被边缘化；不仅如此，移动运营商的命脉业务移动话音正在受到破坏性创新的威胁——移动终端的融合性让移动 VOIP、移动即时消息与互联网服务融为一体，正在替代基本的移动通信业务；同时，移动互联网带动了移动网络流量的爆炸性增长，导致无线网络资源加速消耗和服务质量的急剧下降。无线资源稀缺性和无线环境突变性导致的带宽资源矛盾更加尖锐和长远，传统的资源构建和发展模式面临重大挑战。

移动互联网推动了移动终端产业跨越式发展，终端能力、形态及与服务的关系都发生巨大变化。移动智能终端产业链在移动互联网的驱动下迅速进化，在谷歌 Android 影响下，移动终端操作系统开源、开放和免费的趋势风靡，极大地调动了开发者、硬件厂商的参与热情，终端系统软件、硬件适配成本大幅度降低，低端移动智能终端的成本迅速降低到 100 美元以下。

在智能手机、平板电脑上应用商店与终端软件平台一体化耦合模式凸显，应用商店和网络应用服务成为终端的必备要素，移动终端制造和互联网业务服务的关系已经发生变化；在整机、软件和应用爆发性发展的带动下，几乎所有的移动终端硬件——终端核心芯片、屏幕、存储器、传感器件都被推入加速创新通道。

移动互联网渗透到诸多行业，对人类的生产经营活动产生了巨大的影响。移动互联网将催生许多新的产业和新的商业模式，促进传统产业的转型与升级，同时，也将颠覆性地影响或改造那些曾为我们熟悉的行业。

1. 颠覆性产业影响

一是文化产业中的一些传统业态。包括实体唱片业、光盘租赁业、传统出版行业及其产业链条上的印刷业。随着信息传播方式与人们获取视听渠道的改变，传统的信息载体印刷用纸将被以硅为主的电子材料所取代，传统出版行业的经营模式难以为继，但出版行业或不会就此消亡，而是以更目标客户锚定，更私人定制，更小众却受众稳固的形式走向新的发展路径。二是传统的通信与物流行业。绿色邮筒和电报的逐渐消失，预示传统通信与物流行业在经济社会生活中的淡出。邮局如果不能向快递业或物流业方向转型，那就只有等人们来送行悼念了。据调查，现在中国每天有2500万个左右的包裹，10年后预计是每天2亿个。电子商务的兴起，是传统物流行业转型的重要机遇。

2. 改造升级性产业影响

（1）传统制造业：移动互联网技术使得互联网已经从消费互联网发展成为产业互联网，新的商业形态开始进入产业领域，并且从服务业逐渐走向制造业，走向工业领域。互联网与工业融合创新新兴通信技术带来的是制造业本身从数字化走向了网络化、智能化。

一是制造业服务化，由单纯的产品制造向服务制造转变。如三一重工通过网络实现服务型制造。通过在设备上安装3G、4G的移动通信模块，与三一重工的后台联系起来，可以实时采集设备的运行状况，进行主动维护。三一重工实施系统以后企业利润大幅度提升，三年间的新增利润超过20亿元，而且成本降低了60%。

二是个性化定制，由规模化标准产品向个性化定制产品延展。通过移动终端搜集用户数据，在后台的云中心进行大数据分析。通过大数据分析对市场进行预测，可以延伸到产业生态圈的其他环节，进行跨界经营。通过这样的方式，既实现了个性化制造，也实现了批量化生产。

三是组织分散化。过去的工业都是集中式的大规模生产，由于与互联网的融合，已经呈现向组织分散的转变。主要模式包括协同研发、众筹融资、众包设计、网络制造，而这些模式已经开始广泛地为移动终端所联结和实现。

（2）金融服务：金融业是所有产业中收益相对较高也是对市场反应较为敏感的行业，金融信息化的建设一直是技术与商业探索的热点。移动金融正是新时期移动互联网时代金融信息化发展的必然趋势。

一是全面提高了金融行业管理及经营效率。在企业内部管理方面，以移动营销、移动客户关系管理、移动数据报表、移动信贷等为代表的移动办公模式逐步应用于金融行业内部管理，提高了企业内部的工作效率、降低了企业运营成本。同时，通过提供对外服务的移动产品，增加服务渠道，在提供更方便的服务的同时大大降低了传统渠道的成本还可以带来新的收益。目前常见的金融移动外部产品应用类型包括移动银行、移动掌上生活、移动理财投资、移动支付等。

二是移动金融顺应多层次金融需求，推动实现金融服务的普惠性。移动金融蓬勃发展，一方面让互联网巨头纷纷进军金融服务领域，另一方面，包括传统商业银行在内的各种金融机构，也都加快了与互联网融合的脚步，以其简单、便捷、门槛低的优势，让更广泛的人群，尤其是弱势群体，能有机会享受到种类更多、更优质的金融服务。

三是移动金融未来有望改变金融业经营模式，金融业竞争格局或因此发生改变。随着移动金融应用的普及，未来银行、证券等行业的网点规模效应可能会递减，更多的网点可能会消失，绝大部分业务将由线下转到线上，行业的竞争将更多依赖产品设计创新能力、客户需求锚定能力、跨界资源的整合能力等软实力。

（3）医疗健康：移动医疗的技术创新、商业模式创新为医疗健康服务提供了新的解决方式，为医疗投资带来了新的盈利模式，趋势性地展现了未来医疗服务新模式。

一是更多医学资料在手机中存储，为医疗健康服务提供新的解决方式。医疗信息采集系统基于医疗信息的采集和人体信号的检测，其核心是围绕每一个接受医疗服务的人，将医疗资源和各种医疗服务连接在一起在无线应用领域。

二是电商模式在医疗领域的应用，实现移动用户的个性化服务和服务流程的便捷。医疗学术机构通过提供付费的医学文献资料，移动医疗企业直接面向用户提供付费医疗服务等模式催生掌上药店、掌上医生等多种移动医疗服务模式。

三是移动医院模式将打破传统的医疗模式，有望成为未来发展趋势。传统的医疗模式一般都是"发病→检查→诊断→治疗→复查"，这一系列过程都在医院进行，而平时对自己的身体状况不甚了解。移动医院模式从"预约挂号"开始到"诊断治疗"实现随时随地的便捷体验。预计未来十年，这种在移动医疗领域的特殊商业模式有望成为未来发展趋势，推动移动医疗服务的整合。

（4）文化传媒：一是改变传统文化传媒的传播方式，带来新的视听模式。如移动电视，目前移动电视用户主要集中在积极尝试新事物、个性化需求较高的年轻群体，这样的群体在未来将逐渐扩大。随着移动电视业务进一步规模化，广告主也将积极参与其中。又如移动电子阅读，利用上下班坐车的零碎时间的习惯已经使我们的阅读习惯潜移默化地改变着。内容数字化，使电子阅读内容丰富，结合手机多媒体的互动优势，增加了音乐、动画、视频等新的阅读感受。二是充分利用文化产品的黏性，将客户绑定移动端，实现创新性盈利模式。在移动网络虚拟世界里面，服务社区化将成为焦点。社区可以延伸出不同的用户体验，提高用户对企业的黏性，如我们常用的QQ、微信等。移动广告业务是一个具有前瞻性的业务形态，可能是下一代移动互联网繁荣发展的动力因素。另外手机游戏的方便、快捷让我们可以随时随地的享受游戏的乐趣。手机游戏的黏着性非常强，成为移动互联网的杀手级盈利模式，将掀起移动互联网商业模式的全新变革。

（5）旅游休闲：移动互联网技术通过对旅游休闲业产业链各环节的渗透，打破旅游产业链原有的结构和平衡，促生新的商业形态和交互模式。

一是应用于旅游内容的提供。移动互联网进一步降低旅游服务的进入门槛，只要感兴趣，所有人均可以成为旅游内容提供者。安装客户端软件上网的方式为所有人提供了平台，随着智能手机的普及，将有越来越多的个人开发者或团队参与到这类软件的制作中，多动互联网将为有志于此的人提供舞台，内容提供者的大量涌现、云计算的兴起，将使旅游信息更加丰富多彩。

二是应用于旅游服务的提供。在移动互联网时代，传统旅游服务提供商需要根据自身的行业特性调整自己的服务内容和服务方式，通过网站手机版和客户端软件增加用户的使用黏性，提升品牌知名度。旅行社的在线咨询将演变为移动在线咨询，或者针对某旅行团或旅行路线建立虚拟社区，通过延伸服务与游客展开实时互动，及时对游客提供指导和帮助。宾馆施行手机预订和手机支付，游客可以随时了解客房的入住动态。手机电子商务将促进景点特色商品的销售，在信用卡支付不便的地区，手机支付将成为游客的首选。

三是应用于旅游交易。金融和物流是与旅游业紧密相关的两个行业，移动互联网也将改变这两种行业的商业形态，从而对旅游业产生间接影响。网上银行、支付宝、财付通、易宝等成为人们网络交易的首选工具，旅游交易工具的多元化将结束单纯依靠现金或银行卡交易的历史。使用移动互联网后的物流业可以更好地为旅游业服务，当游客在旅游景点购物后，可以通过快递寄回，并通过手机上网随时查询货物的动向，这样既可以减少旅途中行李的重量，又可以刺激游客多消费。

3. 创新性产业影响

移动互联网的产业创新主要体现在以移动电子商务为基础的商业模式创新。调查显示，至2016年9月，我国电子商务销售额中有37%来自移动端；43%的智能手机用户在购物时会使用移动端查询信息。这些比率还处于快速上升阶段。未来，移动电子商务与手机搜索的融合，跨平台、跨业务的服务商之间的合作，电子商务企业规模的扩大，企业自建的电子商务平台爆发式增长将带动移动电子商务的成熟。目前，移动电子商务已广泛运用于公共交通、公共事业缴费、购物、一卡通、电子票务、旅游、金融、医疗、教育等领域，为人们的生活与消费带来了很大的便利。而O2O模式更是实现了信息和实物、线上和线下、实体店与实体店之间的无缝衔接，具有价格便宜，购买方便等优势，已应用于移动电子商务、租车租房服务、个性化产品设计、产品直销、线上促销等领域。移动互联网的应用推动了移动电子商务的发展，使电子商务有望迎来发展的第二个"春天"。

四、中国的差距和机遇

1. 中国的差距

当前，我国移动互联网的发展与发达国家相比仍有较大差距。

一方面，中国企业在操作系统领域缺乏对核心技术的掌控。虽然中国拥有庞大的移动互联网用户群体、巨大的移动终端设备生产能力，以及位列世界前15强的三大电信运营商，但作为发展中国家，中国与发达国家相比仍存在技术方面的差距。移动智能终端操作系统、移动芯片等领域最领先的核心技术仍然掌握在少数发达国家企业手中，中国在全球移动互联网核心技术领域刚刚起步。

此外，移动互联网领域专业技术人才缺乏，以及国内软件项目管理水平与国际水平仍存在差距，这些也都制约了移动互联网技术与市场的发展。

另一面方面，我国移动互联网发展在总体上仍然处于产业的初步形成阶段，产业形态、格局还不是非常清晰。

2. 中国的机遇

据统计中国电脑用户3亿，每天使用3小时，中国手机用户8亿，每天使用16小时，所以移动互联网的潜在机会是PC互联网的14倍。也就是说，如果移动互联网发展成熟后的市场将是PC互联网的14倍。移动互联网，目前在最大程度上实现了社会资源更自由、更大范围的调配和更快速、更便捷的流通，从而影响和改变着财富增长的速度和分配方式。这种变化所释放出来的巨大能量将必定影响未来信息社会人们数字化生活中方方面面的需求，进而滚雪球般地创造出越来越多的机会和财富。

经过多年积累，中国已经成为全球中低端移动智能终端的研发和制造中心，所生产的移动智能终端销往世界各地。同时，由中低端产品向高端产品发展的趋势对移动操作系统相关技术的研发提出了更多新的要求。植根中国的移动智能终端操作系统产品与技术提供商在产业链中的地位尤为重要。随着中国逐步成为移动智能终端研发制造中心、在全球的产业链地位日益重要，植根中国的移动智能终端操作系统产品与技术提供商在产业链中也将会起到更大的作用。

此外，中国移动互联网的建设得到了政府政策的大力支持。根据国家统计局《战略性新兴产业分类（2012）（试行）》，智能终端操作系统行业属于新一代信息技术产业中的高端软件和新型信息技术服务业，是国家重点支持的战略性新兴产业。在发展方向上，《"十二五"国家战略性新兴产业发展规划》明确提出大力发展高端软件和新兴信息服务产业，加强以网络化操作系统、海量数据处理软件等为代表的基础软件、智能终端软件、信息安全软件等关键软件的开发；工信部印发的《互联网行业"十二五"发展规划》为移动互联网、物联网、云计算更长远的发展铺平了道路。在基础设施建设上，国家加大对4G通信网络的建设，完成对所有城市和县城以及部分乡镇的覆盖，并立足长远，大力推动LTE、5G无线网络的建设。

总体上看，全球移动互联网虽然已处于爆发性发展阶段，但其发展方向、产业规则尚未最终形成，国际格局仍然在不断变幻，我国仍存在创新突破的巨大空间和时间窗口。随着4G网络和智能终端的成熟和普及，互联网企业的移动化转型，我国移动互联网产业将在未来两年内出现质的飞跃，成为具有实质意义的重量级产业。

五、应对策略

针对我国目前移动互联网的发展状况、发展趋势以及所遇到的问题，政府及相关部门应该采取多种措施来促进移动互联网的发展。

一是加快突破关键性技术，鼓励开发基于主流应用开发系统的应用软件，支持移动应用开发系统和开源社区建设。加快推进移动互联网的云计算和大数据应用。

二是积极培育孵化一批创新创业企业。鼓励有条件的区域以"区中园"、"园中园"形式建设移动互联网产业创业孵化园，支持高端人才、大学生和小微企业的创新和创业。

三是强化资金保障。鼓励天使投资、VC（风险投资）、PE（私募基金）等投资机构投资移动互联网企业，投资额达一定规模的，给予适当奖励。支持设立专项担保基金，为有技术、有市场、有信用的移动互联网企业提供融资担保服务。整合政府相关专项资金，加强财政资金的投入，重点支持企业发展、重大技术攻关、重点企业引进、集聚区建设、创新平台和公共服务平台建设、创业投资等。

四是积极引进和培养人才。移动互联网企业所在园区要积极为企业提供人才引进、培训、认证等"一门式"服务。对引进的高层管理人员（含核心技术人员），对其户籍、居住证办理、医疗保障、子女教育、家属就业、人才公寓入住或购房补贴等方面给予重点支持。大力引进海外高层次、高技能人才和创新团队，对创新创业并入选海外高层次人才"千人计划"的给予一次性政府科学技术人才补贴。

五是优化发展环境，严格执行国家移动互联网管理的相关法律法规，加强网络安全监管。加强知识产权保护，建立异地执法协调机制。探索对新兴业态和服务的"温和监管"和"预替式监管"模式，为企业营造宽松的发展环境。积极研究既符合法律法规，又符合移动互联网发展特征的税收征缴模式。

案例五 3D 打印

目前中国 3D 打印技术发展面临诸多挑战，总体处于新兴技术的产业化初级阶段，主要表现在：一是产业规模化程度不高。3D 打印技术大多还停留在高校及科研机构的实验室内，企业规模普遍较小。二是技术创新体系不健全。创新资源相对分割，标准、试验检测、研发等公共服务平台缺乏，尚未建立起产学研用相结合的技术创新体系。三是产业政策体系尚未完善。缺乏前瞻性、一致性、系统性的产业政策体系，包括发展规划和财税支持政策等。四是行业管理亟待加强；五是教育和培训制度急需加强。

针对以上瓶颈，我国可以从几个方面加以应对。第一，加快 3D 打印的研发和产业化投入；第二，根据 3D 打印对不同产业的影响，制定不同的产业发展政策；第三，建立和 3D 打印相关的法律法规；第四，推行鼓励 3D 打印进入市场的税收制度，并完善对 3D 打印设备采购的政策。

一、概念及核心要素

3D 打印是指由计算机辅助设计模型（CAD）直接驱动，运用金属、塑料、陶瓷、树脂、蜡、纸、砂等材料，在快速成型设备里分层制造任何复杂形状的物理实体的技术。基本流程是，先用计算机软件设计三维模型，然后把三维数字模型离散为面、线和点，再通过 3D 打印设备分层堆积，最后变成一个三维的实物。

传统制造技术是"减材制造技术"，即对原材料进行加工、制造，打造出比原材料更小的物品，3D 打印则是"增材制造技术（Additive Manufacturing）"，具有制造成本低、生产周期短等明显优势，被誉为"第三次工业革命最具标志性的生产工具"。3D 打印将多准制造变成简单的由下而上的二维叠加，从而大大降低了设计与制造的复杂度。同时，3D 打印还可以制造传统方式无法加工的奇异结构，尤其适合动力设备、航空航天、汽车等高端产品上的关键零部件的制造。当然，3D 打印是通过 3D 打印设备来实现的。把数据和原材料放进 3D 打印设备中，根据 3D 打印的技术原理，机器就会按照程序把产品一层层地打印出来。

二、国际国内发展现状

1892 年，Blanther 首次在公开场合提出使用层叠呈现的方法制作地形图的构想。1940 年，Perera 提出与 Blanther 不谋而合的设想，他提出可以沿等高线轮廓切割硬纸板然后层叠成型制作三维地形图的方法。在接下来的几十年里，又先后有人开展了类似 3D 制造的研究工作。直到 1986 年，Charles W.Hull 成立了 3D Systems 公司，研发了著名的 STL 文件格式，STL 格式逐渐成为 CAD/CAM 系统接口文件格式的工业标准。同年，3D Systems 制造出世界上第一台商用 3D 打印机。当时的 3D 打印机体积非常巨大，而且价格昂贵，但是这台巨型 3D 打印机的面试意味着 3D 打印商业化的起步。第一台商业 3D 打印机面世之后，3D 打印的研发进一步加快，到 21 世纪初期逐渐出现了用 3D 打印技术打印的肾脏、血管、汽车和飞机等。直到今天，3D 打印在航天航空、军事和医疗等领域都有很大的应用。

全球 3D 打印产业的权威研究机构——美国沃勒斯公司发布的全球 3D 打印产业报告显示，2016 年全球 3D 打印市场总收入为 62 亿美元，其中包括设备和服务。

三、对产业的影响

3D 打印是以数字化、网络化为基础，以个性化、短流程为特征，实现直接制造、桌边制造和批量定制的新的制造方式。其生长点表现在：与生物工程的结合，与艺术创造的结合，与消费者直接结合。

3D 打印作为第三次工业革命的重要产物，其最直接的影响就是对于制造业的影响，它将改变第二次工业革命产生的以装配生产线为代表的大规模生产方式，使产品生产向个性化、定制化转变，实现生产方式的根本变革。除此之外，3D 打印还将影响服务业、零售业和建筑设计业等多个领域和行业。

1. 3D 打印对制造业的影响

3D 打印作为制造技术的新型技术，其对制造业的影响是最大的也是最直接的。3D 打印技术的发展，将使得越来越多的产品能够用 3D 打印机制造，同时，打印的成本也越来越低。3D 打印机的推广应用将减少产品推向市场的时间，产品用户只要简单下载设计图在数小时内通过 3D 打印将产品打印出来，从而不需要大规模生产线，不需要库存大量的零部件，不需要大量的工人，这会给以劳动密集型产业为主的制造业国家带来较大的冲击，但是 3D 打印的出现对科技的发展和社会的进步是有益的。

以我国为例，2010 年中国制造业在全球制造业总值中的占比为 19.8%，超过了美国的 19.4%，成为制造业的世界第一大国。中国已有煤炭、钢铁、水泥、汽车、纺织服装等 220 多种工业产品产量居世界首位。标有"Made In China"标志的服饰和用品在全球各地都随处可见，这是因为中国的制造业仍然以劳动密集型产业为主导，并且劳动力低廉，使得世界各地的商家都愿意利用中国的劳动力市场进行生产和制造。但是现在的问题是，中国能不能保持这样的世界地位？从总量上来说，欧美制造业已少之又少，不可能再移到中国来；从劳动力供应、成本和环境成本角度上说，中国制造成本已比周边的发展中国家高，之所以还有很多产品仍在中国制造，那是因为中国有积累了 30 多年的电子产品生产经验，工厂形成了产业网，具备高度发展的供应链，多元化设计及工程技术，娴熟的生产工艺，以及迅速投入规模化生产的意愿。简言之，中国能提供成熟的工业产业群。3D 打印的出现和发展，有可能动摇中国世界第一制造大国的地位。

一方面，3D 打印技术制造一些产品时比传统的制造业更便捷和节约劳动力。以汽车制造业为例，汽车的制造是烦琐而复杂的过程，除了汽车的零部件加工和制造，装配汽车还需要一系列的生产流程，包括冲压、焊接、涂装、总装等，需要大量而且具备不同专业技术的工作人员才能完成。尽管欧洲发达国家掌握着汽车制造和零部件制造的核心技术，但是欧洲的劳动力昂贵，而他们又不想放弃汽车在中国的市场，于是出现了很多由欧洲进口的零部件在中国内地组装的汽车，例如华晨宝马、一汽奥迪、上海大众等，中国也因此成为汽车整车制造的第一大国。但是 3D 打印的出现可以使得这一过程变得简单便捷，3D 打印机可以一次性完成汽车的装配制造，汽车零部件不再需要漂洋过海运送到像中国这样的劳力输出国进行制造，这对中国汽车制造业的打击是相当大的。2010 年第一辆由 3D 打印机制造的汽车 Urbee 问世，当时这只是一辆打印汽车的原型。

2014 年 10 月 8 日，一辆由 3D 打印机器完整打印的汽车"斯特拉迪"走上街头试行，更值得注意的是，这辆汽车的零件成本只有约 3 500 美金，打印周期仅为 44 个小时，并且最高时速可以达到 80 千米，且依靠电动能源，充电时长 3.5 小时，可以行驶约 100 千米。3D 打印的发展，无疑对汽车制造业的格局有巨大的影响。

3D 打印技术能够打印出更个性化的，符合消费者需求的产品。试想一下这样的场景，当你需要一双新鞋子的时候，你只需要从网上花费几美元或者免费找到一个你喜欢的鞋子款式的模型文件，用电子设备扫描你的脚，然后选择你想要的颜色，把这些信息通过手机软件传送到当地一家 3D 打印店里，几个小时之后，在你去健身房的路上，你去 3D 打印店拿到你的新鞋子，发现正是你想要的款型而且非常合脚。又有一天，你需要一把转椅，于是你打开了一个家具制造的网站，找到自己喜欢的转椅模型，选择好颜色和材料，调整一下椅子的大小，然后付款，几天之后，你想要的转椅就被送到你的家门口。这样的场景在不久的将来必定会发生，而且对于服饰、家具这样的生活日用品，个性化的定制更能够得到消费者的青睐。这样一来，我国本土的服饰、家具生产聚集地的贸易额必然受到影响，也许在不久的将来，欧美的服饰上印有"Made In China"字样的服饰将大大减少，中国的服饰制造业将受到重创。

另一方面，3D 打印技术在制造一些产品时比传统的制造业更合适、更省时和节约材料，例如航空航天设备的零部件制造。由 3D 打印制造出来的金属零件完全符合航空航天领域对于未来器械设计制造的要求。轻量化和高强度一直是航空航天设备制造和研发的主要目标。3D打印技术所制造出来的零件能够很好地迎合这两个要求，如由激光快速成型技术打造的一次成型钛合金的承力能力比普通锻造、焊接强上30%。由于航空航天设备所需要的零部件往往是一些需要单件定制的小部件，如果运用传统工艺制作势必会存在制作周期过长且成本过高的问题。而3D打印技术低成本快速成型的特点则能很好地弥补这一问题。传统技术在生产零件过程中会造成许多不必要的损耗，对于复杂产品，夸张的时候原材料利用率仅有不到10%。而3D打印所特有的增材制造技术则能很好地利用原材料，利用率高达90%。因此，选择3D打印技术制造航空航天设备的零部件是更好的选择。

3D打印技术在生物制造业上也有重要意义。在2002年和2009年，科学家利用人体细胞分别成功打印出肾脏和血管，在2012年用患者细胞打印出人造下巴并成功植入患者身上。3D打印在假肢制造、牙齿矫正与修复等方面都已经有很大的应用。利用3D打印能够完美地复制人体结构构造，贴合人体工学。现如今在欧洲，使用3D打印制造钛合金人体骨骼的成功案例就有3万多例。目前，许多疑难重症都需要靠器官移植的办法来解决，但是现在器官捐赠涉及伦理在内的诸多问题，器官的需求供不应求，要找到能和患者匹配的器官更是难上加难。3D打印技术在生物制造业上的应用，通过患者自身的细胞进行复制、打印，大大提高了器官和患者的匹配程度，减少了术后可能产生的严重排斥性问题。因此，今后3D打印在生物制造业的应用将会非常可观。

所以说，3D打印的出现对制造业的发展既是机遇也是挑战，它使得以前烦琐复杂的制造业变得简单便捷，同时对于劳动力的需求也不如以前大了。3D打印对制造业的影响，最大的获益者应该就是美国等发达国家。这些发达国家因为转移劳动密集型产业而在本国丧失大量就业机会，3D打印技术的发展将有助于它们夺回曾经流失的产业，将大量已转移给中国的产业重新搬回本土。这对于中国这样以劳动密集型产业为主导的制造业大国来说是非常不利的，中国的制造业市场必须抓住3D打印带来的机遇，充分利用3D打印的优势，通过3D打印技术开发更多的适合未来生产模式的制造业。同时，也应该理智地认识到3D打印对劳动密集型产业为主导的制造业的冲击，逐渐缩小因3D打印而受到消极影响的制造业规模，发展新的生产模式。

2. 3D打印对服务业的影响

从总体上来说，3D打印对于推动服务业的发展是有促进作用的；对部分行业的服务业来说可能会带来消极的影响。

3D打印的出现，使得消费者和产品之间的关系更加紧密，对于大部分的日常用品，消费者都可以通过3D打印技术进行个性化的定制，所以3D打印可以与现代服务业紧密结合，衍生出新的细分产业、新的商业模式，创造出新的经济增长点。例如，自主创业者可以通过购置或者租赁低成本的3D打印设备（一些3D打印设备成本已低于1万元），利用电子商务等平台提供服务，为大量消费者定制生活用品、文体器具、工艺装饰品等各类中小产品，激发个性化需求，形成一个数百亿甚至数千亿元规模的文化创意制造产业，并增加社会就业。当然，3D打印在创造这些就业机会的同时，对这些商品的传统服务业有不小的冲击。例如，消费者能更倾向于去3D打印一件自己喜欢的文化衫而不是去服装店购买，消费者可能更喜欢在3D打印的网店定制一块有自己喜欢图案的毛巾、肥皂、牙膏而不是去百货超市购买，这样一来，传统的单一的营销和服务模式可能无法适应3D打印带来的变革，逐渐被新兴的服务业所取代。

3. 3D打印对建筑设计业的影响

3D打印通过更精确、更快捷的模型制作有利于建筑设计业的发展。随着建筑模型越来越复杂，传统的手绘效果图和3D效果图已经不能满足建筑设计业发展的需要，建筑师和规划师往往在方案的后期阶段需要人工制造建筑或者规划模型向客户展示，但是人工制作的模型费事费力，并且在尺寸的把握上存在一定偏差。3D打印提供了一种与现在流行的3D效果图、建筑模型等传统的建筑造型表现方式不同的、全新的操作模式。据Omote3D公司官方网站显示，整个建筑模型制造过程分为三个阶段：拍照、建模、打印。这种操作方式比用软件画图、按照图纸仿形雕刻更真实、更精确、更快捷。

事实上，在建筑设计项目的初期，由于方案的不确定性，建筑师和规划师往往通过简洁的图形把想法传递给客户，但是对于没有以专业技能为支撑的客户，要想通过2D图像理解一个立体空间的框架往往会遇到困难，3D打印模型在这一点上就非常有用。它的优势在于可以有效传达想法，同时保持跟进鼓励讨论和新的改变，这对客户准确地理解方案是非常有帮助的。通过3D打印技术制造的模型，不仅可以在材质和颜色上更真实地反映客户的实际需要，而且比人工拼接出来的模型更加细腻、完整，有利于吸引潜在客户。

4. 3D打印对其他领域的影响

3D打印技术作为新型制造业技术，最直接的影响是制造业，包括前面提到的航空航天零部件制造业、汽车制造业、生物制造业、服饰制造业等，除此之外3D打印还会影响到服务业、建筑设计业、食品业等。3D打印通过制造业还会影响到文化创意、数码娱乐和教育等领域，科幻类电影《阿凡达》运用3D打印塑造了部分角色和道具，3D打印的小提琴接近了手工艺的水平，3D打印的模型在北美的一些中学、普通高校和军事院校用于验证科学假设和实验教学。在未来，随着3D打印技术的不断提高，有更多的产业和行业会发生变化。

四、中国的差距和机遇

由于我国工业化起步较晚、工业基础比较薄弱,中国工业级3D打印机的稳定性、精密度、材料等领域与国外还是有一些差距的。目前做出来的只是原型,而不是可以使用的产品,而且国内对产品开发也不重视,大多是抄袭,所以快速原型技术在中国工业领域普及得很慢,全国每年仅销售几十台快速原型设备,主要应用于职业技术培训、高校等教育领域。

2000年以后,西安交通大学、华中科技大学、清华大学等高校继续研究3D打印。西安交通大学侧重于应用,做一些模具和航空航天的零部件;华中科技大学开发了不同的3D打印设备;清华大学把快速成形技术转移到企业——殷华(后改为太尔时代)后,把研究重点放在了生物制造领域。

目前国内的3D打印设备和服务企业一共有20多家,规模都较小。一类是十年前就开始技术研发和应用,如北京太尔时代、北京隆源、武汉滨湖、陕西恒通等。这些企业都有自身的核心技术。另一类是2010年左右成立的,如湖南华曙、先临三维、紫金立德、飞尔康、峰华卓立等。而华中科技大学、西安交通大学、清华大学等高校和科研机构是重要的3D技术培育基地。

从2015年设备数量上看,美国目前各种3D打印设备的数量占全世界40%,而中国只有8%左右。国内3D打印在过去20年发展比较缓慢,在技术上存在瓶颈。首先,我国的3D打印在材料的种类和性能受限制,特别是使用金属材料制造还存在问题。其次,3D打印的成形效率需要进一步提高。再次,3D打印在工艺的尺寸、精度和稳定性上迫切需要加强。

目前我国的3D打印行业主要靠卖3D打印设备,而美国的公司是多元经营,设备、服务和材料基本各占销售收入的1/3。在全球3D模型制造技术的专利实力榜单上,美国3D Systems公司、日本松下公司和德国EOS公司遥遥领先。我国的3D打印技术现阶段与美国的差距主要表现在:① 产业化进程缓慢,市场需求不足;② 美国3D打印产品的快速制造水平比国内高;③ 烧结的材料尤其是金属材料,质量和性能比国内好;④ 激光烧结、陶瓷粉末、金属粉末的工艺方面还有一定差距;⑤ 国内企业的收入结构单一。

但是,作为传统的制造业大国,3D打印也给我国未来的发展带来了机遇。

第一,3D打印使制造业和服务业紧密结合。3D打印产业链涉及很多环节,包括3D打印机设备制造商、3D模型软件供应商、3D打印机服务商和3D打印材料的供应商。因此围绕3D打印的产业链会产生很多机会。在3D打印产业链里,除了出现大品牌的生产厂商外,也有可能出现基于3D打印提供服务的巨头。

第二，近中期看，与传统的制造技术形成互补。相较于传统生产方式，3D打印技术的确是重大的变革，但目前和近中期还不具备推动第三次工业革命的本领，也不会是传统制造业的终结者。3D打印技术虽然也许会重振部分发达国家制造业竞争力，但是短期内还难以颠覆整个传统制造业模式。理由有三：一是3D打印只是新的精密技术与信息化技术的融合，相比于机器化大生产，不是替代关系，而是平行和互补关系；二是3D打印原材料种类有限，决定了绝大多数产品打印不出来；三是个性化打印成本极高，很难实现传统制造方式的大批量、低成本制造。目前的3D打印技术在复杂构件、新产品开发、协同制造和实现创意方面较有优势，最理想的应用是在个性化或者定制化的领域。因此，近中期还不可能完全替代传统的制造技术，应该是优势互补。

第三，长期来看，3D打印技术是典型的颠覆性技术。哈佛商学院教授克莱顿·克里斯坦森提出的颠覆式创新理论表明，新进入者如果抓住市场的特殊需求，进入边缘应用领域，当它的技术不断改进直至被主流市场接受时，便会替代传统技术轨迹晋升为主流技术。从长远看，这项技术最终将给工业生产和经济组织模式带来颠覆式的改变。

五、应对策略

3D打印给社会的进步既提供了机遇也提出了挑战。从整体上来说，3D打印大大减少了材料的浪费，也给许多制造业提供了更好的制造途径。所以，面对3D打印带来的科技革命，我国应该制定以下政策以适应3D打印带来的变化。

1. 加大对3D打印技术的研发和产业化投入

3D打印具有巨大的市场前景，但我国的3D打印设备依然落后于以美国为首的发达国家，进口设备成本高、打印材料贵制约着3D打印的发展和普及。我国应该对3D打印带来的契机进行统筹规划，充分利用3D打印的优势，大力发展3D打印推动的产业势头，尽快降低3D打印材料的成本，促进3D打印的发展。

2. 制定适合不同产业的产业政策

根据3D打印在未来对我国不同产业，尤其是制造业的影响，国家有关部门应该做好相应的准备：一方面充分抓住3D打印带来的契机，大力发展航空航天制造业和生物制造业等；另一方面也要制定防范措施以应对3D打印对一些产业的不利影响，开发和推动与3D打印相关联的新型服务业、销售业等，最大限度地减少3D打印带来的不利影响。

3. 建立和3D打印相应的法律制度

3D打印进入家家户户之后，产品的知识产权问题可能引发巨大的社会问题。我国对于知识产权的保护本来就远不如发达国家严格，随着3D打印可以制造越来越多的产品，如果没有相应的完善的知识产权法律体系明确3D打印产品的知识产权，那么在未来，品牌效应会越来越弱，由知识产权引发的纠纷也会越来越多。

4.建立激励的税收和政府采购政策

建议政府对中国3D打印产品实施早期采购政策。同时，还将鼓励金融机构开展多种形式的首台（套）保险业务，建立支持3D打印发展的多渠道、多元化投融资机制，引导创业投资和股权投资向3D打印领域倾斜，鼓励民营资本进入3D打印领域等。特别是建议政府当前尤其要重视桌面级市场和个人打印服务市场，给桌面级产品研发企业和个人打印服务企业提供更多的关注和支持，特别是人才、资金支持和税收减免等扶持。建议重点对消费者、使用者和对采购这些设备的企业进行政府补贴和增值税抵扣，以扩大内需市场。

案例六 自动驾驶汽车技术

自动驾驶汽车的发展仍然存在一些难题，制约着自动驾驶汽车在短期内不能上路行驶。第一是技术难题，这在发展中国家尤其突出；第二是成本问题，自动驾驶汽车的成本依然远远高于传统汽车；第三是缺乏公众信任度的问题，绝大多数人还是无法相信自动驾驶技术的可靠性。

面对瓶颈和挑战，政府应该从四个方面应对。首先是完善法律体系，为自动驾驶汽车建立相应的法律基础；其次要加大研发资金的投入，加快研发进程；再次通过政策制定鼓励具备自动驾驶技术的生产厂商安装自动或半自动驾驶设备；最后加强公众对自动驾驶汽车的认识，最终实现自动驾驶汽车的广泛使用。

一、概念及核心要素

很多年前，自动驾驶技术就已经被广泛运用在商业飞机上。飞机上的计算机可以控制飞机的大部分飞行过程，包括飞机的起飞和降落。油轮和大型货船也是高度自动化的，这使得只需要很少的船员就可以操控它们。如今，半自动化乃至全自动化的驾驶技术也被应用在汽车上，自动驾驶汽车的出现很有可能在2025年之前给地面交通带来革命性的改变。

自动驾驶汽车指的是不需要或者只需要（相对于传统汽车）较少人工操作的汽车。自动驾驶汽车是一种智能汽车，也可以称之为轮式移动机器人，主要依靠车内的以计算机系统为主的智能驾驶来实现自动驾驶。自动驾驶汽车是通过车载传感系统感知道路环境，自动规划行车路线并控制车辆到达预定目标的智能汽车。自动驾驶汽车集众多科技于一体，包括自动控制、视觉计算、模式识别、激光测距系统和人工智能等等。自动驾驶汽车是科技高度发达的产物也是衡量一个国家科研实力和工业水平的一个重要标志，在国防和国民经济领域具有广阔的应用前景。

二、国际国内发展现状

自动驾驶技术的研发始于20世纪初，从20世纪70年代开始，美国、英国、德国等发达国家进一步加快了自动驾驶汽车的研究，直到21世纪，伴随着信息技术革命的发展，自动驾驶技术进步的频率越来越快，几乎每年在可行性和实用化方面都取得了突破性的进展。

为了促进自动驾驶汽车的快速发展，在2004年时，美国DARPA（美国国防部高级研究计划局）曾出资100万美元来奖励能够完成研究计划局为自动驾驶汽车所设定的任务的团队。不幸的是，当时没有任何一个团队能够完成这项任务。但仅仅在一年之后，就有五辆自动驾驶汽车完成了这项任务。在2007年，赛道被设计成和城市交通更为相似的虚拟场景，有更多的路标、障碍物和车辆，最终依然有六个团队的自动驾驶汽车完成了这项任务。直到今天，谷歌公司自行研发的自动驾驶汽车已经在美国加利福尼亚州、内华达州、佛罗里达州和华盛顿特区的公路上进行测试，并且行驶里程数累计超过1 126 541千米。其他大型汽车制造商，例如通用汽车、丰田、梅赛德斯奔驰、奥迪、宝马和沃尔沃也在测试它们自行研发的自动驾驶系统。并且随着自动驾驶汽车的成本逐渐降低，自动驾驶汽车有望在2025年之前实现真正的上路行驶。

我国自动驾驶汽车的研发要晚于发达国家，国防科技大学在1992年成功研制出我国第一辆真正意义上的自动驾驶汽车。2005年，首辆城市自动驾驶汽车在上海交通大学研制成功。随后，由国防科技大学自主研制的红旗HQ3，于2011年7月14日首次完成了从长沙到武汉286千米的高速全程自动驾驶实验，全程历经3小时22分钟，平均时速87千米/小时，该车在特殊情况下进行人工干预的距离仅为2.24千米，仅占自助驾驶总里程的0.78%。国内其他主要汽车厂商也在加快自动驾驶汽车的研发。

三、对产业的影响

自动驾驶汽车引发的科技革命将对多个产业和行业产生影响，包括整车制造商、零部件供应商、汽车经销商、汽车保险公司、汽车修理厂、停车场运营商、石油企业、医院、法律、零售业、服务业等，本书就与自动驾驶汽车兴起直接相关的产业和领域——信息技术产业、汽车整车和零部件制造业、汽车销售业、汽车保险业、汽车服务业、建筑设计业——进行分析。

1. 自动驾驶汽车对信息技术产业的影响

自动驾驶汽车的出现既是科技发展的需要，也是IT领域发展到一定程度的产物。可以说，没有强大的IT支持，就不会有自动驾驶汽车的出现。IT的发展是自动驾驶汽车出现的前提条件，但自动驾驶汽车的发展也将影响IT领域的走向。

在2013年召开的全球汽车论坛第四届年会上，德尔福首席技术官及全球高级副总裁Jeffrey J.Owens指出，IT产业与汽车行业的结合是大势所趋。目前，应用在每辆汽车上的"小电脑"不少于50个，用在汽车行业的电子产品对安全性要求也越来越高。自动驾驶汽车不仅仅要求汽车内的电子产品安全性高，而且要求汽车的程序在任何条件下不能出现"bug"，否则在这种自动驾驶的条件下，会对乘客和其他车辆带来极大的安全隐患。同时，自动驾驶汽车的出现要求IT和制造业能够生产出适于人们出行的工作和娱乐软件和设备。尽管谷歌的自动驾驶汽车已经上路测试超过70万英里，但是谷歌也承认，在处理合并、变更车道，转弯和天气恶劣等情况时，无人驾驶技术还需要改进。所以，更加有创意的汽车配套软件、更加稳定的程序，更加精确的定位系统，更加全面的影像传输，更加敏感的传感系统，更加快捷的信息破译和传输以及更加完善的人工智能都对IT行业提供了新的机遇和挑战，IT领域只有不断向前的快速发展，才能够使得自动驾驶汽车更早地在现实生活中得到应用，融入家家户户。

2. 自动驾驶汽车对汽车整车和零部件制造业的影响

自动驾驶汽车的出现既给汽车整车和零部件制造商的发展提供了机遇也提出了挑战。毫无疑问，自动驾驶汽车是尖端科技的产物，高智能的自动驾驶技术具有极大的商业价值，只有掌握自动驾驶核心技术的生产厂商才有能力生产自动驾驶汽车。就目前情况来看，谷歌、雷克萨斯、沃尔沃、宝马、奥迪、奔驰等中高端汽车制造商早已开始了自动驾驶技术的研发，并且很多生产商在美国硅谷都有自己的研发基地，如果其他汽车整车和零部件制造商不能够高瞻远瞩，看清汽车产业未来的发展趋势，就很有可能因为技术落后被市场淘汰。同时，自动驾驶汽车安全系数极高，没有必要安装喇叭、安全气囊及许多被动安全相关的设计和部件，零部件生产商应根据市场的需求改变生产重心。用于汽车的钢材量将会出现一定下降，因为汽车不再需要像现在这样巨大而结实。

所以，对于汽车整车和零部件制造业的启示是，无论大小厂商，都应该与时俱进，在信息技术科技革命的背景下，研发和生产适应于社会需求的汽车产品才能独占鳌头。

3. 自动驾驶汽车对汽车销售业的影响

自动驾驶汽车很可能改变现在汽车销售业中以零售为主的销售模式，取而代之的是以批发为主的销售模式，更多的自动驾驶汽车属于公司或者相关服务的运营商而不是个人。

自动驾驶汽车对汽车销售业的影响来源于自动驾驶汽车对人们出行方式的影响。自动驾驶汽车的普及会极大地改变人们的出行方式，从而影响人类对汽车的消费模式。自动驾驶汽车的普及会使得人们更愿意汽车共享。2014年5月28日Code Conference科技大会上，谷歌公司推出了没有方向盘和刹车的新型自动驾驶汽车的原型，这种只有乘客座位的自动驾驶汽车就更加适合汽车共享。汽车能随叫随到，不用自己驾驶，同时人们不再需要到达目的地后因为寻找停车位而苦恼，自动驾驶汽车可以通过这种汽车共享模式不间断地接送乘客往返于指定地点。这样一来，有更多的人能够享受到自动驾驶汽车带来的便利性，而且汽车可能不再是每家每户的专属物品。

汽车共享模式的出现，需要有公司或者运营商构建一个汽车网络服务平台，为乘客提供接送服务。其实现在，在国内外的很多大城市，已经有例如滴滴快的、易到用车这样的汽车网络服务平台，人们可以通过手机提前或者临时预约用车，只不过在未来，随着自动驾驶汽车的普及，不再需要有司机来驾驶汽车，而且这种一对一的接送服务可以变成更高效的一对多的接送服务。所以，自动驾驶汽车更有可能以批发的方式出售给这些汽车网络服务运营商。

4. 自动驾驶汽车对汽车保险业的影响

自动驾驶汽车对于汽车保险行业的冲击无疑是巨大的。时至今日，汽车保险行业的发展逐渐趋于饱和，各大保险公司之间的竞争非常激烈，保费也在逐年降低。有数据表明，随着自动驾驶等车载信息技术的兴起，汽车保费在2016年平均下降了14.1%，并且有逐年下降的趋势。保险公司初期可能会看到，随着交通事故数量的减少以及赔付数额的下降，净利润会有所上升。然而，由于自动驾驶技术的应用将大大降低交通事故发生的概率，最终交通强制保险的保费有可能会大幅度降低，甚至可能会被取消。

随着汽车新的使用模式出现，汽车保险公司将在新的行业环境中觅得新的商机，新的保险模型将会出现。自动驾驶汽车中的先进车载信息技术可以为保险公司提供丰富的驾车数据，保险公司可以把这些驾车数据作为重要的参考依据针对客户指定的某段旅途保险，综合自动驾驶汽车本身及其出行时间、路线选择、天气条件以及车上乘客情况等关键要素进行实时报价。此外，驾驶责任由于更多取决于汽车本身而非车主的驾驶技术，保险责任模型将会颠覆，汽车制造商而非汽车拥有者更有可能为汽车保险承担责任。但是，在自动驾驶汽车和人工或者半自动驾驶汽车出现交通事故时，保险责任的认定是一个很大的难题，是司机还是汽车制造商应该承担责任还需要具体的法律法规进行规范。

5. 自动驾驶汽车对汽车服务业的影响

自动驾驶汽车对汽车服务业而言会带来失业。自动驾驶汽车的在操作性、精确性和安全性方面的优势将替代传统的人为驾驶的汽车，它所引发的拼车出行和汽车共享模式是一种更为经济和节能的消费方式。自动驾驶汽车的普及，会导致汽车司机的失业，其中更有可能的是出租车和卡车司机的失业。对于公共交通而言，例如地铁和公共汽车，现在已经只需要很少的司机就可以运送大量的乘客，而且对于这些大型公共交通工具，尽管在未来可以实现自动驾驶，也有必要安排一位驾驶员在自动驾驶系统出现问题时转换为手动驾驶，确保车上大量乘客的安全，所以地铁驾驶员和公共汽车司机在未来也可能是必要的。对于卡车而言，一个由十辆卡车组成的卡车车队可能只需要一个司机，在遇到特殊情况时，例如需要加油或者更改路线时，由该司机进行手动操作，其他正常行驶的过程中就没有必要由司机驾驶。事实上，亚马逊公司在2015年开始尝试用无人机进行快递送货，在未来，自动驾驶机汽车和智能机器人完全可以替代现在快递员的工作，这些货运公司的司机需求量也将大大减少，所以有至少一半以上的卡车司机面临失业。而对于出租车司机而言，当自动驾驶的汽车网络服务平台普及时，人们会通过网络平台呼叫和搭乘自动驾驶汽车去往目的地，因此绝大多数出租车司机都将面临失业的危险。

6. 自动驾驶汽车对建筑设计业的影响

现有的道路基础设施是否能够满足自动驾驶汽车的需要成为自动驾驶汽车能否普及的又一问题。首先，由于区域性的道路信号灯和道路标识不统一，自动驾驶汽车所配备的视觉计算系统和人工智能能否在不同地区读取道路信息十分重要，如果不能，政府需要重新完善和统一这些道路设施，使得自动驾驶汽车能够识别这些信号。其次，由于现在在城市道路情况复杂，并且车辆并不是完全按照交通法规行驶，在很多国家都存在着人让车而不是车让人的现象，自动驾驶汽车能否识别这一紊乱的交通体系也是一重大问题。在自动驾驶汽车逐渐普及的过程中，是否需要开辟新的自动驾驶汽车专用通道以满足自动驾驶汽车的需要也是一个重要问题。这些都需要建筑师和设计师们重新思考城市布局和基础设施改造。

此外，在汽车共享的模式下，自动驾驶汽车可以随叫随到，这使得自动驾驶汽车对于停车场的需求大大降低。在美国等汽车保有量极高的发达国家，一些城市的停车场占地面积超过城市面积的三分之一，在北京、上海这样的国际化大城市，路边停车位随处可见，停车位都非常狭窄，在一些社区和街道，有超过一半以上的路面都用于停车，尽管如此，停车位的需求仍然有缺口。自动驾驶汽车的出现和普及，可以大大降低路面停车场的需求，每个城市只需要少数多层停车场作为自动驾驶汽车的枢纽站就可以满足整个城市的停车需求，这些被路面停车位占据的用地可以用于其他更有益于社会发展和城市绿化的通途。没有了路面停车场的城市将会和现在的城市模型大大不同，建筑师和规划师需要有新的理念和思路来构建满足科技发展需要的城市肌理。

7. 自动驾驶汽车对其他领域的影响

自动驾驶汽车除了对上述产业会产生影响之外，也会影响到医疗、法律和能源等领域。对医疗领域来说，由于70%~90%的交通事故都是由人为疏忽产生的，自动驾驶汽车的应用和普及将极大地减少交通事故的发生，从而缓解因交通事故伤亡而给医院带来的压力。医院急诊室每年会因此减少数百万病人，需要住院治疗的病人将减少数十万，这对于推动社会发展是有益的，不过医院营业收入也将因此出现较大比例的萎缩。对法律领域来说，现有的道路交通法规不能够满足自动驾驶汽车的需要，关于支持自动驾驶汽车正常上路行驶的相应法律法规尚未出台，事故责任认定制度也不健全，自动驾驶汽车如果要上路行驶，这些法律法规必须完善。自动驾驶汽车作为高端科技的产物，能够更合理地启动或者减速，以更快的速度行驶，减少能源消耗。同时，在未来，政府很有可能鼓励自动驾驶汽车配备新能源动力，这样一来，自动驾驶汽车不仅安全方便，而且节能环保。

四、中国的差距和机遇

现阶段，我国的自动驾驶汽车具备了在高速公路行驶的能力，但是还不能够在城市道路上自动驾驶。一方面，这和我国的基本国情有关。我国的交通规则、标识等情况比较复杂，城市道路交通流量大，突发情况多，道路安全差，所以自动驾驶汽车无法适应城市交通。另一方面，我国的自动驾驶技术和发达国家依旧存在差距。虽然我国的信息技术能够满足自动驾驶技术的软件需求，但是核心设备，如雷达、传感器等装置不得不依赖进口，大大增加了自动驾驶技术的研发成本，阻碍了自动驾驶技术的研发进展。

中国的快速发展和城市化一方面让越来越多的人能够享受汽车带来的便利性和舒适性，但另一方面也造成了严重的交通拥堵，环境污染和交通事故。前面提到，自动驾驶汽车车载计算机可以更加精确地计算前后左右车之间的距离，可以和周围的汽车保持更小的距离，这样道路上就可以容纳更多的汽车，缓解交通压力。自动驾驶汽车又能够为驾驶员提供更多的自由时间，对于每天在通勤当中花费大量时间的上班族来说是一件好事，他们可以利用上下班的时间在车内读书、看报、娱乐和社交，缓解生活压力。自动驾驶汽车通过最优化的加速和减速，避免不必要的二氧化碳排放，同时，它通过精确的计算在安全的前提下保持最快的车速也可以提高燃料利用率，减少二氧化碳的排放。由此可见，自动驾驶汽车的众多优势，对于解决我国甚至全球城市发展中出现的问题都是有益的。

五、应对策略

　　自动驾驶汽车在未来的发展趋势会根据地域的不同而有差异。在美国，由于道路交通状况良好，并且城市郊区化严重，很多美国人都需要花费很长的通勤时间从一个城市到另一个城市，在这个过程中，高速路段较多，交通状况简单，再加上美国道路交通基础设施完善，许多州已经具备了自动驾驶汽车上路行驶的条件，谷歌的完全自动驾驶汽车已经在多个州进行上路测试，并且测试结果积极乐观。相比美国而言，欧洲等发达国家尽管在自动驾驶技术上不亚于美国，但是由于欧洲各国国土面积较小，人均道路占有面积要少于美国，城市道路较多，自动驾驶汽车的上路条件不如美国。另外，加之欧洲各国历史悠久，文化相比美国更传统保守，对自动驾驶汽车的接受程度也会晚于美国，所以，欧洲各国自动驾驶汽车的发展趋势相对美国是较为缓慢的。

　　尽管在麦肯锡全球研究院的报告《12种改变未来的颠覆性技术》中指出，在2025年之前自动驾驶汽车在全球产生的经济效益有80%将集中在发达国家，而只有20%会集中在发展中国家，也就是说，发展中国家对于实行自动驾驶汽车上路还有很长的路要走。但是，这并不意味着我国就应该放缓自动驾驶技术的研究，自动驾驶汽车的优越性对解决交通、环境等社会问题有很大的帮助，所以，我国在未来几年、十几年甚至几十年里更应该加快自动驾驶汽车的研发，推行自动驾驶汽车的使用。我国应该从以下几个方面来推动自动驾驶汽车的发展。

　　1. 完善法律体系，为自动驾驶汽车建立相应的法律基础

　　在未来的几年里，技术的变化速度可能会相当惊人，谁也没有办法知道在什么时候自动驾驶技术会完全成熟，也没有人知道什么时候公众能够接受自动驾驶汽车的使用。但是，政府必须做好迎接这些变化的准备，为自动驾驶汽车制定相应的法律法规，对于任何一个产业或者行业，都必须要有法律基础作为铺垫，只有制定了完备的法律法规，自动驾驶汽车才能够更快地发展。自动驾驶汽车制造商不会冒险在没有相应的法律法规的情况下承担自动驾驶汽车的责任。例如，梅赛德斯奔驰新一代S级汽车的智能驾驶系统，即使驾驶员有一只手没有放在方向盘上，智能驾驶系统也会自动解除，这样一来，生产厂商就不用承担因为驾驶员单手驾驶引发交通事故的责任。

　　2. 加大研发资金投入，加快研发进度

　　尽管我国自动驾驶汽车在软件方面已经不落后于西方发达国家，但是目前自动驾驶汽车的硬件依然依靠进口。前面提到，雷达和传感器等装置大多从国外进口，

成本高，不利于自动驾驶技术的研发和自动驾驶汽车的推广。我国应该进一步加大研发资金的投入，加快研发进度，使自动驾驶汽车硬件设备不再受制于人，降低设备的生产成本，并且针对传感器、雷达、摄像头、彩色相机、车载终端、通信协议、测试评价以及其他关键技术制定统一标准，以利于在技术成熟时进入市场。

3. 鼓励具备自动驾驶技术的生产厂商安装自动或半自动驾驶设备

在我国，政府政策的制定和政策的引导对于一个产业的发展是非常重要的。目前，北汽等国内知名汽车生产厂商已经具备了一定的自动驾驶技术，如自适应防碰撞、道路识别系统、自我纠正系统、自适应巡航系统，但是北汽销售的大部分车型都不具备这些自动驾驶设备，归结其原因可能是事故责任归属不明确和设备成本较高。针对这一状况，前面提到政府应当完善相应的法律体系，再次政府可以适当进行补贴，鼓励国内汽车生产厂商进行自动驾驶技术的研发和使用。如政府可以出资补贴安装自适应防碰撞设备的车型，对政府而言，一方面可以加大对自动驾驶技术的宣传，另一方面政府可以获益于更少的汽车追尾事故带来的附加经济和社会效益，对汽车生产商而言，他们的产品在相同的价格下会因为具备更多的功能而更有市场竞争力。

4. 加强公众对自动驾驶汽车的认识

目前，我国对发展自动驾驶汽车的重大意义认识严重不足。很多企业仍把汽车智能化简单理解成智能交通信息或者主动安全技术的范畴，没有认识到自动驾驶汽车是一项具有颠覆性意义的技术，更难以想象其潜在的产业经济价值在 2025 年可能高达 1.9 万亿美元。目睹谷歌等 IT 企业高调进军自动驾驶汽车产业，很多人想当然地认为，这是 IT 企业为了抢占汽车这一移动智能终端的操作系统而进行的吸引世人眼球的作秀。还有很多人认为完全自动驾驶汽车还很遥远，殊不知世界汽车巨头们已经在进行高度自动驾驶技术的量产准备了，自动驾驶汽车也许在 2020 年就会上路了。

由于我国公众缺乏对自动驾驶汽车的认识，就更不要谈及公众对自动驾驶汽车的可信度了。但是如果公众不能够逐渐认识自动驾驶汽车的优越性，自动驾驶汽车就可能缺乏市场，没有市场就会极大地打击我国汽车生产厂商对于自动驾驶技术研发的积极性。所以，我国在未来，有必要制定长期的自动驾驶汽车发展战略，加大对自动驾驶技术的宣传，让人们更多地了解自动驾驶汽车的工作原理，对自动驾驶汽车产生信赖感，逐步构建一个有协调机制和完整产业链的自动驾驶汽车市场。

自动驾驶汽车的出现和科技革命的发生是不可阻挡的，历史的经验告诉我们，每一次科技革命都在创造就业机会，也在破坏就业机会。几百年以前，全世界大部分的劳动力都集中在农业生产，随着机器的出现和生产力的提高，只需要很少的人就可以养活全世界人民，许多农民失去了工作，但机器的出现给他们提供了新的机会。亨利·福特创建了汽车行业，比尔·盖茨和乔布斯等人创造了计算机行业，大量我们以前不曾想到的新职业随之出现。于是人们从一个领域转移到另一个领域。我们希望看到这一切的再次发生。但是数据显示，在短期内，新工作的产生速度不如以前那么快了。新的科技革命对工作人员的知识和技能水平要求越来越高，谁也没有办法保证我们能够适应未来的工作。但是，这也未必是一件坏事，因为经济进步和技术进步的最终目的不就是为了用更少的工作创造更多的财富吗？如果有一天3D打印机可以让我们随心所欲地创造出我们想要的东西，那并不一定是件坏事——只要我们的经济体制能够适应它，只要我们找到一个办法可以让人们共享利益。人们依然可以继续去发现人生的意义和价值。

　　接下来的几年或者十几年我们可能面临着技术突破的难关，但在未来的某一天，我们可能会面临这样一个问题：如何创造一个更加灵活的经济系统，确保它的适应性和变化速度追得上技术系统的变化速度。

参 考 文 献

[1] 赵志华.中国煤炭业重组研究[M].山西：山西人民出版社，2011.
[2] （英）斯密.国民财富的性质和原因的研究[M].北京：商务印书馆，2009.
[3] 付加峰.低碳经济理论与中国实证分析[M].北京：中国环境科学出版社，2011.
[4] 李孟刚.产业安全理论研究[M].北京：经济科学出版社，2010.
[5] 魏发辰.创新实践论[M].北京：北京交通大学出版社，2010.
[6] 余际从.矿业城市界定及可持续发展能力研究[M].北京：地质出版社，2009.
[7] 克拉克著，欧洲城镇史[M].北京：商务印书馆，2015.
[8] 中国城市科学研究会，中国城市规划协会，中国城市规划学会，中国城市规划设计研究院.中国城市规划发展报告[M].北京：中国建筑工业出版社，2014.
[9] 孟钟捷，霍仁龙.地图上的德国史[M].上海：东方出版中心，2014.
[10] 向春玲.社会治理创新与新型城镇化建设[M].上海：中国人事出版社，2014.
[11] 李友梅.城市社会治理[M].北京：社会科学文献出版社，2014.
[12] 国际欧亚科学院中国科学中心，中国市长协会，中国城市规划学会，联合国人居署，编著.中国城市状况报告[M].北京：中国城市出版社，2014.
[13] 周天勇，旷建伟.中国城市创新报告[M].北京：社会科学文献出版社，2014.
[14] 陈大柔.日本地方政府管理[M].北京：科学出版社，2014.
[15] 霍尔，图德·琼斯.城市和区域规划[M].北京：中国建筑工业出版社，2014.
[16] 什洛莫.城市星球[M].北京：科学出版社，2014.

后　记

至此，这本《科技创新与产业转型——全球化知识经济背景下的深入研究》正式完结。

新一轮的技术革命正在孕育和发展，新技术、新产业正在成长为引领未来经济社会发展的重要力量。以信息技术、智能技术、生物技术、新能源技术等为代表的新技术具有创新能力强、产业带动广等特点，是各国竞相重点发展的战略性产业。在新技术革命的竞争中，我国一定要抓住历史机遇，通过政策扶持、创新鼓励和市场推广，推广新技术产业的发展，并引领相关产业的快速发展，实现产业创新能力的大幅提升、国际分工地位的稳步提高和相关产业规模快速增长的有利局面。